| 16 | 3  | 2  | 13 |
|----|----|----|----|
| 5  | 10 | 11 | 8  |
| 9  | 6  | 7  | 12 |
| 4  | 15 | 14 | 1  |

# Alexandre Eulalio

# TEMPO REENCONTRADO
### Ensaios sobre arte e literatura

*Organização e apresentação*
*Carlos Augusto Calil*

INSTITUTO MOREIRA SALLES

editora 34

IMS

Instituto Moreira Salles
Av. Paulista, 1.294 - 14° andar  Bela Vista  CEP 01310-915
São Paulo - SP  Brasil  Tel. (11) 3371-4455  Fax (11) 3371-4497  www.ims.com.br

EDITORA 34

Editora 34 Ltda.
Rua Hungria, 592  Jardim Europa  CEP 01455-000
São Paulo - SP  Brasil  Tel/Fax (11) 3811-6777  www.editora34.com.br

Copyright © IMS / Editora 34 Ltda., 2012
*Tempo reencontrado* © Fernando César Pimenta da Cunha, 2012
Organização e apresentação © Carlos Augusto Calil, 2012

A FOTOCÓPIA DE QUALQUER FOLHA DESTE LIVRO É ILEGAL E CONFIGURA UMA
APROPRIAÇÃO INDEVIDA DOS DIREITOS INTELECTUAIS E PATRIMONIAIS DO AUTOR.

Imagem da capa:
*Detalhe da tela* O Último baile, *de Aurelio de Figueiredo, 1905*

Capa, projeto gráfico e editoração eletrônica:
*Bracher & Malta Produção Gráfica*

Digitação dos textos:
*Júlia Ayerbe*

Digitalização e tratamento das imagens:
*Divisão de Iconografia do Instituto Moreira Salles*
*Cynthia Cruttenden*

Revisão:
*Alberto Martins, Isabel Junqueira, Sérgio Molina*

1ª Edição - 2012

CIP - Brasil. Catalogação-na-Fonte
(Sindicato Nacional dos Editores de Livros, RJ, Brasil)

Eulalio, Alexandre, 1932-1988
E724t      Tempo reencontrado: ensaios sobre arte e
literatura / Alexandre Eulalio; organização e apresentação
de Carlos Augusto Calil — São Paulo: Instituto Moreira Salles;
Editora 34, 2012 (1ª Edição).
272 p.

ISBN 978-85-7326-493-7

1. Literatura brasileira - História e crítica.
2. Artes plásticas - Brasil - História e crítica.
I. Calil, Carlos Augusto. II. Título.

CDD - 869.4B

# TEMPO REENCONTRADO

*Apresentação*, Carlos Augusto Calil ............................................. 7

1. O século XIX: tradição e ruptura.
   Síntese de arte e cultura brasileiras (1816-1910).................. 15

2. Um exercício de libertação..................................................... 39

3. O último bom selvagem:
   "Luís da Serra" de Lucio de Mendonça ............................... 61

4. A representação do meio artístico e do artista
   em *Mocidade morta*, de Gonzaga Duque............................. 85

5. *Esaú e Jacó*: narrador e personagens diante do espelho ........ 109

6. De um capítulo do *Esaú e Jacó*
   ao painel d*O Último baile* ................................................. 139

7. Ainda reflexos do Baile:
   visão e memória da Ilha Fiscal
   em Raul Pompeia e Aurelio de Figueiredo ......................... 167

8. Henrique Alvim Corrêa: *Guerra & Paz* ............................. 183

9. Os dois mundos de Cornelio Penna .................................... 221

10. A obra e os andaimes.......................................................... 247

*Sobre os textos* .................................................................... 263
*Sobre o autor*...................................................................... 265
*Sobre o organizador* ........................................................... 267

# Conversa com o passado

*Carlos Augusto Calil*

> "Território indispensável para o reconhecimento da nossa identidade real, desde que se trata de um aspecto decisivo da memória viva do Brasil: o comum esforço de autocompreensão realizado pelos criadores de um ontem cujos defeitos e qualidades ainda hoje nos irrigam."
>
> Alexandre Eulalio, "Tempo reencontrado"[1]

A obra ainda pouco conhecida de Alexandre Eulalio (1932-1988) oculta um ensaio primoroso, dedicado a decifrar o romance subestimado da fase madura de Machado de Assis, *Esaú e Jacó* (1904).

Publicado em 1971 nos *Annali di Ca'Foscari*, com o título de *"Esaú e Jacó di Machado de Assis: narratore e personnagi davanti allo specchio"*, nunca havia sido traduzido entre nós. Dele conhecíamos apenas uma versão preliminar, que serviu de base ao ambicioso ensaio do professor visitante em Veneza, então em pleno auge de sua potência crítica.

Dois anos antes havia ele estampado nos *Études Portugaises et Brésiliennes*, da Université de Rennes, seu mais conhecido estudo: "L'aventure brésilienne de Blaise Cendrars", vertido ao idioma com a ajuda de amigos e lançado como "livro de figuras" em 1978. Segundo seu próprio "autorretrato livre indireto", Alexandre Eulalio era "escritor esquivo", avesso a inscrever seu nome acima dos títulos nas capas dos volumes.

Se não encontrou estímulo interior para traduzir seu ensaio machadiano, o tema nunca o abandonou; a ele dedicou dois outros escritos, assinados pelo professor da Universidade de Campinas: "De um capítulo do *Esaú e Jacó* ao painel d*O Último baile*" (1983) e "Ainda reflexos do Baile: visão e memória da Ilha Fiscal em Raul Pompeia e Aurelio de Figueiredo" (1984). A reunião dos três constitui o núcleo central da presente antologia.

O que esse núcleo representa na ensaística de Alexandre Eulalio? O ponto de inflexão de uma trajetória intelectual que, partindo da vertente literária, logo manifestou vocação pela abertura às outras artes — pintura, arquitetura, música, teatro, cinema — e, sobretudo, pela representação visual em contexto, situada num determinado tempo histórico. Discípulo assumido de Brito Broca e Augusto Meyer, críticos modernistas, e ele mesmo sensível ao projeto intelectual de Mário de Andrade, Alexandre tinha especial inclinação pelo século XIX, em que se configurou nossa identidade política e cultural sob a égide de Pedro II, imperador republicano.

Ao relacionar *Esaú e Jacó* de Machado com a tela *O Último baile*, de Aurelio de Figueiredo, Alexandre não estava apenas lendo o romance em perspectiva transversal, mas arriscando uma fantasia histórica: qual o destino do país se tivesse vivido sob o reinado de Isabel I e escapado à ditadura militar dos proclamadores da República?

Devaneio político sugerido por uma das cenas oníricas que comentam o retrato realista do baile da Ilha Fiscal, onde o olhar de Alexandre procura Flora, ejetada das páginas de Machado, a história sentimental da monarquia ganha aí um último alento, que prolonga o regime e idealiza a coroação da herdeira do trono.

Durante a preparação da exposição "Tradição e Ruptura", que a Bienal de São Paulo viria a promover em 1984, uma fotografia saborosa flagrou, no Museu Histórico Nacional, o curador do século XIX de pé diante da tela de Aurelio como se estivesse a confabular com uma das personagens. O engano ótico não escapou ao humor do retratado, que anotou no verso: "Conversa com o passado". Reunir essas "conversas" pelo recorte das Letras nas Artes foi o objetivo deste livro.

"*Esaú e Jacó*: narrador e personagens diante do espelho" é ensaio modelar e inventivo. Escrito na mais rigorosa receita do *close reading*, o cânon da época, desenha a cosmonomia das personagens, enquanto sugere o desvio do olhar para a matéria não literária. Política ou plástica, é ela que amplia a mirada do texto, iluminando-o com aproximações à época pouco avalizadas.

Esse *scholar* brasileiro que desponta em 1971 num cais veneziano encontrava finalmente sua vocação e o lugar de onde, não sem hesitação, lançaria sua plataforma multidisciplinar, da qual não mais se apartaria. Não por acaso, o projeto de pesquisa apresentado dez anos depois à Fapesp propunha investigar "Literatura e pintura no Brasil: simpatias, diferenças, interações".

A prospecção do pensamento de Alexandre Eulalio nos remete a dezembro de 1960, quando publicava "O último bom selvagem: 'Luís da

Alexandre Eulalio e a tela *O Último baile*, de Aurelio de Figueiredo, Museu Histórico Nacional, Rio de Janeiro, outubro de 1984.

Serra' de Lucio de Mendonça", na *Revista do Livro*. Esse texto dedicado a um autor de província do XIX vale por um manifesto. A paisagem do rio Bonito é cotejada com as *forêts vierges* de Victor Frond e Rugendas, e a proteção que o selvagem Luís da Serra dedica à onça ameaçada evoca ao ensaísta a iconografia renascentista de São Jerônimo (particularmente, Carpaccio e Colantonio). Nessa quebra de hierarquia, Alexandre Eulalio aposta no menor, seja obra ou autor, a contrapelo da corrente dominante.

O período abarcado pela antologia vai de 1960 a 1988, do ano em que desabrochavam o fôlego crítico e a erudição enciclopédica do jovem "escritor público" até o da morte prematura do nosso autor. De "Luís da Serra" a *Mocidade morta*. Nesse percurso, seu interesse passa de uma literatura modesta que ele aproxima arbitrariamente das artes cultas a um romance que ficcionaliza o ambiente em que floresciam os artistas nacionais na *Belle Époque* carioca. Da ingênua história romântica à amarga crônica realista.

Na trajetória desses quase trinta anos, o estilo e a abordagem oscilam, embora se possam demarcar as flutuações num espectro de onda bem definido. Combinatória, em doses variáveis, de análise estilística, morfologia do texto — escrito ou visual —, referência histórica, obsessão relacional, erudição iconográfica.

Em Alexandre Eulalio, a necessidade de visualizar corresponde a uma compulsão heráldica de simbolizar, de "traduzir" ideias em imagens, de condensar significados. Seu movimento visa a superar a compartimentação sufocante, oriunda das especializações, pela congruência de saberes complementares. Utiliza amiúde a paráfrase como método: ao descrever em palavras a obra de arte, o crítico a reinventa e a interpreta.

Outro traço distintivo de sua personalidade é a acumulação, pela disciplina dos resumos. "O século XIX: tradição e ruptura. Síntese de arte e cultura brasileiras (1816-1910)" se estrutura como um verbete de uma enciclopédia "em branco", a partir de uma perspectiva de voo de pássaro. Mal dissimula a tentativa angustiosa de apreender o arco do tempo em insuficientes linhas.

Angústia do autor que sabe demais e atropela a fala com a evocação de nomes e situações perdidos na poeira da história. Quem conheceu Alexandre Eulalio, ou tem familiaridade com seus escritos, sempre soube que ele é o inventor involuntário do hipertexto. A rede de relações e associações em permanente desdobramento e expansão era parte constitutiva da sua natural maneira de ser. Vivesse ele hoje certamente nos estaria propondo uma "navegação cultural" na sua rede de infinitos *links* e notas.

"É preciso olhar a pintura ruim" dizia Alexandre Eulalio, num gesto paralelo ao de Paulo Emílio Sales Gomes que mandava seus alunos aos cinemas da Boca do Lixo. Um e outro cerraram fileiras pelo "bárbaro e nosso", para marcar posição contra uma crítica bem pensante e acomodada no conforto da arte estrangeira.

Nesse processo, a sociologia da criação artística só poderia se consumar sob o impacto da "projeção sentimental identificadora" com "este Brasil que somos nós". Discípulo de Mário de Andrade.

Alexandre viveu em Veneza, conferenciou em universidades dos Estados Unidos e Europa. Como de resto acometeu a sucessivas gerações de intelectuais brasileiros, a experiência internacional chancelou o radical nacionalismo. Sobretudo se fosse de exportação. Discípulo de Oswald de Andrade.

O interesse de Alexandre Eulalio pelas operações de salvamento de textos e de biografias é antigo e profundo nele. Ideológico, corresponde a um esforço de autocompreensão, base indispensável de uma identidade pessoal e social. Alexandre Eulalio impunha-se a responsabilidade de preservar "Matéria & Memória", título da coluna que manteve em *O Globo*, nos idos de 1960. Proustiano impenitente, contribuía a seu modo ao penoso mapeamento do nosso caráter de nação. Para ele, o tempo era "historiador sutil".

Em meados do decênio de 1980 dirigiu uma coleção — "Tempo Reencontrado" (parceria da editora Nova Fronteira com a Fundação Casa de Rui Barbosa) —, em que devolveu à circulação, em edições apuradas, textos raros dos irmãos Azevedo: *O Tribofe*, de Arthur, e *Mattos, Malta ou Matta?*, de Aluizio. O crítico lançava um olhar especial para os autores ou textos secundários, onde obtinha insuspeitas revelações do inconsciente coletivo brasileiro.

A peculiar escrita do autor, à parte uma sintaxe própria, baliza de um estilo inconfundível, abusava de expressões que ora remetiam a uma liberdade modernista, como grafar "à-vontade", ora apontavam para uma vertente francamente anacrônica. Exemplo: preferia "registo", forma portuguesa, a "registro", como a desafiar a atenção dos revisores. O uso de maiúsculas a destacar escolas e movimentos — Modernismo, Romantismo, Iluminismo — contrariava de caso pensado a norma corrente.

Apresentação

Luciana Stegagno Picchio, Mario Praz e Alexandre Eulalio
no apartamento de Praz em Roma, 1974.

Os nomes próprios e títulos, invariavelmente grafados à antiga, foram objeto de defesa poética na introdução a *Mattos, Malta ou Matta?*, e vale a pena repeti-la aqui: "O estranhamento que tal ortografia hoje nos causa talvez ajude a sensação ao mesmo tempo fugidia e persistente de, um instante que seja — 'outrora agora' —, reencontrarmos, com ironia mesclada de nostalgia, esse outro tempo".

O modelo do anacronismo intelectual de Alexandre Eulalio é Mario Praz (1896-1982), crítico italiano e colecionador de arte, que inspirou a Luchino Visconti a personagem do professor em *Gruppo di famiglia in un interno* (lançado entre nós com o título de *Violência e paixão*). No filme, Burt Lancaster decora o seu sofisticado apartamento com pinturas estilo *"conversation piece"*, retratos de família aristocrática inglesa do século XVIII. O apartamento de Mario Praz, que Alexandre Eulalio visitou em 1974, na companhia de Luciana Stegagno Picchio, hoje se converteu em museu. Mario Praz não podia, portanto, faltar neste volume. Comparece em fotografia e em texto, com uma citação de *I volti del tempo*, em que analisa de passagem a tela *O Último baile*.

Alexandre Eulalio, de talento tão dispersivo, praticava a crítica a montante, abrindo caminho em direção à nascente das autênticas fontes de nossa desinsofrida cultura, que ele amava sem recato.

> Agradeço a Stella Teixeira de Barros e Maria Eugênia Boaventura a interlocução em dois tempos que possibilitou a realização de mais esse "livro involuntário".

Notas

[1] Prefácio a *O Tribofe*, de Arthur Azevedo, Rio de Janeiro, Nova Fronteira/Fundação Casa de Rui Barbosa, 1986, p. 9.

# 1.

## O século XIX: tradição e ruptura.
## Síntese de arte e cultura brasileiras (1816-1910)

Anteriormente ao século XIX as mudanças constituem lentas e quase imperceptíveis transições, que jamais irrompem com a violência a que já nos acostumaram hoje. Tais inovações — científicas, ideológicas, técnicas, políticas —, desde então, e só então, passam a revolucionar fundo a vida em comum, em inteira transformação de ideias antes pacificamente aceitas pela cultura ocidental seja sobre o tempo cotidiano, seja sobre o devir histórico. Assim sendo, neste breve panorama da evolução das nossas artes visuais desde os primeiros decênios de 1800 até o início do século XX, não nos será possível apontar, aqui, senão do modo mais sucinto, alguns dos fermentos e tensões de ruptura que se esboçam nessa área no subcontinente brasileiro. Um período que, em franco contraste com aqueles que o precedem, será de intenso, vertiginoso aceleramento do tempo subjetivo, exigindo muito dos contemporâneos e sacrificando de modo irremissível todos aqueles que a isso não puderem se adaptar.

As peculiaridades históricas e sociais do país, extremamente complexas nesses cem anos de transição acelerada, apenas agora começam a ser estudadas com critérios mais abrangentes. Região periférica dos centros emissores de padrões estéticos, imemorialmente sustentada pelo regime escravista, em breves anos passa o Brasil de mero empório colonial a sede provisória de um defasado império mercantilista; daí alcança autogestão sob certo regime monárquico-constitucional, que é liberalizante mas mantém o cativeiro — embora conciliadora, oportunisticamente, trate de inserir possibilidades de lenta evolução social nas frestas de vultosos interesses criados e das estruturas tradicionais imobilistas. A república oligárquica, instalada por meio de golpe militar no último decênio do século, pretende fazer *tabula rasa* do passado nacional anterior ao 13 de Maio; seu programa seria argentinizar (= embranquecer) o mais rapidamente possível a nação, indisfarçavelmente mestiça. O novo século abre-se assim com a euforia modernizadora, cujo perfil idealizado torna-

-se a reforma da "Capital Federal", que se enfeita de "cidade maravilhosa": o Rio de Janeiro civiliza-se tecnológica (saneamento, eletrificação) e esteticamente (reformulação urbana, agenciamento paisagístico) para estrangeiro nenhum botar defeito. O preço da adoção do monumentalismo *bon marché*, ostentado na ênfase parnasiana do ecletismo arquitetônico oficialista, é, contudo, o pressuroso, odiento *bota-abaixo* de Canudos, episódio que devia ser esquecido rapidinho, mas que inesperadamente frutificou pelos inúmeros morros-da-favela, filiais daquele do "arraial dos Fanáticos", que se multiplicaram pela *urbs* passada a limpo. Aldeamentos, a partir da retardatária *belle époque* cabocla, cada vez mais indigentes, e que, por todo lado, incômodos como só eles, não deixavam esquecer o lancinante desencontro entre a fachada oficial litorânea e o imenso ventre opilado do país.

Nada fácil, pois, buscar as coordenadas de vida artística num ambiente de cultura reflexa. Finalmente entra ele no giro de comércio das nações, em meio aos mais gritantes problemas estruturais, transformando-se pouco a pouco, sem cessar. Um período no qual têm lugar sucessivos impactos tecnológicos, e onde, subitamente laicizada, a criação estética começa a ser encarada, no seu nível mais alto, enquanto manifestação de prestígio da classe dirigente. Uma arte, portanto, que terá de refletir o espírito dos novos tempos em linguagem internacional, contemporânea, que nada ficasse a dever aos países "mais adiantados". Essa receita de transformação, menos uma realidade do que certa fórmula logo fora de compasso, tanto vai influir sobre os centros urbanos mais expressivos e as regiões dependentes deles, como ainda toca e altera de algum modo a retalhada trama que constituía o conjunto do tempo social brasileiro. Um tempo diversificado em vivências, em elaborações, em fruições estéticas contíguas e opostas, umas precedentes, outras coetâneas, outras ainda posteriores à inevitável alteração modernizadora, que transforma todos esses cotidianos. Naquilo que interessa de modo específico às artes visuais, por exemplo, surgem então técnicas inéditas de reprodução mecânica da imagem, que a tornam imediata, ou de muito rápida fatura: o caso da litografia e da fotografia, em especial. Ambas, em separado, ou associadas, põem em discussão algumas das funções ancilares da pintura e atividades afins, vistas na província, do ponto de vista utilitário, como tradicional meio de registo e fixação de tipos humanos e ambientes sociais. Aqui também a pintura sofreria o impacto de ambas invenções, embora também (nem poderia ser diferente) por seu lado influenciasse atitudes, procedimentos, partidos do lápis litográfico e da objetiva do artista-fotógrafo. Este, aliás, diversas vezes desdobrado em pintor, ou trabalhando associado a pintor, recobre a óleo, com alguma frequência, tanto vistas como feições e roupagens de fotos ampliadas até em tamanho natural.

Certo cauteloso espírito de inovação, denotando veleidades ainda iluministas de elementos atuantes na administração joanina, abrem o nosso Oitocentos com medidas interessadas em contribuir para o progresso das atividades artísticas na América portuguesa. Pelo menos duas vezes, logo no início da centúria, são tomadas atitudes pragmáticas de reforma — no momento mesmo da passagem do Setecentos para o Oitocentos, e no episódio da "Missão Francesa". Este último, apesar dos inúmeros percalços que teve de enfrentar, resultaria na instalação efetiva da Academia de Belas-Artes — que teria lugar apenas em 1826, dez anos após a chegada dos mestres contratados. Logo veremos as consequências definitivas que essa deliberação iria acarretar para o futuro das artes visuais no Brasil.

Uma Aula Pública de Desenho e Pintura foi criada, através de carta-régia de fins de 1800, na sede do vice-reinado. Esse ato administrativo alteraria a organização tradicional que, durante mais de dois séculos, havia regido aprendizado e produção artísticos na Colônia: as linhagens corporativas de homens livres ou escravos, ora filiadas a Ordens conventuais ou Ordens terceiras, ora a mestres leigos independentes. Estes últimos algumas vezes prosseguiam em família o ofício por duas ou três gerações: ourives, imaginários, riscadores, encarnadores, mestres canteiros, mestres carapinas, mestres entalhadores, mestres pintores.

A nova modalidade de ensino, leiga e debaixo do bafejo oficial, foi entregue à regência de um artista nativo, Manoel Dias de Oliveira (1764-1837), dito "o Romano" ou "Brasiliense". Era pintor que se havia distinguido com estudos feitos nas cortes de Lisboa e Roma; nesta última metrópole seguira as aulas do célebre Pompeo Batoni na Accademia di San Luca, cenário máximo dos artistas do pincel na Europa católica. A iniciativa do governo não apenas denotava caráter claramente ideológico como talhe administrativo ainda pombalino: decisão superior resolve difundir na Colônia as novas luzes da pintura mais internacional do tempo e, destarte, reformar o gosto ambiente. Através das qualificações artísticas do Oliveira "Romano", fornecer-se-ia à nova geração fluminense instrumental técnico que tornasse grafia e sintaxe deles bem diversas

O século XIX: tradição e ruptura

daquelas praticadas pelos mestres locais sem Europa. Golpe conscientemente aplicado na transmissão corporativa do conhecimento artístico, pretende talhar cerce com o gosto velho, que já então significa, para certa elite "atualizada", imobilismo, marginalidade e isolamento culturais. Contudo, documento ainda mais expressivo da rápida oscilação do gosto artístico da época, constituirá o fato de, vinte anos mais tarde, os alunos que se formam com Oliveira "o Romano" abandonarem o artista envelhecido, passando-se em grupo para a tutela mais "moderna" de Debret — mestre parisiense, discípulo e consanguíneo do grande David, o herói dos neoclassicismos, que o mesmo Batoni já em 1784 saudara em Roma como seu igual. A mágoa do pintor fluminense fará com que ele se retire de vez da Corte para a vila de Campos dos Goitacazes, onde abriu escola de meninos e devia meditar depois das aulas sobre a glória vã deste mundo.

À dinâmica tradição-ruptura — de que as situações que acabamos de referir constituem eloquente vigia — devemos somar, como bastante significativa nessa mesma época, a presença de um notável contingente de artistas estrangeiros, muito atentos às coisas da terra e da gente que visitavam. Integraram-no tanto curiosos de lápis e nanquim como profissionais do pincel, viajantes que, uns e outros, até o estabelecimento da corte bragantina no Rio de Janeiro, apenas de modo excepcional haviam conseguido acesso aos domínios portugueses na América. A contribuição de artistas itinerantes atravessa todo o nosso século XIX, onde constitui um dos elementos decisivos de integração cultural do período. Diante do significado maciço dessa contribuição torna-se irrelevante insistir no caráter heterogêneo de material tão vasto e sempre cheio de interesse. Embora seja inevitável não colocar no mesmo nível de criatividade estética aquarelistas amadores e profissionais altamente qualificados do ponto de vista técnico e artístico, devemos sublinhar a colaboração frequente que existiu, na terra alheia, entre esses dois tipos de artistas. Transcorria então uma fase histórica em que qualquer pessoa culta, na Europa, tinha obrigação de desenhar de modo pelo menos razoável. Voluntários acompanhando aqui naturalistas em excursão científica; viajantes ocasionais, outras vezes, por desfastio ou negócios; diplomatas de carreira, militares em serviço, comerciantes adidos ao serviço consular das suas respectivas nações; pintores comissionados, geógrafos, botânicos e entomólogos sequiosos de inéditas cenas da natureza debaixo dos trópicos — esses apaixonados da imagem em todos os matizes testemunham a habilidade alerta que a educação ilustrada facultava nesse tempo a qualquer sensibilidade disponível à aventura do conhecimento. Fonte certa de informação sobre o espírito da época, aguadas, sanguíneas, carvões, têmperas, nanquins, pastéis, ora definidos num registo sóbrio, ora mais abertos a expansões de temperamento, abrangem um leque de situações em que contatamos o sarcasmo caricatural de uns e a veia lírica de outros.

A curiosidade e o estímulo que tal atividade terá despertado nos diletantes locais não deve ser minimizada; até o início do século XIX ainda constituía exceção entre nós o registo paisagístico, se excetuarmos representações limítrofes à cartografia, ou então uma ou outra rara manifestação de pintura de parede. O caso dos ovais de Leandro Joaquim, reproduzindo aparências do Rio de Janeiro em trabalhos habituais e dias festivos ao tempo dos vice-reis. Ou determinado ex-voto de grande dimensão, ainda e sempre de teor narrativo (segundo o espírito das cenas de gênero celebradas pela pintura ínsita), e sempre preocupada em representar algum sítio consagrado pela devoção, ou determinado acontecimento catastrófico, afinal remediado (conforme regista em seguida um painel suplementar) pela magnanimidade do exmo. sr. prócer doador.

A novidade trazida pela gente de fora — desenhar o entorno imediato do sujeito e não apenas estampas e desenhos já codificados — não podia passar desapercebida aqui. Assim, diversas vocações em nosso meio se afirmaram ou se desenvolveram a partir de expedições de caráter científico, como no caso notório do menino Pedro Américo, assim como, antes dele, em circunstâncias algo diversas, os de Adriano Taunay, Hércules Florence e José dos Reis Carvalho. Hábito tão civilizado e de bom tom seria logo imitado também pelo brasileiro da classe média urbana mais próspera na Corte como na província. Este começaria a utilizá-lo, a princípio, como um novo jogo de salão, mas logo servir-se-á dele como válvula de escape para veleidades artísticas que não teria outra ocasião para desenvolver. Habilidade que, ultrapassando as proezas especificamente femininas de linha e agulha (cuja prática, enquanto instrumento suplementar de conquista amorosa, não repugnou no Setecentos ao poeta Dirceu, *alter ego* do desembargador Gonzaga), vai abranger desde rápidos aspectos paisagísticos apontados em álbuns de lembranças — como o desenho de João Raymundo Duarte que em 1865 inspirou a Bernardo Guimarães uma poesia sobre seu finado colega Aureliano Lessa — até agudezas gráficas bastante mais elaboradas, como os enganos-óticos aquarelados de José Antonio da C. [Costa?] Couto e Victor Pinto, respectivamente de 1858 e 1859, que dois museus regionais nossos felizmente conservam. Gênero esse, o engano-ótico, que parece ter sido introduzido no país, em 1829, por um profissional do tope de Louis-Alexis Boulanger, que o continuou praticando, com variantes múltiplas, por toda a primeira metade do século.

Caber-nos-ia separar, ainda, entre os artistas que então nos visitavam, aqueles que aqui passaram breves períodos de tempo, e aqueles que viveriam anos a fio na terra, a ponto de se tornarem senhores de nossas constantes paisagísticas e ambientais. Trata-se na verdade da diferença existente entre *estada* e *estadia* (ou *estalia*) —, esta, período de permanência de navio no porto, tempo de descarregar e recarregar os porões; aquela, permanência mais ou menos prolongada, permanência de quem aí se demorou bastante, morador estabelecido, sem prazo de regresso, que até escolheu esse chão para morrer. Consideradas essas diversas possibilidades: bem o caso de um Ender, um Debret, um Rugendas, um Pallière, um Theremin, uma Maria Graham, um Burchell, um Earle, um Florence — apenas para citar alguns dos principais anotadores de nossos cenários e figuras no início do século XIX. Mas condições especiais de permanência não impediram contudo que sensibilidades incandescentes sintonizassem, em imediata captação intuitiva, certa verdade espectral do Brasil, invisível para outros tipos de temperamento. Foi o que Eduard Hildebrandt conseguiu como talvez mais ninguém: transfigurar, à primeira vista, cifras de uma realidade que o fascinado toque pictórico dele acusa de modo dramático. Na sequência admirável de aquarelas que realizou em Santos, no Rio de Janeiro, em Salvador e no Recife, entre março e outubro de 1844, sem que se dê nenhuma perda do registo objetivo, Hildebrandt produz documentos que se situam no limiar da visão. Cenas nas quais, como arrebatados num contínuo poderoso, paisagem e figurantes parecem integrar um mesmo perplexo torvelinho; a mais acesa grafia romântica define os recursos todos de que dispõe a fim de fazer chispear as intensas dissonâncias da atmosfera asfixiante. Mas o "caso" Hildebrandt é apenas um exemplo da riqueza e da complexidade desse material legado ao país por uma plêiade de autores originários dos mais diversos contextos intelectuais. Material que está a exigir a análise atenta das coordenadas específicas que os podem interpretar como fautores da nossa cultura.

Entre todos os seus pares, contudo, caberia a Debret viver no Brasil uma sucessão de experiências bem mais intensas e variadas das que aque-

Eduard Hildebrandt, *Grupo de negros junto a uma tapera*, 1848, aquarela s/ papel, 16,5 x 25,3 cm.

Nicolas-Antoine Taunay, *Vista da baía do Rio de Janeiro* (detalhe), *c.* 1818, aquarela s/ papel, 18,8 x 34 cm, coleção particular, São Paulo.

les outros aqui haviam experimentado. Enquanto residente no país — onde se instalou durante nada menos do que quinze anos, 1816-1831 — cumpriria pesados encargos oficiais junto à corte que o hospedava. Experimentou, além disso, todos os incômodos dos viajantes profissionais, numa excursão de que se tornaria minucioso cronista visual; uma extensíssima viagem de reconhecimento paisagístico pelas regiões meridionais brasileiras, e que ele transportará, dos apontamentos tomados *in loco*, para diferentes ciclos de aquarelas diversamente datadas do decênio de 1820. Mais importante e decisiva — apenas inferior à recolha minuciosa, paciente, de material de primeira mão reordenado e reformulado na obra de sua vida — viria a ser, no entanto, a sua função de fundador efetivo do aprendizado de pintura na Academia de Belas-Artes: complexa obra pedagógica e didática, que levou avante durante os breves anos nos quais pôde formar a primeira geração de artistas do país independente. Ensino que procuraria fornecer, dentro das insuperáveis deficiências do ambiente chucro, formação paralela ao da que então se recebia no aprendizado europeu.

Debret regressará à França em 1831, acompanhado pelo discípulo favorito, Araújo Porto-Alegre, cuja formação desejou se completasse em Paris. Aí, com o apoio de ex-alunos e outros brasileiros, vai se dedicar à elaboração da *Viagem pitoresca e histórica*, cujos três volumes sairão em 1834, 35 e 39. Mas a sua orientação e a sua fibra serão perseguidas no Rio de Janeiro por Félix-Émile Taunay, que assume a direção na Academia Imperial naquele primeiro ano. À agremiação imporá Félix Taunay pouco a pouco toda uma série de medidas expressivas, que nela se tornarão permanentes. A criação das "Exposições gerais de belas-artes" (1840) facultará a participação de artistas que não pertenciam aos corpos docente e discente da Academia, movimentando assim o ambiente artístico com a comparação do que se fazia dentro e fora da mesma. Os prêmios de viagem, instituídos em 1845, por sua vez visavam abrir novos horizontes culturais aos alunos mais dotados da instituição — embora dentro das rígidas coordenadas patriarcais daquela sociedade tornar-se-ão logo logo imenso peso para os agraciados devido obrigações deveres recomendações estritas que a direção imporá aos pensionistas. Félix-Émile luta com entusiasmo e pertinácia pelo instituto que dirige ao mesmo tempo que adianta vasta obra de paisagista; nesta transparece sempre a convicção rousseauniana, que o pai lhe impôs a mais do nome de batismo programático. Um sentimento que, na pintura dele, vem marcado por certo desencanto elegíaco, pessimista — matiz romanesco bem diverso da graça alada e idílica das visões guanabara de Nicolas-Antoine Taunay, suavemente imersas no verniz setecentista de certa euforia sem ilusões.

Enquanto diretor do estabelecimento, Félix-Émile Taunay procura colocar a produção dos discípulos que se destacam junto aos órgãos oficiais — Secretarias de Estado, assembleias e presidências da província, repartições públicas, além de associações comerciais e irmandades religiosas — já que são excepcionais as aquisições particulares. Isto apesar do exemplo do Imperador adolescente, aliás aluno de Desenho do diretor (aluno bem razoável, conforme comprovarão os lineamentos dos diários da viagem dele ao Norte, em 1859), o qual, na primeira exposição interna que honrou com a imperial presença, faria adquirir, do seu "particular bolsinho", uma cabeça de *Corsário*, em que terá, por certo, projetado as fantasias de evasão secretamente nutridas pelo menino mais vigiado do Império. Anos depois, recém-casado com a irmã do Rei das Duas Sicílias (que se interessa muito por pintura, protetora natural que era da Régia Academia de Nápoles), instituiria, em homenagem a Dona Teresa Cristina, o Prêmio Imperatriz do Brasil, que até o fim do regime vai coroar os alunos mais talentosos da escola.

Sem esquecer as várias medidas pedagógicas e didáticas tomadas por esse diretor extremamente zeloso, são os relatórios anuais de Félix Taunay que constituem documentário inigualável sobre a mentalidade artística do tempo. Esse burocrata-artista que esposa uma concepção napoleônica de arte celebrativa, prestigioso braço instrumental do Estado, ao qual naturalmente deve servir e honrar — traços estes que vão permanecer como aspectos marcantes da rotina acadêmica, variando no tempo apenas as modulações dessa tonalidade, sempre a mesma. Destarte deverá caber à Academia manter a decorosa celebração do Estado, que a mantém, ainda que a alta cúpula administrativa não descortine a relevância desse mandato das Belas-Artes. Tudo naturalmente segundo as linhas do esforço comum de construção nacional, em busca de identidade coletiva. Espírito que deve se consubstanciar ali em flamejantes representações visuais, numa estreita correspondência com as pesquisas levadas avante no *Instituto Historico, Geographico e Ethnologico* (fundado em 1838), sociedade de estudiosos que também irá receber o bafejo constante do jovem monarca. O qual cresce e aparece conscientemente imbuído desses valores, entusiasta da construção nacional coletiva, colaborador eficiente do esforço comum que deveria ser perseguido em outras áreas da cultura.

O século XIX: tradição e ruptura

Tudo isto ajuda a compreender, relativamente à obra de consolidação da nacionalidade que teve lugar durante a Regência, a atividade cultural de um Araújo Porto-Alegre, o "homem-faz-tudo" — pintor, arquiteto, escultor, poeta, teatrólogo, historiador, crítico de arte — que vai suceder (por um período demasiado breve, mas profícuo) a Félix Taunay na direção da Academia, após ter sido um dos seus mais ferrenhos e sinceros críticos. Também ele foi um notável diretor: vistas largas, amplas iniciativas, diretamente interessado no progresso dos alunos, teimoso na necessidade de levantar o nível cultural do ambiente. Já então a coluna dorsal da Academia está consolidada: possíveis virtudes e mazelas inamovíveis. Permanecerá assim já agora até mesmo quando se transformar, após o advento da República, em Escola Nacional de Belas-Artes.

O itinerário do ensino artístico tem início com o alvoroço dos mestres que, vencendo entraves inacreditáveis, puseram em funcionamento o ateneu, em meio ao ardente entusiasmo dos discípulos da primeira hora. Mas vai logo arribar à diluição desse ensino num segundo esclerosamento, para o qual contribuem influências espúrias, empenhos, interesses mesquinhos, que interferem, um atrás do outro, na sua crônica miúda. A história maior, no breve período de transição romântica que se ensaia com a primeira e a segunda gerações de alunos, será escrita pela pintura de Francisco Pedro do Amaral, Francisco de Souza Lobo, Araújo Porto--Alegre, Manoel Corte Real, José de Correia Lima até Rafael de Carvalho, João Maximiano Mafra, José dos Reis Carvalho, Agostinho da Mota, Antonio Francisco Nery, Delfim da Câmara e ainda João Zeferino da Costa. Já o campo da escultura revela-se mais modesto, apesar do interesse dos dois primeiros mestres franceses da Academia. Auguste-Marie Taunay (irmão menor de Nicolas-Antoine), precocemente falecido, e Marc Ferrez; a este devemos acrescentar o irmão Zéphyrin, gravador de medalhas e responsável por alguns relevos de grandes dimensões. Auguste-Marie foi fiel a um idealismo neoclássico cuja hieraticidade é atravessada por certo entusiasmo heroico; Ferrez, mais realista, parece atento antes a uma aguda definição dos modelos, que retrata com sutileza. Talvez pela dificuldade intrínseca do meio, a escultura não foi muito além de um decoro pouco inventivo nos discípulos. A obra mais tocada por um sopro poético parecer ser aquela, pequena e tardia, de Cândido de Almeida Reis. Precederam-no porém vários nomes, ativos desde os anos 1840, como Honorato Manoel de Lima, a Francisco Chaves Pinheiro, no decênio de 60, sem que entre os quais se esqueça José da Silva Santos,

Manuel de Araújo Porto-Alegre, *Floresta virgem*, c. 1856, litografia, 18,7 x 27,6 cm.

Johann Moritz Rugendas, *Embocadura do rio Cachoeira*, 1827, litografia, 22,6 x 28,2 cm.

discípulo de Zéphyrin. Nas obras dos dois primeiros pode-se acompanhar a transição das formas: os mármores e gessos estritamente neoclássicos de Lima evoluindo, em Chaves Pinheiro, de peças ainda decorativas de terracota (*Ceres, América, O Gênio do Império*), pensadas talvez como coroamento de arquitetura, para um realismo muito consciente de monumentalidade e amante da movimentação (*João Caetano como Macbeth*, a equestre de *O Imperador em Uruguaiana*), *Dom Pedro II* maduro, fardado de almirante). Mais para o fim do século, e prolongando-se pelos primeiros decênios do novo, afirmar-se-ia Rodolpho Bernardelli, a mais destacada vocação nesse campo. Sensível, mas sem grande imaginação, tendendo na fase europeia dele para certo sublime convencional (*Santo Estêvão apedrejado, Cristo e a adúltera*), alcançará força e elegância próprias em certos retratos brônzeos, como o de José de Alencar ou de Teixeira de Freitas togado (talvez sua obra-prima), e, ainda, nas estátuas equestres de Osório e Caxias.

Mas antes disso chegamos às duas mais impressionantes figuras produzidas pela Academia Imperial. Sempre associados conforme o sistema de dicotomias e oposições complementares tão caras ao modo de pensar do tempo, são eles — e como! e quanto! — Victor Meirelles e Pedro Américo. Autores muito complexos, a obra vasta e audaciosa que realizaram, banhada de inequívoca grandeza, torna ainda mais patéticas as enormes limitações de ambos, que são as mesmas limitações do nosso meio, ontem e hoje. O mesmo embate de veleidades e frustrações, os mesmos equívocos e acertos, ampliados pela adoção integral de procedimentos retóricos muito datados, mas que o Tempo, historiador sutil, já começa a esmaecer com a página nostálgica do *estilo de época*. Num texto com as presentes dimensões não nos seria possível nem mesmo indicar o vasto espectro de problemas que a produção e o evoluir da obra de ambos propõem ao estudioso. Nucleares como são, dentro da breve história intelectual brasileira, elas necessitam ser abordadas com isenção de ânimo e maturidade crítica que consigam isolar os diversos aspectos desses dois mundos, tão diversos se não mesmo opostos na sensibilidade criadora, nos recursos técnicos, na mesma forma de conceber as funções da pintura. Talvez hoje interesse bem mais do que a ênfase solene e quase sempre desastrada de Pedro Américo (na ambição berlioziana dele capaz também de intensos momentos de perplexidade e repouso) a sutil melancolia de Victor Meirelles. Foi difícil itinerário que cumpriu o pintor de *Desterro*. Primeiro vem o enquadramento compulsório da sensibilidade dele nos parâmetros neoclássicos. O artista consegue, contudo, avançar para o moderado romantismo acadêmico d*A Primeira Missa*. Certos sequestrados humores barrocos, perceptíveis desde a *Flagelação de Cristo*, ressurgem agora nos pormenores da *Moema*, do *Riachuelo*, da homenagem rubenista do *Guararapes*, para afinal florescerem, inteiramente liberados (após a envolvente luminescência vespertina dos estudos para o panorama do Rio de Janeiro), nas derradeiras experiências do pintor — onde a emocionante precipitação atmosférica de tensas pinceladas sucessivas reencontra pesquisas setecentistas do Lissandrino e do Guardi. O lírico desfocamento da sua última visão edênica da Descoberta faz a distensão elongadíssima da tela fremer como um rolo de seda desdobrado e reafirma a intensidade secreta do sentimento cósmico que comandou sempre a obra desse poeta da imagem. Um dos maiores que tivemos, em todos os tempos.

Debaixo da égide marmórea desses grandes monstros sagrados, contudo, a Academia ancora num estável conformismo, confortavelmente professoral, nada infenso à grandiloquência mais fofa e a mais pedestre retórica declamatória. Uma estabilidade sem mais voos senão aqueles que o talento individual insiste em ensaiar e são regularmente atalhados pelo sistema burocrático que tudo domina, suspeitoso de qualquer inquietação. Exatamente a atmosfera do final dos anos 1870 retratada com fastio e indignação em *Mocidade morta*, narrativa em parte autobiográfica de Gonzaga Duque. A revolta, sempre menos surda, explodirá em meados dos anos 1880: o grupo que adere a um mestre de formação diversa, entusiasta da pintura ao ar livre. Os discípulos de Georg Grimm — entre os quais João Batista Castagneto e Antônio Parreiras se destacarão como dois criadores de primeira grandeza — já não podem mais suportar as desgastadas superstições neoclássicas, então inteiramente depauperadas; partem corajosamente para o enfrentamento do castelo roqueiro da reação estética e ideológica. Decidida a secessão pura e simples, só resta assumir uma carreira artística que desse as costas à doutrina e à poética oficiais. Esse momento assinala o declínio definitivo da economia acadêmica. Indica, simbolicamente, o encaminhar-se da pintura erudita para outras experiências pictóricas — afinal extremamente tímidas em nosso ambiente, como nem poderia deixar de ser. Mas registam de modo indubitável consciência e ânsia por outras escritas plásticas sempre mais diferenciadas dos ideais neodavidianos. E efetivamente, nos anos 1890, alunos da antiga Academia Imperial já ensaiariam na Europa umas primeiras tentativas divisionistas.

O século XIX: tradição e ruptura

Victor Meirelles, *Batalha naval do Riachuelo*, 1872 (detalhe),
óleo s/ tela, 420 x 820 cm, Museu Histórico Nacional, Rio de Janeiro.

Victor Meirelles, *Moema*, 1866,
óleo s/ tela, 129 x 190 cm, Museu de Arte de São Paulo.

O peso ingente e a presença monumental da Academia de Belas-Artes, figura arquetipiana do *establishment*, repressivo superego da criatividade atrelada ao poder e aos cargos, não nos pode fazer esquecer a permanência da tradição de artesania e dos "mestres do passado", ativos na província contemporaneamente à criação e durante boa parte do desenvolvimento do instituto. É só pensar na presença regional de um Manoel Athayde, atuante ainda ao tempo de sua morte, que ocorre em 1830; num José Theophilo de Jesus, que desaparece apenas em 1847; no fastígio da obra de Veiga Valle, florescendo dentro das coordenadas do "gosto velho" em pleno século XIX; na produção de todos os demais artistas da mesma família espiritual e tope artístico semelhantes. Isolados nas diversas áreas de atuação deles, mas nem por isso merecendo menos apreço e respeito, até muito recentemente foram considerados excrescências culturais "arcaizantes" pela incompreensão grosseira e a incompetência estética do convencionalismo meia-cultura. O mesmo teria de acontecer com os inúmeros pintores espontâneos e autodidatas oitocentistas, sedentários ou ambulantes, que só faz pouco começaram a merecer atenção dos especialistas. Verifica-se assim que a diluição da tradição artesanal é fenômeno lento, que talvez ainda não se tenha encerrado de todo, tradição que se metamorfoseia, em várias situações, com o novo individualismo urbano dos pintores ínsitos. Estes, pelos meados da centúria já se afirmam em obras de cavalete ao lado de diletantes que possuem "noções" de perspectiva e composição. Reinventam aí não apenas aspectos típicos do lugar, mas se propõem em certos casos (quando agem em zonas de ocupação mais vetusta) a substituir telas que tempo e incúria iam destruindo em sacristias, pavilhões de Santa Casa, salas de sessões de Intendências Municipais: o caso de José da Cunha Valle Laport, na cidade Diamantina pelo menos desde o decênio de 1860, onde ele, como outros artistas, reinterpretam retratos mas também cenas e figuras locais, além de outras que lhes chegam através da imprensa ilustrada, estrangeira e nacional.

Estamos no momento do fastígio de quinzenários e mensários que passam de parca a fartamente ilustrados. Desde *O Patriota* à *Minerva Braziliense*, à *Guanabara*, à *Revista Popular*, *O Ostensor Brazileiro* até o *Jornal das Familias* e a *Revista Illustrada*. A popularização da litografia constitui assim decisiva ponta de lança de uma divulgação iconográfica em grande escala, cuja função, num país como o Brasil, necessita ser devidamente analisada. Alcançou ela imenso espectro de ação fecundadora e divulgou com largueza a obra dos seus mais destacados cultores

— um Alfred Martinet, um Angelo Agostini, um Augusto Off, um Valle, um Henrique Fleuiss — dentro das vastas fronteiras do país.

Através dessa via privilegiada a caricatura assume de imediato importância decisiva em nosso século XIX, seja pela expressividade agressiva das formas visuais, seja pela urgência das questões que encaminha. A repercussão instantânea e a área de audiência que logo estabeleceu confirma a relevância de um debate cujo contorno era antes social do que político. Aquilo que tornava mais contundente o seu recado, nesse ambiente de talhe autoritário, era a veemência sarcástica, muitas vezes desabrida, da informação icônica que passava junto com a denúncia. A versatilidade inventiva e a esfusiante definição gráfica da imagem aparecia absolutamente livre em relação aos constrangimentos formais que afligiam a figuração nos demais gêneros visuais do tempo. Seja através do desalinho insolente da paródia gráfica, seja através do prodigioso poder de convicção da fantasia que se efetivava nele, o desenho caricatural pôde indicar caminhos sugestivos para a liberação tanto da imagem como do imaginário. A culpa não será portanto dele se semelhantes propostas não puderam ser recolhidas pelas artes que a si mesmo se consideravam "sérias". Tal aceno foi entendido apenas muito tarde, mesmo assim com timidez. E tais soluções permanecerão confinadas ao picadeiro designado para gêneros menores como esse; só aí se permitia fossem praticadas aquelas proezas. E assim sendo, os mesmos artistas que no campo da caricatura espreguiçavam livremente imaginação e humorismo, com as poderosas virtualidades que lhe eram próprias, conformar-se-iam, nos gêneros "graves", com os coletes e espartilhos de preceito. Aliás, a cisão da personalidade criadora em compartimentos estanques, obedecendo a rígido escalonamento de "gêneros", foi uma constante do tempo que, em vez de estimular a faculdade inventiva de cada artista, antes favoreceu à cisão da sua mesma criatividade, estilhaçada no voo curto de tentativas paralelas.

Conforme já se aludiu anteriormente, o impacto da fotografia sobre a pintura teve prolongamentos curiosos durante o século; a primeira tratou de conviver com a segunda o melhor que pôde. Em 1842 eram pela primeira vez mostradas fotos na Exposição Geral; elas continuarão presentes e recebendo distinções nesses certames; tanto na sua forma propriamente mecânica, quanto realçadas sob a espécie das *foto-pinturas*, processo que, em 1866, Victor Meirelles compreensivelmente desaprovava, por lhe parecer fonte de retrocesso "da verdadeira arte". Às diversas variantes da *foto-pintura*, praticada pelo menos desde 1850 e tantos, por um Joaquim Insley Pacheco (ele mesmo artista do pincel) e por um Augusto Stahl (associado, no Recife, ao pintor Steffen, e no Rio de Janeiro a Wahnschaffe), aderem ainda artistas visuais de certo prestígio, como Louis-Auguste Moreau, Miguel Cañizares e Ernst Papf; este último chegou mesmo a abrir durante algum tempo ateliê especializado. O trabalho de *encarnar* o "fantasma" fixado na placa (que podia ser recoberto a óleo, a guache e mesmo a pastel) segundo sempre Victor Meirelles, "se algum merecimento pode ter é certamente devido ao pintor e não ao fotógrafo". A firma Carneiro & Gaspar contava com o grafismo elegante de Courtois; já Alberto Henschel "avivava" pessoalmente as suas reproduções; José Ferreira Guimarães especializara-se, por seu lado, em "retratos vitrificados, fixados a fogo como as pinturas de Sèvres e Limoges". Uma referência apenas à fusão foto-litografia: um gênero que encontra alguns dos mais altos momentos da nossa iconografia oitocentista nas vistas brasileiras fixadas pela objetiva de Victor Frond e *litografiadas* pelos melhores mestres do gênero da Paris Napoleão III. Precede-as de um decênio o panorama da capital do Império, encomendado pela Casa Leuzinger em 1852, a que os lápis litográficos de Benoit e Cicéri deram relevo todo especial.

O problema da não existência de canais públicos e privados que absorvessem, em ritmo contínuo e com relativa rapidez, a produção de artes visuais proveniente do nosso centro de produção artística dirigida, havia preocupado seriamente, conforme já vimos, o segundo diretor da Academia Imperial. Mas a criação de um público que considerasse hábito a aquisição de obras de arte não se generalizou entre nós com rapidez. O casal Agassiz, que visitou o país no decênio 1860, surpreendeu-se com o lugar secundário ocupado pela pintura na decoração das casas opulentas da Corte, ao contrário do que ocorria no ambiente que era o dele: na Nova Inglaterra, particularmente em Boston. Existiram antes disso, é certo, acervos individuais dispondo de peças expressivas e até mesmo preciosas — o caso de um amador como o Conde da Barca, ministro responsável pela vinda dos companheiros de Lebreton; a sua coleção de telas seria incorporada à da pinacoteca da Academia, quando esta, em 1843, foi reformulada pelo incansável Félix Taunay. Outras personagens de menor relevância também haviam recolhido obras expressivas, que aos poucos foram entrando, durante os decênios de 1850 e 60, para aquela galeria. Mas isso estava longe de constituir regra. Sem nos referirmos

O século XIX: tradição e ruptura

Victor Frond, *Panorama do Rio de Janeiro*, c. 1861,
litografia em preto e sépia, 36,3 x 48,6 cm.

Victor Frond, *Piedade, na Bahia*, c. 1861,
litografia em preto e sépia, 23,7 x 32,2 cm.

às coleções do Paço de São Cristóvão e do Paço da Cidade, e apenas aludindo às telas que ornavam o Paço Isabel (onde o interesse paisagístico--documental da Princesa-herdeira e do seu consorte demonstrava marcada preferência por Facchinetti e Firmino Monteiro), não se pode falar sem exagero em colecionadores específicos de pintura brasileira — antes dos anos 1870. Fora do mundo oficial, ela é encarada paternalisticamente como curiosidade, se se excetua a área dos retratos de família, indispensáveis à decoração enquanto reforço iconográfico e documento insofismável de brilho social. Fora disso, integram como alfaia suplementar o arranjo das salas: natureza-morta sobre o aparador, alguma cena de gênero discreta em cima do sofá, perto de determinada paisagem ligada à economia sentimental dos moradores. Isto se devia em parte à rigidez neoclássica com que a Academia Imperial cultivou os "gêneros" pictóricos, relegando a meras curiosidades aqueles tradicionalmente menos nobres. (Sem falar no paisagismo "do natural" de Henri-Nicolas Vinet, discípulo de Corot, que precedeu Grimm de vinte anos — "bambochatas" de talhe populista no entanto haviam sido praticadas no país desde muito antes, por um Louis-Auguste Moreau, que até mereceu um primeiro prêmio na Exposição Geral de 1841 com a tela *Rancho de mineiros*, estudo de reflexos duma roda de violão disposta em torno de fogueira.) Paradoxalmente — paradoxo relativo — a mesma instituição estimularia pouco depois um concreto conformismo aos seus pensionistas no exterior. Insistiria para que não se interessassem por "novidades" e tratassem antes de se formar lá fora pensando no público para o qual teriam de produzir. Atitude documentada de maneira lapidar na correspondência mantida em 1870 pelos mentores acadêmicos com Zeferino da Costa, que estagiava em Roma na Accademia di San Luca.

Já então o colecionismo começava a se definir segundo um paladar eclético, estimulado (era inevitável) pelos costumes mundanos da Paris Terceira-República. Multiplicam-se então as viagens à Europa; compensa o princípio de decadência das grandes fortunas do açúcar nas Províncias do Norte a vertiginosa ascensão do caucho amazônico e do café de São Paulo e da Mata mineira. A pintura que pode interessar a esse público terá de ser naturalmente aquela acessível ao filisteísmo mundano e novo-rico, não a grande pintura, sempre difícil e sem concessões — nem aquela do passado, nem, muito menos, a experimentação vanguardista do tempo. Umas poucas exceções à regra não fazem senão confirmá-la: o encantamento apaixonado dos Barões de São Joaquim pela obra de

Eugène Boudin; os contatos meio tempestuosos de Eduardo Prado com Rodin; o interesse do Conde de Figueiredo por alguma pintura simbolista; o joalheiro Luís de Rezende fazendo-se retratar por Aman-Jean e indo olhar os Salões Rosa-Cruz com viva curiosidade. Para os demais, garantia de boa pintura estava nas menções do Salon des Artistes Français: pintor sem *hors concours* não podia valer grande coisa. E os artistas que realmente apreciavam foram Jean Béraud, Leon Bonnat, Fernand Cormon, Rosa Bonheur, Henri Gervex, Edouard Detaille, Alma-Tadema, Friedrich Ziem, Jules Lefebvre, Carolus-Durand, Georges Clairin — depois da geração para quem as autoridades máximas haviam sido Delaroche, Gerôme, Cabanel, Gleyre, Horace Vernet, Léon Cogniet, Ary Schaeffer, Meissonier... Todos os autores dos quadros que ainda irão formar visualmente os filhos e netos deles, estampados em rotogravura no *Thesouro da Juventude*.

A pintura brasileira das últimas gerações do século XIX vai ter de se orientar por tais parâmetros, se não pretender afastar-se seja do ensino oficial, seja da clientela com disponibilidade financeira, que começa a surgir, seja da perspectiva de participar, o mais depressa possível, da ambicionada galeria de museu. A partir do decênio de 70, e apenas com um mínimo de má consciência nos mais alertas entre eles, outro não será o partido que assumem pensionistas como um Augusto Duarte, um Almeida Junior, um Aurelio de Figueiredo, um Benedito Calixto, um Rodolpho Amoedo, um Decio Villares, um Manoel Lopes Rodrigues, um Hipolito Caron, um Firmino Monteiro, um Belmiro de Almeida até Pedro Alexandrino, Rosalvo Ribeiro, Rafael Frederico, Baptista da Costa e Elyseu Visconti. Artistas, todos eles, nascidos entre 1850 e 1865, pouco mais ou menos, e bolsistas na Europa.

Almeida Junior interessa-se por certa temática rústica desde *O Derrubador Brasileiro* e *Caipiras Negaceando*, que conservam a paleta escura da Academia; persiste neste filão mesmo ao acender as suas telas com a claridade chavanniana, que parece iluminar-se com a madrugada algo pré-rafaelista d*A Fuga para o Egito* (1884); daí alcança *A Partida da Monção* — talvez a mais bela das grandes composições "históricas" brasileiras — e o poderoso costumismo dos últimos anos; nem por isso pode deixar de fazer concessões ao público consumidor, oficial ou familiar. Rodolpho Amoedo, embora ancorado por convicção íntima numa iconografia e numa execução tradicionais, que ele dosa com raro bom gosto em atmosferas intimistas requintadas, não deixa de cultivar, num curioso

Belmiro de Almeida, *La Dame à la Rose*, 1910, óleo s/ tela, 196 x 96 cm, Fundação Maria Luisa e Oscar Americano, São Paulo — uma das versões da tela de 1905 do acervo do Museu Nacional de Belas-Artes do Rio de Janeiro.

ecletismo, atmosferas elegíacas, rarefeitas, a meio caminho de Puvis e de um moderado Simbolismo: *A Narrativa de Filetas*, *Cristo em Cafarnaum*, *A Partida de Jacó*... Belmiro de Almeida, dono de viva curiosidade, experimenta técnicas divisionistas desde o decênio de 1890; ao mesmo tempo leva avante, para uso do público que *compra*, glosas diversas da obra de um Gervex: isto não apenas em 1887, como acontecera nos *Arrufos*, mas nas réplicas que aceitará recompor, já bem entrado o novo século, de *La Dame à la Rose*, prato de resistência do repertório dele, que adula a autoimagem que de si mesma mantém a alta classe-média cabocla.

Também nessa época o mesmo Visconti transita da impostação lírico-realista de *No Verão* para certo leonardismo talvez provocado por leituras de Péladan: uma escolha arcaizante, com certo toque esotérico, orficamente androginista, lisível nas *Oréadas*, no *São Sebastião*, na mesma gracilidade aliciana de *Gioventù*, e ainda n*O Beijo*, obra de uma imposição à Redon. Pesquisa íntima que de alguma forma vai se prolongar nas melhores decorações que projeta para o Theatro Municipal carioca: nus alongados de configuração e tracejamento klimtiano em flutuações náiades menos de aluno de Grasset do que de curioso de *Wiener Secession* — Wagner revisto por Mahler. Apenas encerrada essa fase é que ele vai ensaiar uma rearrumação pontilhista da visão. Nesses mesmos anos a Baronesa de Oliveira Castro, correspondente de compositores e artistas plásticos de nomeada, que sobre o piano mantinha foto com dedicatória de Rosa Bonheur, levará o filho do primeiro casamento — Henrique Alvim Corrêa — para estudar com *"le premier peintre militaire de notre temps"*, Edouard Detaille. O futuro ilustrador da wellsiana *Guerra dos Mundos*, artista brasileiro desenraizado na Europa da *belle époque*, se deixara fascinar na adolescência pelo lustroso belicismo do pintor de *Le Rêve*; passará ainda algum tempo até descobrir que a sua melancolia antes se aparentava com o ácido sarcasmo de Rops, veiado de erotismo frustro; com o humor denso e imaginoso, a veia lírica desencantada de Redon.

É nesse contexto que a frase sardônica de Francis Jourdain, *"On ne regarde pas assez la mauvaise peinture"*, que Jean-Paul Crespelle usou como epígrafe do seu volume *Les Maîtres de la Belle Époque*, tem para o nosso contexto literalidade toda especial: é impossível avaliar criticamente a nossa pintura acadêmica tardo-oitocentista sem se considerar a mediação que tais artistas empreenderiam retomando aqueles exemplos de arte de consumo nos ambientes de origem deles, pintores-bolsistas, e aqui procurando guindá-los senão a grande arte pelo menos a arte grande de dimensões, natural preenchedora daqueles difíceis espaços de museu. Questões de sociologia estética e de estética sociológica que põem em pauta problemas inquietantes da teoria da recepção: um deles é a leitura desreferenciada. Problema que exige tanto a precisa definição de intenções do "canal emissor" quanto das coordenadas de decifração e recodificação do receptor periférico — o qual, na relativa independência de que dispõe, poderá até reelaborar recriativamente esse material. Uma questão que interessa não apenas ao universo cultural sul-americano, mas a todo mundo ocidental que era província e girava em torno do eixo parisiense.

Com o início da intimidade de alguns prêmios-de-viagem com novas experiências estéticas, empreendidas nos centros europeus para os quais nos voltávamos, encerra-se o período que tentamos abranger nestas páginas, que idealmente chegam até 1910. Propostas de modernidade inteiramente estranhas ao ambiente começam então a ser colocadas nesse Brasil que também a eletricidade vai alterando. A primeira delas quase não alcança repercussão mas possui valor simbólico: a mostra, ainda mais secessionista do que mesmo expressionista, que, em 1912, Lasar Segall faz ver a um público distraído em São Paulo e em Campinas. Anúncio de novas rupturas que — exatamente um lustro mais tarde — irromperão, agora de modo incontornável, questionando muito menos certa tradição do que uma rotina medíocre: Anita Malfatti eclode em nossas artes plásticas com o mesmo vigor que, em meio a certas paisagens de seu mestre Lovis Corinth, recorta-se, verde profundo, a massa ágil e forte de uma bela árvore.

# 2.

# Um exercício de libertação

Mattos, Malta e Matta, grafados "pela antiga", são nomes de escrita tangente: possuem quase as mesmas consoantes e vogais — por isso mesmo podem colidir, misturar-se, superporem-se uns aos outros. Num universo de documentos manuscritos os *tt* dobrados do primeiro e do último, conforme o garrancho distraído ou apressado do amanuense, fariam com facilidade a flexão plural de Matt*os* parecer o último *a* de Matt*a*; da mesma maneira o *l* de Ma*l*ta seria talvez um *t* que o correr da pena esqueceu de cortar.

Já sabemos agora que a motivação primeira do texto *Mattos, Malta ou Matta?*[1] nasceu de um registo de ocorrência policial rotineira — a certidão de óbito incerta de um modesto operário. Essa identidade, posta em dúvida pela Polícia, irá se diluir logo em seguida, como pouco depois se perderia o mesmo paradeiro do corpo do finado. Uma confusão de letras leva à confusão de nomes e individualidades, numa questão inextrincável que a imprensa denuncia e exige ver solucionada. A letra de forma das folhas acusa a inépcia e a criminosa imprecisão da escrita manual, autorretrato da administração pública e da notória indiferença desta — apoiada no arbítrio policial, seu braço armado — para com o destino das classes inferiores.

Põe-se em movimento espinhosa questão política, que acaba por inquietar o Conselho de Ministros. Após uma sucessão de equívocos e desmentidos lamentáveis — do mais literal humor negro — o problema chega a provocar a demissão do Chefe de Polícia. O "caso" dá o que falar, descrito em cores bem dramáticas nas gazetas de oposição; à frente delas, *O Paiz*, de Quintino Bocayuva, reserva o maior destaque para a matéria. A imprensa batalha pela autópsia que permitirá a identificação redentora do Malta/Matta/Mattos bom moço, oposto ao desordeiro e capoeira de que falavam os delegados da Polícia. À patética inconsequência dos sucessivos comunicados da Administração, somam-se agora as sensacionais exumações, exigidas pelos jornais a fim de se referendar, pela autópsia, a verdadeira *causa mortis* da vítima. Angelo Agostini regista as cenas macabras dessa última operação em amplas litografias das páginas centrais na *Revista Illustrada*.

Por todos estes motivos, decerto causou surpresa aos promotores da campanha jornalística a surpreendente carnavalização do "escândalo" que a recém-lançada revista literária *A Semana* começou a divulgar desde o seu primeiro número, de 3 de janeiro de 1885. As cartas dirigidas à Redação não podiam enganar senão um leitor muito ingênuo, de tal forma era transparente o tom humorístico. Uma brincadeira de gosto duvidoso, mas cheia de inegável comicidade, que parodiava com impertinência o episódio que *O Paiz* continuava a pintar de forma patética em verso e prosa. A caricata *variedade* d*A Semana* deve portanto ter incomodado os confrades da imprensa séria, que se sentiriam de algum modo envolvidos pelo ridículo criado no folhetim. O crescente mal-estar causado pela provocante sátira, que durou de janeiro a maio, terá levado finalmente o ficcionista em férias a abreviar esse exercício de gratuidade cômica. Isto acontecerá no nível mesmo da carpintaria do texto, cuja implosão é então providenciada pelo intrometer-se de personagens reais entre os bonecos de duas dimensões que até então os cordéis do narrador haviam movimentado. E para que tal tivesse lugar, com inteiro à-vontade incorporou este entre os figurantes da impagável estória o proprietário do diário acusador, o próprio "Sr. Quintino", movimentando-o ali como a qualquer outro dos seus bonifrates. Num tempo em que os periódicos de crítica usavam e abusavam de tal liberdade com inteira sem-cerimônia, não fazia ele mais do que seguir um costume que hoje talvez surpreenda o contemporâneo.

Os compassos finais desse *vaudeville* sem música contam assim, a partir de certo momento (a saída da sogra do protagonista do xadrez), com a presença do "Sr. Quintino" biográfico; e, novamente, a presença deste figurante especial em cena aberta irá decidir o desfecho da narrativa. Após algumas breves peripécias cheias de argúcia detetivesca, o redator-chefe d*O Paiz* comanda a contrita "desmitificação" do Romancista nas páginas finais da noveleta, da qual ele o faz emergir, junto com o leitor, para a superfície rasa das colunas d*A Semana*; só assim se dissipa — com o testemunho de toda a redação da revista, convocada para o fato — a fantasia grotesca que o dito Romancista ia bordando, de maneira tão irresponsável, sobre a grave questão. Mas a resposta do Romancista não se faz esperar. Já que o proprietário d*O Paiz* se declarava inventor e

Paródia de Angelo Agostini ao "caso Castro Malta", com a legenda "Não podia haver dúvida", *Revista Illustrada*, nº 334, 5/3/1883.

Angelo Agostini, "... pergunto que casa é esta?!...",
*Revista Illustrada*, nº 348, 14/7/1883.

dono do "tema" Castro Malta — pretexto do texto que ele se permitira oferecer como "brinde" aos assinantes da revista —, o mesmo Romancista, num requebro a mais de faceirice técnica, não apenas se confessa autor de tudo aquilo que ali atrás ficou escrito — um texto composto com a cumplicidade e as inevitáveis sugestões e interferências dos companheiros de redação, por ele nomeados um por um, "repórteres e homens de letras que me tolheram a passagem" —, como se aproveita da circunstância para anunciar a próxima novela que publicará em breve pelO *Paiz*, jornal do seu acusador. Novela cujo título ele não se dá o trabalho de enunciar, mas que o "Sr. Quintino" sabe muito bem de qual se trata. (Com efeito, Aluizio Azevedo publicaria *O Coruja* em rodapé nO *Paiz* durante o segundo semestre do ano.) Dessa forma o romancista — "inventor de mentiras" silenciado pelo Jornalista, "comentador de verdades" — lembra a este que, se agora mereceu a desaprovação por elaborar novelas, anteriormente havia sido solicitado pelo mesmo acusador a fim de, com seus textos de ficção, tornar mais atraente para o público (isto é, mais vendável) a folha de que o Jornalista era proprietário.

Aliás, quando o "Sr. Quintino" pouco antes se voltava para a sogra do narrador, enumerando as gazetas que poderiam fornecer informações sobre o passado do "Romancista", o que estava era propondo a formal identificação do autor. Indicava onde havia aparecido a sua obra pregressa, e os diários que haviam publicado esses rodapés — a *Folha Nova* (que acolhera o *Mistério da Tijuca* em 1882 e *Casa de pensão* em 1883); a *Gazeta de Noticias* (onde se divulgou *Philomena Borges* em 1883); a *Gazetinha* (que trouxe *Memórias de um condenado* em 1881); a *Gazeta da Tarde* (na qual se estamparam crônicas e histórias avulsas). Note-se ainda que os "rapazes conhecidos" que assomam à porta da redação, no encerramento do escrito, dão testemunho não apenas sobre a obra pública do "Romancista", mas principalmente sobre a narrativa que ali se encerrava — um testemunho diante do qual seria inútil pretextar inocência. Mais adestrado do que os demais candidatos escalados a fim de compor o texto caçoísta — conforme a carta de Valentim Magalhães a Lucio de Mendonça que Josué Montello cita no prefácio de *Mattos, Malta ou Matta?*, carta datada de 1884 por um lapso, quando na verdade, e o contexto o comprova, é de janeiro de 1885 —, Aluizio, o primeiro da lista em ordem alfabética proposta pelo redator-chefe da revista, acabou por chamar a si a redação integral da noveleta. Experiente como era no ramo, realizou-a, sem maior esforço, ao lado dos redatores ocasionais d*A*

*Semana*. E a eles provavelmente terá solicitado sugestões e "saídas" para as intrincadas peripécias do texto.

O jogo narrativo perseguido de forma burlesca em *Mattos, Malta ou Matta?* firma-se numa alegre adesão à arbitrariedade gratuita de episódios avulsos, que se sucedem de maneira vertiginosa. Desterrando do retrato tão vivo do cotidiano fluminense 1880 qualquer verossimilhança causal, o texto na verdade propõe — desde o ponto interrogativo do cabeçalho — o tema da incerteza, do duvidoso, do contraditório, do equívoco, o qual, de forma zombeteira, multiplicar-se-á em passagens onde têm lugar sucessivas trocas febris de papéis e escritas. Na complicada comédia de equívocos da ação, proposta primeiro nas "revelações" grotescas das *cartas*, depois na narrativa corrida da pena que voa sobre o papel, ao sabor das flutuantes fantasias do autor, todos os figurantes, assim como todas as manifestações orais ou escritas deles, se equivalem. E desse modo substituem-se uns aos outros em situações ora bufas ora tragicômicas, a partir do móvel primeiro da ação farsesca — a honra conjugal comprometida do correspondente-protagonista, assunto bem mais palpitante naquele fim de século do que no presente. A partir daí precipitam-se as vicissitudes do enredo: o contínuo desfile de parceiros nas buscas e verificações empreendidas pelo anti-herói que tece a narrativa — basto novelo do qual a ponta é a divertida figura da "Francesa" Jeannite. É a estonteante troca de pistas e informações pelo caminho, troca de detidos no xadrez, troca de cadáveres no cemitério, troca de interlocutores e de narrativas nos diálogos. Essa vacilação constante, da qual nada praticamente escapa, tem a sua contrapartida nas variações subsidiárias propostas por escritas em segundo nível que se somam à escrita principal, de textos que se imbricam no texto, produzidos no interior deste pelos figurantes ou quase-figurantes: bilhetes, cartas, róis de objetos, listas de outros textos, palavras cifradas e cruzadas, nos quais a escrita, às vezes caligrafada em *bastardinho*, às vezes rabiscada em garatujas irrecuperáveis, pode ainda ter sido removida por dissolventes químicos ou se desfazer, debaixo dos olhos do protagonista, dentro de uma tina ensaboada. Abordagem brincalhona da escrita, encarada como grafomania, inúmeras vezes gratuita, quase sempre arbitrária, a qual se intumesce sem nada acrescentar a si mesma, com obscuras e sucessivas progressões de textos no interior do Texto.

A mesma narrativa, já vimos que se encaminha, sem transição alguma, das *cartas* do missivista que dialoga com o Redator d*A Semana*, para o raconto corrido, no qual o protagonista passa a se dirigir ao público da folha sem mediador algum. Um texto portanto uno e múltiplo em si mesmo, no qual, à fragmentação calculada da narrativa epistolar, faz suceder o fluxo narrativo corrente que, quando parece estabilizar-se, é rompido por uma pirueta metanarrativa. Parte-se, como se viu, de uma pândega estratégia pseudoilusionista, que finge, *tongue in the cheek*, inculcar realidade efetiva a uma risível correspondência. Alcança, em seguida, num segundo momento (aliás bem mais breve do que aquele) uma narrativa na primeira pessoa que não apresenta especiais tropeços até a inopinada quebra final do enredo, levada avante pelo seu "confesso autor", premido contra a parede. O fazer dessa escrita estrafalária perpassa portanto pelo tom da carta (in)decorosa, com abertura e fecho formais; os "Sou de V. Sª. Atento Criado Venerador", "Atento Criado Obrigado" exploram o contraste chistoso daquelas fórmulas de polidez com a narração de lances picantes à qual diversas vezes interrompem *ex-abrupto*. Em seguida, atendendo à conveniência única do autor, assume um "correr da pena" novelístico, sem mais outra explicação para com o público leitor do que a tolerável impertinência histriônica de convenção circense — uma farsola apalhaçada explica-se por si mesma. Portanto a narração abandona num certo instante o passado definido da correspondência — que descreve ações já concluídas, retalhadas e recodificadas na sequela de carta depois de carta —, para assumir a presentificação atualizada do narrador ininterrupto, que se cumpre diante do leitor, olheiro da ação cômica-dramática em ato. A irresponsabilidade jocosa do autor buscava essa arbitrariedade calculada com função precisa. Dessa forma, a obsessão do narrador com o texto cometido pelos figurantes no interior do texto envoltório — ora aí remetido por um certo personagem ainda desconhecido, ora por algum outro já agora inatingível ou irrecuperável — torna-se simétrica à busca improvável da identidade desses diversos correspondentes e das intenções imprecisas que os motivaram. Ao afastar-nos de vez de qualquer literalidade realista, insistia ele no caráter caricatural dessa realidade, indicando, de modo cifrado, num rabisco de alegoria, outra ordem de problemas.

*Mattos, Malta ou Matta?* é portanto um texto que assim questiona jocosamente tópicos complexos como a autenticidade autoral dentro e fora da novela, autenticidade alusiva, ainda, neste caso específico, à inevitável multiautoria do trabalho de redação; mas não apenas a ela. O autor também tratava de integrar, nesse escrito improvisado aos arrancos, as inacreditáveis incongruências da realidade urbana (de que o "caso Malta" real era gritante exemplo) a táticas e estratégias de certo romance digestivo, já então exauridas em sestros mecânicos, mas dos quais o "grande" público ainda não se fartara. Desse modo, a displicente fábula caricatural que o ficcionista traçara de qualquer maneira sobre o escrever e o ofício ainda mais indeciso do escritor de ficção aponta, antes, para a insanável indecisão da escrita em si, do mesmo exercício do escrever, insistindo no movimento da consolidação/diluição da personalidade que nele tem lugar. Um erro factual de identidade, que parece originar-se de certo erro de registo, provocado pela dúbia legibilidade de talhos diversos de letras, faz oscilar a mesma estrutura reflexa do ser e do parecer. Identidade e escrita assim se interpenetram e se compenetram enquanto problema central e tema cifrado dessa *variedade* mirabolante.

Abordando a insuficiência da escrita e os seus inumeráveis equívocos, sempre de maneira trocista, o texto insiste sobre a fronteira complacente entre registo falso e autenticidade. Dando de ombros à suficiência autoral da convenção, o obsessivo do escrever apela aqui para a (arbitrária) autoridade da firma. E é então que esse romancete pouco sério, pirandellianamente à procura de autor, resume a sua multiplicidade textual — maço de cartas de remetente incerto apostilada com inúmeros outros papéis avulsos e que se metamorfoseia, num certo momento, em fragmento de narrativa —, recuperando-a através da unidade autoral obtida na última página. Colocado na posição incômoda de "falsário" o Romancista assume o seu papel — isto é: recolhe (e rubrica) os seus "papéis". E dentro da melhor tradição circense da representação-dentro-da-representação, o eu personagem regride etimologicamente à condição de *persona*, máscara que neste caso é ainda o mesmo *ponto* que lhe soprava o papel que acabou de interpretar. Trata-se de simbólica reintegração de posse do texto dissimulado no anonimato, portanto "perdido" no mosaico de colunas d*A Semana*, que então efetua um movimento real de reapropriação da escrita. Esquema de autêntico psicodrama, este movimento se encaminha da rejeição pelo Eu daquela sua parte que parecia dúbia e descartável, para a aceitação abrangente da criação na una recém-reobtida da personalidade contraditória. Participando da paródia e do desvendamento metanarrativo (que é outra forma de "canto paralelo", imagem refletida no espelho da escrita), a sequência final de *Mattos, Malta ou Matta?* equivale à aceitação de ambiguidade, falsificação, troca de papéis que tem lugar ali e então, mas diz respeito também a todo e qualquer escrever ficcional. E o erro de pessoa, desencontro do Eu, torna-se então estratégia libertadora da *persona* conscienciosamente articulada pelo autor. Na complexa circunstância biográfica de Aluizio Azevedo, dilacerado por um compulsório profissionalismo da pena ao qual dedicava intenso ódio--amor, esse exercício de exorcização dos seus fantasmas, tomando o descaminho ocasional de uma quase escrita automática, parece registar um momento de reconciliação do profissional com o seu ofício.

Em fins de 1884, quando aceita participar da redação d*A Semana* (o primeiro número deveria aparecer no início de janeiro seguinte), Aluizio Azevedo encontra-se num momento de grande ebulição intelectual. Ao mesmo tempo que saem duas reedições de *Casa de pensão*, uma das quais ilustrada por quatro litos de Aurelio de Figueiredo — o romance aparecera em rodapé na *Folha Nova* no ano anterior e a partir daquele junho podia ser adquirido em fascículos, informa Sacramento Blake —, vê ele serem montadas, na Corte, suas adaptações teatrais de *O Mulato* e *Philomena Borges*; a comédia, um ato-único, estreou no Príncipe Imperial pela Companhia Braga Junior e o drama, em três atos, no Recreio Dramático, pela Empresa Dias Braga. Conforme o depoimento de Pardal Mallet, em artigo de 23 de maio de 1890 na *Gazeta de Noticias* (citado por Brito Broca), nesse mesmo 1884 Aluizio começou a recolher os "primeiros apontamentos" para um livro sobre as casas de cômodos proletários da capital do Império. Em companhia de Mallet (narra este) partia "numas excursões para 'estudos de costumes'", ambos "disfarçados com vestimentas de popular — tamancos sem meias, velhas calças de zuarte remendado, camisas de meia rotas nos cotovelos, chapéus forrados e cachimbo no canto da boca". Bem antes de *O Homem*, que aparece em 1887, esse ambiente já surge evocado de relance numa passagem de *Mattos, Malta ou Matta?*, quando o narrador reencontra a sogra lavando roupa nas tinas de um cortiço contíguo à patusca "Hospedaria do Gato". Por esse tempo o escritor não apenas já devia estar esboçando um romance novo — aquele que viria a ser *O Coruja*, obra que pela extensão e ambição intelectual exigiria cuidados especiais (Eugenio Gomes vê nítidas marcas dostoievskianas no tema e em soluções da narrativa) —, mas esboçaria ainda vários outros projetos paralelos. Entre aqueles de menor relevância, aceita integrar n*A Semana*, a tropa de choque que montaria, a várias mãos, uma sátira ao "caso Castro Malta", que se encontrava na ordem do dia. Uma variedade em tom de gracejo a qual ele acabaria por

Angelo Agostini, "... à direita e à esquerda um correr de casinhas...", *Revista Illustrada*, nº 364, 16/12/1883.

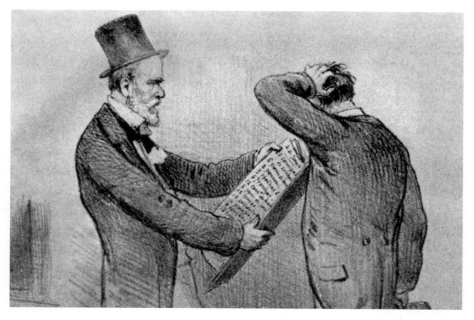

Angelo Agostini, "... o Redator espichou levemente a cabeça e mediu-me...", *Revista Illustrada*, nº 399, 10/1/1885.

empalmar, chamando a si não apenas a abertura do texto, como fora combinado de início, mas ainda os capítulos subsequentes. Isto se daria no princípio de 1885, ao mesmo tempo em que resolveu levar adiante mais outra narrativa, esta em tom sério — *Ruy Vaz, cenas da vida boêmia fluminense*. Uma novela autobiográfica, da qual chegou a publicar em abril, sempre na revista de Valentim Magalhães, os três capítulos iniciais. Não é impossível que o prosseguimento desta narrativa tenha sido interrompido pela revisão final de *O Coruja*, apalavrado para sair na "folha do Sr. Quintino"; ao mesmo tempo, *Mattos, Malta ou Matta?*, já então "romance ao correr da pena", encaminhava-se para o desfecho, dele também exigindo atenção.

Aluizio está muito próximo, nesse momento, de Emilio Rouede, escritor e músico, pintor e artista-fotógrafo, quando necessário ator e até mesmo mágico, com quem, nesse agitado 1885, escreverá a comédia em quatro atos *Venenos que curam*, então encenada pela Empresa Martins no Teatro Lucinda. No ano seguinte, em nova parceria, assinarão em conjunto o drama *O Caboclo* (três atos), que subiu ao palco sempre no Lucinda, agora numa produção da Empresa Heller. Esse harmonioso sodalício, que se prolongaria no tempo (ainda em 1891 comporiam a duas mãos o drama em três atos *Um caso de adultério* e o ato-único, cômico, *Em flagrante*), fez com que — em outubro de 1886 — Aluizio e Emilio fossem convidados a esboçar os respectivos retratos falados na espirituosa "Galeria do Elogio Mútuo" que então *A Semana* começou a divulgar; é aliás no "perfil" de Aluizio Azevedo riscado por Emilio Rouede que aparecerá a atribuição formal do *Matta?* ao ficcionista de *Casa de pensão*. No "romance ao correr da pena" existe também, durante as "novas revelações" da quarta carta, uma alusão às atividades fotográficas do amigo, já encerradas em 1885; Aluizio aproveitava a ocasião para pilheriar com o companheiro, afirmando, através do protagonista, que as feições do evanescente personagem-título do romancete teriam sido fixadas numa foto do estúdio de Rouede.

Antes porém de aparecer a "Galeria do Elogio Mútuo", *A Semana* publicara em outubro do ano anterior, no seu número 44, ampla notícia sobre os planos recentes do prolífico autor de *Philomena Borges*. Firmada A. R., constitui uma autêntica entrevista, só que redigida na terceira pessoa, conforme a receita da época. Vinha aí delineado, de maneira minuciosa, o plano do *Rougon-Macquart* fluminense de Aluizio Azevedo: ambicioso painel, distribuído por cinco telas amplas, que se deveria intitular provisoriamente "Brasileiros antigos e modernos". Abrangia quase setenta anos de vida nacional, devendo alcançar mesmo o futuro próximo, ainda em aberto; deste o Romancista dizia esperar a "colaboração" de uma *cena decisiva* com a qual encerraria, de modo condigno, o ciclo ao mesmo tempo mesquinho e monstruoso do seu tempo. Ou o prostrar-se definitivo do País, ou a Revolução...

A. R. (que, neste contexto biográfico, acredito se deva desdobrar como Aluizio-Rouede: entrevistado e entrevistador) anunciava o título e o esquema dramático das obras individuais — *O Cortiço, A Família brasileira, O Felizardo, A Loureira* e *A Bola preta* — como ainda a "teia" em que todos esses romances se encadeariam. Uma análise radical da estrutura disforme da sociedade brasileira que o Romancista braviamente decidira empreender. Risco complexo e vigoroso, sofrendo das inevitáveis simplificações e automatismos do espírito de sistema, dele emana todavia uma aura de generosa grandeza que só confirma a consciência histórico-cultural de Aluizio e o seu sentido profundo de responsabilidade social. Esse texto, que a partir de Alcides Maya, mereceu o comentário atento de Lucia Miguel Pereira e Eugenio Gomes, de Brito Broca e Wilson Martins, de Massaud Moisés, Sonia Brayner e Flora Süssekind, exemplifica o grau de maturidade problemática do escritor. Não será necessário insistir que com esses "Brasileiros antigos e modernos" aconteceu o mesmo que com os planos sonhados por um José de Alencar e um Coelho Netto antes e depois dele — planos mais fáceis de conceber que de realizar. Embora Aluizio não prosseguisse além do primeiro livro da série, ainda assim *O Cortiço* continua a ser aquilo que de mais alto se conseguiu realizar no Brasil dentro do receituário experimental naturalista. Seja tudo isto lembrado a fim de sugerir que, mesmo ao abordar uma fantochada de talhe paródico e burlesco como o *Mattos, Malta ou Matta?* — texto que precede de pouco o ambicioso plano —, Aluizio trazia muito viva a preocupação constante com o fazer ficcional. Fazer em que ele, por motivos alimentares, era obrigado a reduzir certo projeto criador de voo intelectual amplo, adaptando-o quase sempre aos módulos pueris do gosto do público —, conforme resumiu com lucidez em mais de uma ocasião.

Ao usar o estratagema de supostas cartas dirigidas à redação d*A Semana*, não é impossível que Aluizio, *soprado* por Valentim Magalhães, houvesse tratado de parodiar, ou pelo menos reaproveitar de forma grotesca, a sugestão do polêmico romance epistolar de Lucio de Mendonça

Um exercício de libertação

*O Marido da adúltera: crônica fluminense.* Aparecido dois anos antes, num tosco volume impresso em 1882 na província, a narrativa de Lucio adotara idêntico procedimento. Isto ao aparecer parceladamente, no ano anterior, em *O Colombo,* semanário republicano do Sul de Minas, que Lucio, sediado na vizinha São Gonçalo de Sapucaí, redigia para a cidade de Campanha. O escritor havia apresentado a sua novela de maneira estudadamente sensacionalista. O jornalzinho da roça começara a divulgar, precedida de uma nota da redação, certas "Cartas de uma desconhecida" remetidas à folha campanhense; nestas, em defesa própria, a viúva de um suicida tratava de "escrever para a publicidade a história da [sua] desventura". Em breve as "Cartas da desconhecida" seriam contraditadas por outras, enviadas agora por um ex-companheiro do "marido da adúltera". Estas o semanário já apresentou com eletrizante chamada: "As confidências do morto". Rebatem a apologia proposta pela "desconhecida" e defendem a memória daquele que se suicidara por não ter sabido escolher a companheira. O romance constrói-se portanto da oposição desses dois maços de cartas, levando a melhor (é claro) o missivista das "confidências do morto" — conforme seria de esperar numa sociedade patriarcal autoritária como aquela dos sobrados e cortiços. Por seu lado, a confissão grotesca do correspondente d*A Semana* — cuja identidade a redação da folha resguarda em nome do decoro masculino com * * * — é, em carne e osso, um extravagante "marido da adúltera", cuja confissão, transgredindo a atitude discreta recomendável nesses casos afrontosos, por isso mesmo havia de prender a atenção do leitor da revista. Naturalmente mais adiante, para alívio das famílias, a inefável sogra inventada pelo futuro autor do *Livro de uma sogra* garantirá ao protagonista que a pureza da esposa que o abandonou pelo Mattos/Malta/Matta do título foi preservada por inteiro. Antes do leitor conseguir outros pormenores a respeito, a história se evapora, e assim ficamos sem saber mais sobre o palpitante assunto.

A larga margem de arbitrariedade e disponibilidade jocosas de *Mattos, Malta ou Matta?* parece propor ainda outras curiosas questões marginais. É o caso da narrativa que o ressurrecto do cemitério de São Francisco Xavier faz ao protagonista. Expõe ele a formação que teve à sombra do filósofo Pedro Melindroso, responsável pela singular visão de mundo que comanda os atos dele, discípulo fiel à doutrina do mestre. À primeira vista todo o trecho poderia passar por uma outra paródia, visando agora uma passagem célebre: o aprendizado humanitista que Rubião, o ignaro, recebe do filósofo Quincas Borba. No entanto o divertimento anônimo d*A Semana* é anterior ao aparecimento parcelado do grande romance machadiano na revista *A Estação*, romance cuja forma primeira diverge em vários pontos da definitiva, saída em volume em 1891. Na primeira versão o treino metafísico de Rubião é bem mais sucinto do que no texto definitivo, mas mesmo assim as duas situações ficam a lembrar uma a outra. Provável coincidência gratuita? Tal aproximação pode parecer incongruente, quando não fantasista e arbitrária; verdadeiro contrassenso seria comparar um grande momento de notória obra-prima do realismo psicológico oitocentista com certa caricatura canhestra, alheia a qualquer pretensão deveras literária. O estudioso machadiano no entanto sabe, por experiência direta, que o autor de *O Alienista* não desprezava sugestão alguma que falasse à criatividade dele, proviesse ela de onde proviesse.

Em Machado a digressão humorística, tão cara ao fantasiar de fundo ora moralizante ora apenas gratuito do cronista, diversas vezes tropeça em descaídas e concessões ao gosto fácil do público, conforme já anotara Eugenio Gomes. Disso não escapariam nem mesmo momentos da sua ficção maior, desde que Machado aproveitou seguidamente procedimentos manipulados pelo jornalismo de folhetim, do qual também foi mestre, e que mestre! Nada estranho pois que em diversos pontos a versão inicial de *Quincas Borba* esteja muito próxima da escrita chocarreira de *Mattos, Malta ou Matta?*. Exemplo patente são as seis linhas do primitivo Capítulo XVII, eliminado no volume, que apareceu n*A Estação* de 15 de agosto de 1886. ("A comadre era muito feia. Peço desculpa de ser tão feia a primeira mulher que aqui aparece; mas as bonitas hão de vir. Creio até que já estão nos bastidores, impacientes de entrar em cena. Sossegai, muchachas! Não me façais cair a peça. Aqui vireis todas, em tempo idôneo... Deixai a comadre, que é feia, muito feia.") O tom, aqui e no nosso texto, não é muito diferente da escrita trocista de *A Família Agulha*, de Luiz Guimarães Junior, de *Coração, cabeça e estômago*, de Camilo Castelo Branco, de *A Luneta mágica*, de Joaquim Manoel de Macedo, da mesma crítica de costumes de certos folhetins de Lopes Gama n*O Carapuceiro*, e de um bando de cronistas elegantes e facetos contra os remanescentes dos quais investia, em 1884, Tito Livio de Castro: Gentil Braga, Joaquim Serra, Campos Carvalho, Luiz Guimarães, França Junior, Machado de Assis... É nesta tradição que se encarta o *Mattos, Malta ou Matta?* embora esteja mais voltado para a linhagem burlesca

Um exercício de libertação

das "histórias para gente alegre" de Luiz Guimarães do que para a crítica social amena de Lopes Gama, Macedo e Camilo. Radicalização grotesca, protegida pelo anonimato, o texto d*A Semana* levava às últimas consequências a experiência que Aluizio ensaiara em *Philomena Borges*, satírico "estudo de temperamento" escrito em 1883.

Analisando em 1960 essa novela secundária do criador d*O cortiço*, Antonio Candido definia precisos aspectos de *Philomena Borges* que documentam e sublinham a sua contiguidade com os procedimentos do gênero burlesco que também organizam o *Matta?*. Escreve ele desse perfil de mulher aluiziano: "Um divertimento vertiginoso que se sustenta quase até o fim graças ao ritmo ágil da composição. A escrita vivaz ajuda o efeito de movimento pela sua familiaridade. Predomina a tonalidade cômica. Por vezes nos sentimos em pleno romance de costumes. De repente passamos ao conto anedótico, à Arthur Azevedo. Além já é a aventura folhetinesca; noutras partes a burleta ou a comédia. Como se não bastasse, ocorrem chanchadas e lances de dramalhão. A rapidez dos acontecimentos entrecruzados, quase todos elevados a peripécia, embora tratados com facilidade jornalística, mostram que quem os arquitetou sabia escrever. Para o estudioso de literatura, o livro tem outro atrativo, pois é possível averiguar nele certas componentes recessivas de melodrama e vulgaridade, de bom humor e melancolia, que integram a personalidade de Aluizio Azevedo e aparecem nos seus melhores livros domadas e devidamente polidas." Prosseguindo por essas mesmas trilhas, a *variedade* d*A Semana* ficava a meio caminho seja da voluntária paródia das narrativas produzidas pelos fabricantes de romances-folhetim — entre os quais, naturalmente, ele, Aluizio, se incluía —; seja das tiras estoriadas dos desenhistas do tempo, no gênero das "Aventuras de Zé Caipora" que Angelo Agostini divulgava em 1883 na *Revista Illustrada* (e o eu narrador do *Matta?* não encarnava outro risível zé-caipora, a quem agrediam toda sorte de desastres?); seja ainda dos breves episódios farsescos, com ou sem música, encaixados em sequência veloz de cenas gaiatas no teatro ligeiro do tempo. Três gêneros de atividade com os quais Aluizio mantinha intenso convívio, desde que era ao mesmo tempo novelista, desenhador e teatrólogo de certa audiência.

Oferece Arthur Azevedo alguns apontamentos expressivos a propósito do manipulador da carpintaria teatral que existia no irmão ao resenhar — em *Vida Moderna*, da Corte, de 16 de abril de 1887 — a comédia deste que acabava de subir à cena *Macaquinhos no sótão* — peça mais

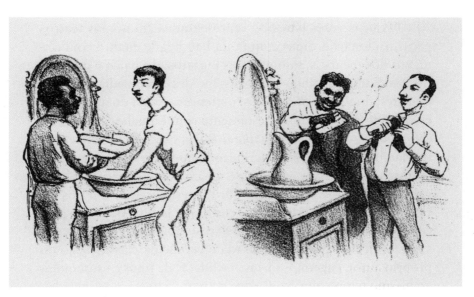

Angelo Agostini, quadrinhos de "As aventuras de Zé Caipora", capítulo 1, *Revista Illustrada*, nº 331, 27/1/1883.

tarde rebatizada pelo autor com o título cinzento de *Os Sonhadores*. Afirma o autor de *O Dote*:

"Poucas vezes têm sido representadas em nossos teatros peças nacionais urdidas com tanta habilidade e tanto conhecimento dos recursos, muitas vezes ingratos, do palco e dos bastidores. É um trabalho vazado nos moldes da comédia francesa, ou antes, do *vaudeville* francês; pertence à escola do quiproquó, escola que principiou modestamente com Labiche, quando escreveu o seu *Chapeau de paille d'Italie*, essa obra-prima. Mas revela notar que Aluizio, sacrificando ao gosto da plateia sobeja dose do poderoso espírito de observação, largamente provado nos seus romances, nem por isso esqueceu de dar aos caracteres da sua comédia certo relevo que já hoje ninguém procura em peças. Os *Macaquinhos no sótão*, sendo uma interessante burleta, segundo a assisada e vernácula classificação do próprio autor, engenhosamente urdida, é, de tipos e fisionomias ao mesmo tempo, um estudo que pertence a todas as sociedades. Aluizio Azevedo tem, no fundo do seu talento, uma camada compacta de pessimismo; mas ninguém lhe poderá censurar essa galeria de maníacos, desde que ele não apresenta as suas figuras senão pela face ridícula que nós todos temos. Que é a sociedade senão aquilo mesmo?"

Como se vê, veiado que fosse de "pessimismo", predomina nesse trepidante exercício teatral o lado efusivo da personalidade do romancista de *O Homem*, livro que aparece no fim desse mesmo ano. Segundo a apreciação fraterna, Aluizio concilia em cena a fixação de esboços de figura mais genéricos com perfis bem marcados de personalidades definidas. A síntese que ele antes tentara estabelecer, sem êxito, entre o caricaturista afoito, que em quatro traços sintetizava qualquer retrato, e o pintor cuidadoso, que nas minúcias de um estudo de expressão, captava certo nível outro de verdade psicológica.

Aluizio desistira de uma carreira promissora de caricaturista em fins de 1878, quando teve de deixar o Rio de Janeiro e regressar ao Maranhão por motivo da morte do pai. Desde a sua chegada, dois anos antes, à capital do Império, havia colaborado como ilustrador de destaque n*O Figaro*; transferiu-se, em 1877, para *O Mequetrefe*, onde teve ampla atuação; afinal fez parte, no ano subsequente, do corpo de desenhadores d*A Comedia Popular*, onde assinava Acropolio as suas litografias. Em todos os três periódicos deixou a marca pessoal de um traço denso, movimentado, impulsivo. Tendia, nas composições por ele inventadas, para certo acúmulo de elementos visuais, que torna diversas vezes penosa a leitura do conjunto gráfico da página — fruto talvez de certa insegurança do traço livre —, embora consiga ser contundente e criativo a um tempo. Parece mais dotado para apontar o aspecto grotesco de formas compactas e espessas do que afeito a reproduzir figuras idealizadas ou contornos esbeltos. Estes aparecem mais raramente em desenhos como o que satiriza a Fala do Trono de 1877 (onde representou a Princesa Imperial Regente a suster longa foice reta, cavalgando, coroada, a montaria esquálida da morte moral) ou na vinheta do centro de *As Três idades* (o grupo sinuoso do lascivo nu feminino, que representa a Política, vergando o deputado janota "de folha de Flandres"; este recebe na taça da mão direita o champanha espumante que a Política lhe versa e no copo da esquerda o vinho de missa da tolerância interessada que lhe serve o Clero — um padre gordalhufo). Conseguiu ainda realizar alguns retratos litográficos de interesse, embora talvez os mais elaborados, conforme Herman Lima havia observado, falhem pelo canhestro excesso de cuidado da execução — o caso do de Quintino Bocayuva (*O Mequetrefe*, abril de 1877), a três quartos, onde ressalta o agressivo cavanhaque negro avançando desmesuradamente pela página. No entanto, a divulgada autocaricatura do artista n*O Figaro*, onde ele aparece sobraçando vasta caneta, possui inegável graça ingênua.

Aluizio deveria ter consciência das próprias limitações como pintor. Ainda que a tela de autoria dele, *Depois da barricada* — descrita por Coelho Netto com carinhoso sarcasmo — tenha até sido exposta em *La Glace Elegante* (confeitaria da moda onde eram exibidas pinturas dos mestres fluminenses do decênio 1870), não se abalançou a ilustrar nenhuma das suas próprias narrativas recolhidas em volume. Semelhante tarefa coube antes a Aurelio de Figueiredo, pintor com inteiro domínio do meio, que desenhou as cenas de *Casa de pensão* na "edição popular" de 1884, à qual já fizemos referência; pintor de fina sensibilidade, Aurelio também escrevia versos e ficção, embora estes tivessem o mesmo talento da pintura de Aluizio. O contista de *Pegadas* aliás não deixaria a "arte" de todo; desenhava e aquarelava, conforme é sabido, as personagens em torno de quem desenvolveria as tramas ficcionais dele. Costumava deixar esses desenhos, com mal disfarçado desvanecimento, junto aos rascunhos dos escritos para que os amigos os vissem, mas não consta que houvesse tentado desenvolvê-los nem como curiosidade. Contudo é certamente reminiscência *de pintor* a inesperada alusão às figuras espectrais de Goya que aparece na sexta carta de *Mattos, Malta ou Matta?*, alusão que dificilmente teria ocorrido a um escritor brasileiro do tempo que não fosse extremamente motivado pelas artes visuais.

Num dos seus textos iluminantes, aponta Eugenio Gomes para a abertura de horizontes e perspectivas que representou a ilustração oitocentista para os escritores de ficção do tempo. Relembra então a importância decisiva que diversas definições desse universo visual tiveram para a escrita de Machado de Assis; nesse contexto faz referência específica às ilustrações esfuziantes de Phiz (nome artístico do popularíssimo Knight Browne) para as novelas de Dickens — autor de audiência universal do tempo. Como no caso muito especial de Raul Pompeia —, este, no desenho como na escrita, praticou a arte nova de uma caligrafia muito rebuscada —, a observação aplica-se de modo literal a Aluizio Azevedo. Com execução algo sumária e áspera, senão mesmo tosca, levou ele avante dentro do mesmo ímpeto combativo a caricatura visual e a caricatura verbal; numa e noutra, um traço forte e limitador ressalta sempre como característica nuclear do seu texto.

Ligados às caricaturas que desenhou, os textos humorísticos de Aluizio são mais numerosos do que poderia parecer a um primeiro momento. É só pensar nas duas comédias originais que redigiu sozinho (*Philomena Borges*, 1884, *Macaquinhos no sótão*, 1887), nas três escritas em colaboração (*A Casa de Orates*, 1882, com Arthur Azevedo; *Venenos que curam*, 1885 e *Em flagrante*, 1891, com Emilio Rouede), na opereta e nas duas revistas de ano compostas com o irmão (respectivamente *Flor de Liz*, 1882; *Fitzmack*, 1888 e *A República*, 1890), sem esquecer uma parcela expressiva de contos e folhetins, a novela *Philomena Borges* e o sarcasmo e a ironia subjacentes que afloram com impaciência não apenas nos romances de fabricação ultrarromântica mas ainda em certas declamações dos livros maiores. Pinceladas de humorismo, ambiguamente articuladas no discurso indireto livre, e que, muita vez, funcionam como indiscreto fundo musical para efeito de efusão ampliadora — tradução sardônica, em "estilo alto", que o narrador teoricamente impassível do Naturalismo persegue a fim de expressar o que sentiam as personagens dele.

Situado no tempo entre os esgares cômicos, à Luiz Guimarães Junior, de *Philomena Borges* (cujas virtualidades histriônicas o autor logo aproveitaria num ato-único burlesco) e o trepidante rodopio cênico de *Macaquinhos no sótão*, o nosso *Mattos, Malta ou Matta?* exasperava, em 1885, aqueles mesmos processos hilariantes num regime de inteira gratuidade. Não se sentindo preso por um vínculo de coerência mínimo que fosse, vínculo que subsistiria em qualquer publicação a que emprestasse o seu nome, Aluizio realizou nesta sequência livre de calamitosos disparates humorísticos um saboroso exercício de desmembramento da matéria ficcional. Sempre num tom derrisório e com inteira espontaneidade, a involuntária autoanálise que ele aí realizou permitiu que esse jogo sem compromisso sobre a retórica da ficção avançasse bem mais longe do que se poderia esperar. Não teria sido mesmo esta a melhor forma de assinalar a sua involuntária modernidade?

NOTA

A ideia de Valentim Magalhães fazer, n*A Semana*, com que diferentes colaboradores levassem avante em conjunto uma caricatura narrativa do "caso Castro Malta" não era novidade em nosso ambiente literário. Tanto assim que, desinformado da operação — já encetada no periódico recém-aparecido —, a mesma ideia ocorreu a Lucio de Mendonça, autor que já se havia experimentado no gênero. Este, da província, onde se encontrava, levantou para o redator-proprietário a lembrança de uma *Peteca no ar*, título que resumia à perfeição o espírito desse jogo engenhoso.

Afranio Peixoto, em janeiro de 1941, relembrava na Academia as origens de tal espécimen literário híbrido, a propósito de *O Mistério*, romance policial a diversas mãos; publicado originalmente n*A Folha*, do Rio de Janeiro, em 1920, teve em volume três edições, a última de 1928. Nele colaboraram Coelho Netto, Medeiros e Albuquerque, o próprio Afranio e Viriato Corrêa. Esse capricho literário nascera em Paris, no ano de 1846, por ocasião do aparecimento de *La Croix de Berny*, novela epistolar composta por Delphine de Girardin, Théophile Gautier, Joseph Mery e Jules Sandeau. Como Berny era o sítio onde se realizavam as corridas de obstáculos, o romance foi classificado pelos inventores como *steeple-chase*, decerto não apenas pelo cenário local mas também pelas dificuldades que, dando sequência ao enredo, cada um dos colaboradores criava para os pares. No Brasil, o primeiro exemplo significativo dessa fantasia apareceu vinte anos depois, 1866, em São Luís do Maranhão: *A Casca da caneleira (steeple-chase) por uma boa dúzia de esperanças*. Esses "doze", encobertos por pseudônimos que o público local sabia reverter aos respectivos autores, eram Francisco Sotero dos Reis, Antonio Carvalho Leal, Joaquim Serra, Trajano Galvão, Joaquim de Sousândrade, Gentil Homem de Almeida Braga, Raymundo Filgueiras, Gaudencio Sabbas da Costa, Caetano de Cantanhede, Francisco Dias Carneiro e Antonio Marques Rodrigues. (Várias dessas "esperanças" foram além da promessa, como se vê.) O gênero não ficaria esquecido. Em 1877 a folha *A Provincia de S. Paulo* divulgava *Flor de couve*, em que colaboraram três brilhantes acadêmicos de Direito: Theophilo Dias, Affonso Celso Junior e Lucio de Mendonça; o texto ficou inacabado. O mesmo aconteceria com *O Embroglio* [sic], do qual participaram José do Patrocinio, Araripe Junior e Adelino Fontoura; apareceu n*O Combate*, da Corte, em 1880. Já *O Esqueleto*, de Olavo Bilac e Pardal Mallet, assinado por um imaginário Victor Leal, saiu no *Diário de Noticias* em março de 1890 — obra aliás erroneamente atribuída a Aluizio Azevedo no final dos anos 1930, e que, por inércia, continua a ser editada nas obras completas dele. Sempre no mesmo *Diário* sucederia a *O Esqueleto* um *Paula Mattos ou o Monte de Socorro*, romancete atribuído sempre àquele supositício Victor Leal, cujo nome escondia desta vez quatro mãos: além da dupla anterior mais Coelho Netto e Aluizio Azevedo. Por esse motivo sentiu-se o último autorizado a firmar com o referido pseudônimo mais um dos seus subprodutos "alimentares" — *A Mortalha de Alzira*, divulgado na *Gazeta de Noticias* a partir de fevereiro do ano seguinte, 1891; folhetim ultrarromântico, a credibilidade sentimentaloide dele ficaria abalada caso aparecesse com o nome do autor de *O Cortiço*, que causara escândalo no ano anterior. Debaixo da responsabilidade de um também inventado Jayme de Athayde — Jayme Fernando Nogueira de Athayde (do qual se publicaram biografia e retrato imaginários no jornal de Ferreira de Araújo) —, Olavo Bilac e Magalhães de Azeredo deram a lume *Sanatorium* — uma *Montanha mágica* de escada abaixo — em rodapés que durariam de novembro a dezembro de 1894. Já não chegariam à conclusão nem *O Crime da rua Fresca*, folhetim do jornal carioca *A República*, impresso entre dezembro de 1896 e janeiro seguinte, que redigiram, sempre debaixo do pseudônimo, Olavo Bilac, Guimarães Passos,

Luiz Murat, Lucio de Mendonça e outros companheiros de geração ("Doutel", "Lumen", "Simão de Mantua"); nem, muito menos, *O queijo de Minas ou história de um nó cego (novela joco-séria em capítulos curtos e português de lei, com duas mortes trágicas e outras peripécias interessantíssimas)*, divertimento composto de parceria por Monteiro Lobato e Godofredo Rangel para *O Minarete*, de Pindamonhangaba, onde foi lido de outubro de 1906 a janeiro de 1907.

Com o passar do tempo, o aspecto de gratuidade parodística ou sensacionalista que caracterizara esses exercícios, quase sempre ligados ao espírito de irreverência goliárdica e boêmia, diluir-se-ia, aburguesando-se numa irreversível banalização. A partir do segundo decênio do novo século, passou a ser praticado mais por escritores de roteiro convencional, ligados à Academia ou girando na órbita da oficialidade — o caso de *O Crime*, citado acima. Houve ainda outros romances do mesmo teor. Não se tem notícia precisa de *Mãos de náufrago*, novela da qual teriam participado Affonso Celso, Augusto de Lima, Julia Lopes de Almeida, Medeiros e Albuquerque e Goulart de Andrade. Mas as *Memórias de Antonio Ipiranga* foram impressas na *Revista da Academia Brasileira de Letras*, de 1928 a 1932; são coautores os constantes Affonso Celso e Augusto de Lima mais ainda Rodrigo Octavio, Constancio Alves, Xavier Marques, Dantas Barreto, Gustavo Barroso, além de outros dos anos 1940. Já *O Segredo conjugal*, lançado em volume no ano de 1932, foi reeditado em 1934; contava com a participação de outros ficcionistas tanto amadores como profissionalizantes além de Afranio Peixoto e Affonso Celso.

Contra esta inócua forma de diletantismo conformista tratou de reagir, em 1942, *Brandão entre o amor e o mar*, narrativa à qual procuraram atribuir espírito bem diverso Anibal Machado, Graciliano Ramos, Jorge Amado, José Lins do Rego e Rachel de Queiroz. O romance, reeditado em 1973 e 1981, procurava insuflar sentido de modernidade ao gênero, que assim participaria, tanto na escrita como na temática, das conquistas recentes da literatura nacional. Sete anos depois, num outro contexto, João Condé coordenaria em "Letras e Artes", suplemento d*A Manhã* carioca, uma novela policial composta a dez mãos: *O Homem das três cicatrizes*. Os comparsas agora eram Fernando Sabino, Herberto Salles, Josué Montello, Dinah Silveira de Queiroz, Marques Rebelo, Ledo Ivo, Rosario Fusco, Newton Freitas e José Condé. Igualmente lúdico e igualmente coordenado por João Condé, *O Mistério dos M.M.M.*, de 1962, contou com a participação de Viriato Corrêa — que, estamos lembrados, havia colaborado nO *Crime*, de 1920 —, Jorge Amado, Rachel de Queiroz, João Guimarães Rosa, Origenes Lessa, Dinah Silveira de Queiroz, Antonio Callado e José Condé.

## NOTAS

[1] *Mattos, Malta ou Matta?: romance ao correr da pena* (1885), de Aluizio Azevedo. (N. do O.)

3.

# O último bom selvagem:
# "Luís da Serra" de Lucio de Mendonça

"FIGURA — Adam!

ADAM — Sire!

FIGURA — Dirai toi mon avis.
Veiz cest jardin?

ADAM — Com ad non?

FIGURA — Paradis.

ADAM — Molt par est bel.

FIGURA — Iel plantar e assis.
Qui i maindra sera mis amis;
Sol toi comand par maindre et por garder
(il les envoie en Paradis)
Dedans vos met."

*Le Jeu d'Adam* (século XII)[1]

Lucio de Mendonça viveu longo tempo na província. De 1877, ano em que conclui o curso de Direito, até 1888, data da sua transferência definitiva para o Rio de Janeiro, residirá principalmente na vila mineira de São Gonçalo da Campanha, para onde viera, ainda menino, da fazenda paterna nos arredores de Piraí. Terminado o curso em São Paulo, ficou ainda alguns meses em Rio Bonito e Itaboraí, mas de São Gonçalo, onde se estabeleceu de vez, mudar-se-ia apenas para Valença, em 1885, antes de passar-se para a Corte três anos depois.

Desta experiência cotidiana da roça provieram algumas das suas melhores histórias. "João Mandi", "Mãe cabocla", "Coração de caipira" (a última datada de 1877) são na realidade, que se saiba, os primeiros contos rústicos de nossa literatura que valham por si mesmos — se se quiser, os nossos primeiros contos "regionais" —, e não interessam apenas pelo vago colorido documentário dos poucos românticos que os antecederam. Dissemos rústicos, e na verdade preferimos, com Brito Broca, esta denominação a *regional*, porque embora colhido ao vivo e retratando o camponês da região compreendida pelo norte de São Paulo e o sul de Minas e da Província do Rio de Janeiro, o caipira de Lucio de Mendonça não pretende expressar certo e determinado meio geográfico ou o homem definido por uma tal relação mesológica. Suas histórias traduzem antes o que ao autor parece ser, de modo genérico, o homem do campo. Um camponês que não era especificamente sertanejo, gaúcho ou matuto, mas apenas o homem rural que ele conheceu — nada pretendendo, portanto, do processo de sublimação que é a alma, consciente ou inconsciente, do Regionalismo.

Eminentemente dramática, ao narrador interessando mesmo pelo seu drama, essa personagem existe de modo concreto para o autor, retratada num momento de crise. Momento decisivo, que pretende definir (ao mesmo tempo que o comportamento do seu grupo) o modo de ser profundo deste pequeno herói. É natural que o contista valorize no conflito por ele abordado, sempre violentamente passional, aquilo que mais lhe interessa, e insista em focalizar no caipira o que poderíamos chamar, mesmo sem ênfase, de seu plano moral: a discreta dignidade do caboclo, sua fidelidade aos princípios que herdou — princípios que apaixonam a esse religioso da moral tradicional que é o ficcionista. Deste ponto de vista o "código de honra camponês" é, a seu modo, um pretexto para Lucio voltar a si mesmo, e dentro da sua temática de sempre apontar exemplos de uma *virtù* esquecida e que não se pôde conservar dentro da corrupção da cidade moderna.

Este inconformismo marcadamente romântico foi que lhe fez voltar para o romanceiro de campanário, e do repertório da vila retirar as histórias que haveria de valorizar do seu ponto de vista. Numa literatura em que o campo e a gente do campo eram apresentados de maneira linear, ingenuamente simplificada, às voltas com peripécias o mais das vezes extravagantes, apresentar personagens terra a terra era uma novidade não isenta até mesmo de vaga sombra de exotismo, que aliás não passou desapercebida e fez mesmo algum sucesso. Ainda Tristão de Athayde, no seu ensaio sobre o que chamou de "tradição sertanista" nas nossas letras, havia de se referir com entusiasmo a estas histórias, reunidas nos *Esboços e perfis* em meados de 1889, como "obras realmente de emoção e intensidade pouco comuns no gênero e muito especialmente na época", assinalando sua "sobriedade vigorosa" e "verdade interior" numa passagem que, segundo parece, não chamou maior atenção aos nossos historiadores literários.[2]

Lucio de Mendonça em outros escritos também tentou aproximar-se do lado risonho do nosso campônio, como se vê em "Quando andava na escola" e "Defunto alegre", típicos *causos* caipiras que no entanto não avultam em seu acervo de ficcionista, aliás bastante desigual. Experiência diversa, da mesma forma, foi a que tentou em 1897, data tardia para a sua obra, num conto bastante diferente de todos os outros que escreveu. Trata-se de "Luís da Serra", história cheia de nostalgia, e ao contrário das suas demais narrativas, bastante longa — quase uma novelinha. Publicada em quatro rodapés da *Gazeta de Noticias*, foi depois reunida, em 1901, às *Horas do bom tempo*, última coletânea de "memórias e fantasias" enfeixada pelo autor de "O Hóspede".

Um pouco naquele estado de espírito que levou Ribeiro Couto a escrever, saudoso, em Marselha, um romance de atmosfera como o é *Cabocla*, o conto de Lucio foi concebido pelo Ministro do Supremo Tribunal enfarado, que se voltava para a ficção assim no jeito de alguém que se debruça à janela para espairecer. Daí talvez a tensão que não se resolve nessa história ao mesmo tempo romântica e realista, e antes superpõe, em duas camadas perfeitamente distintas, seus elementos opostos. A própria simplicidade esquemática da narrativa, pondo em relevo estes aspectos antinômicos, dá margem para se analisar, num momento de relaxamento emotivo de muita significação psicológica, as verdadeiras tendências de um autor de transição. Aqui o novelista de *O Marido da adúltera* — romance polêmico, ensaio de "patologia social" com todas as suas intenções medidas — embora condicionando os seus transportes sentimentais por meio de moderado humorismo (que nunca esteve ausente da sua prosa ágil), e ainda que construindo a narrativa num molde "realista", deixa aparecer o romântico sopitado, leitor entusiasta de Alencar, que vai buscar no fundo da memória não só o relato transmitido por irmãos e primos do anedotário familiar, mas imita inconscientemente atitudes e estilo contemporâneos à sua adolescência. Revelava-se, deste modo, aos 43 anos, o mesmo idealista romântico dos vinte, com a diferença que em 1877 escrevia "Coração de caipira" e em 1897 compunha "Luís da Serra", contos de tão diversa realização.

Na Serra do Sambé, que domina de grande altura a vila, hoje cidade, do Rio Bonito, vive num casal rústico, entre a vegetação exuberante da mata virgem fluminense, um caboclo moço, arredio, tipo estranho, a que o povo do lugar, por não lhe conhecer outro sobrenome, chama, entre irônico e carinhoso, Luís da Serra. Benquisto e respeitado apesar da sua esquisitice, este "filho do deserto" é o dono da floresta, da qual conhece todos os recantos, e onde, segundo corre, mantém até relações de amizade com uma onça, célebre naqueles sítios. Em variadas ocasiões protegera esta dos caçadores do lugar, chegando a indenizar estragos feitos pela fera em chiqueiros e currais dos arredores. Certa vez mesmo, tivera um incidente mais sério com uns ingleses cinegéticos que, atraídos pela fama da pintada, aventuraram-se pelo Sambé a dentro, tendo o passo cortado por Luís.

Não queria dizer isto, contudo, que o caboclo fosse avesso à caça. Ao contrário, o melhor dos seus lucros conseguia com a venda de pássaros e insetos empalhados que, depois, na vila, eram revendidos com lucro para certas casas da Rua do Ouvidor especializadas no gênero. Muito cuidadoso na maneira de obter a delicada caça, as remessas do Rio Bonito acabaram merecendo as preferências dos negociantes da Corte que se interessavam pela mercadoria.

Certo dia o intermediário pediu a Luís que levasse o melhor do que então dispunha à casa do juiz de direito, então hospedando a cunhada, moça elegante do Rio de Janeiro, segundo ele uma avoada que punha a vila em polvorosa, com "cantatas e dançatas" sem fim. E no domingo lá se apresentou o solitário do Sambé, muito enfiado, levando a tiracolo aquele verdadeiro colar de passarinhos multicores. Veio abrir-lhe a porta, exatamente, a feiticeira moça que, maravilhada, propôs-se a comprar o conjunto. Luís da Serra, perturbado, presenteia-lhe a fieira de pássaros e se retira na maior confusão.

De agora em diante já não tem mais sossego, e vagueia pela sua mata como um perdido. À noite não resiste: desce até a vila, onde é fácil localizar a casa do juiz, cuja sala, "nadando na glória de duas lâmpadas belgas", logo lhe chama a atenção. Colado ao tronco de uma amendoeira vizinha, ouve a moça cantar certa romança italiana. Estava no mais doce de sua contemplação quando, terminada a música, vê aproximar-se da pianista, que tocava num gabinete ao lado da sala principal, um rapaz que enlaça o vulto branco, e, beijando-lhe a boca, murmura (coisa que não escapa ao ouvido sutilíssimo do caçador) a hora da entrevista: "De madrugada! Deixasse a janela aberta!".

Em pleno desespero, numa vertigem dolorosa, o caboclo perambula desnorteado pelas ruas da vila adormecida, pelos becos, pelos atoleiros, pelo cemitério detrás da igreja, até voltar sem sentir outra vez para diante da casa do juiz — de onde, sub-repticiamente, muitas horas depois, já se vai retirando o amante feliz. Depois de um primeiro e contido impulso de violência, de todo aniquilado, o pobre Luís "como um réu que tivesse ouvido a condenação capital, foi, cambaleante e perdido, pela rua a fora, pela vida a fora...".

Em um dos cabeços da Serra do Sambé fica a Lagoa da Mãe d'Água, e junto desta, a cova da onça. Ao meio-dia de dezembro o silêncio é total — nada perturba a calma grandiosa e úmida da mata, que ali se abre em ampla clareira. Mas não, ouve-se o passo de alguém, passo rápido e ágil — e o vulto agreste de Luís da Serra aparece trazendo acima da cabeça uma braçada de palha de coqueiro. Que deseja ele? Dirige-se para a toca da fera, onde, deitando ao chão a carga, ateia fogo às folhas secas e logo as enfia lapa a dentro. Um rugido responde à provocação, e, ameaçadora, aparece a fera. Entretanto, forte coisa!, reconhecendo o amigo o tigre esmorece, e o seu olhar se transforma de fereza em ternura. Mas Luís da Serra está decidido, tem de atentar contra a própria vida. Tira da cinta a pistola e propositalmente esflora (o verbo é do autor) "com uma bala certeira a espalda da fera". Instantaneamente a onça reencontra a verdadeira natureza, e com as garras possantes faz em pedaços o provocador.

Numa carta para a amiga Juju, no Rio de Janeiro, a leviana cunhada do juiz narra a extraordinária "página de romance" que lhe aconteceu naqueles dias de férias. Coitado do caipira! Se em vez da terrível aventura não houvesse tentado outra, tão menos difícil, seguindo o caminho do rival! Na verdade perder-se-ia o efeito trágico, "que fora, inegavelmente, belo", mas seria tudo tão mais simples... e depois ela não se sentiria com remorsos, conquanto, na verdade, não tivesse culpa. Que se preparasse, portanto, o primo da destinatária para a consolar devidamente. Depois do gelado beijo que, noiva secreta, fora roubar ao morto no velório modesto do caboclo, necessitava de muitos outros para esquecer os lábios álgidos do seu Peri do Rio Branco.

"Luís da Serra", como se viu, é assim um evidente sistema de oposições, e os seus contrastes dão-lhe sabor muito especial. De um lado temos o princípio romântico — psicológico, estético — encarnado pelo selvagem naturalmente bom, educado pela solidão e pelo silêncio da alta montanha, a viver em sociedade com os animais da floresta, na serra que lhe deu nome. Conhece todos os recantos da mata, onde ocupa, de fato, o lugar de rei da criação: chega a proteger dos eventuais invasores do seu domínio, quase-Mowgli, os animais ferozes que vivem ali, como foi o caso da onça do Braçanã, a Bagheera fluminense que com ele divide o reinado da mata. Seus contatos com a vila são bastante sumários, resumindo-se num primitivo comércio de troca, que lhe permite a subsistência; Luís se compraz com a liberdade original que é o seu único bem de raiz, herança da mãe-floresta.

Do outro lado — simbolicamente aos pés da encosta em que vive o nosso herói — está a vila, onde campeia, em miniatura, a inevitável corrupção de qualquer lugar civilizado; portanto princípio dissolvente do equilíbrio da Natureza. Aí Luís da Serra há de encontrar a moça da Corte, viciosa flor de estufa como ainda não conhecia o caboclo, e que, pelo fascínio do desconhecido, arranca-o desastrosamente do seu mundo — como "uma planta destacada com as raízes", poderia ter dito o autor. A moça da cidade representa assim o mundo que existe nos antípodas da vida natural — toda a corrupção civilizada que o caipira ignora: egoísmo, inconsequência, leviandade, capricho, interesse... Coloca-se aí, em termos assaz eloquentes, a oposição central entre a floresta e a cidade, o ermo e a civilização, que concluirá com o sacrifício do primeiro pelo segundo.

É bem verdade que o *phantasma* rousseauístico de Luís está encarnado numa vila do Brasil, e portanto o autor, com o seu respectivo bom-senso (a coisa mais bem distribuída entre os escritores), soube vesti-lo com acessórios e mais detalhes convincentes da situação real em que estava colocado. Mesmo porque o protagonista desta história provém apenas em segunda mão daquele esquema; a reelaboração executada por Lucio de Mendonça conta com inúmeras superposições, literárias e reais, sobre o modelo remoto. O entrecho central do conto — a paixão do caipira pela cunhada do juiz de direito, e o suicídio romanesco que consuma, movido pela paixão impossível — reproduz um episódio que aconteceu na realidade. Tanto assim que interferem no enredo amigos e parentes do autor, em alusões identificáveis que contribuem para criar, pelo menos do seu ponto de vista, a dimensão "realista" dele.[3] A censura do narrador sobre a ênfase romântica da personagem — toda virtudes, toda qualidades — traduz-se também pelo modo em que reduziu, através da observação direta, os possíveis detalhes enfáticos sobre o físico de Luís: idealizado quanto aos sentimentos, no que diz respeito à figura o caboclo é apenas "alto, magro, musculoso e ágil", "muito moreno, feio e desconfiado". Assim a anti-heroína que deslumbra aquele ingênuo, "uma rapariguinha morena, magríssima, de cabelinho frisado na testa", é evidentemente antipática ao ficcionista, embora a Luís pareça um "galho de manacá silvestre", nessa tentativa de diálogo objetivo entre realidade e idealização dificultosamente realizado entre o autor e o ator.

O estilo reflete da maneira mais imediata o conflito interno que existe na história. Chamam imediatamente a atenção três longas descrições prolixas, em tom floreado, que são de estranhar num escritor geralmente conciso, de descrições o mais que possível sintéticas e quase sempre de passagem.

Assim a "invocação" inicial da Serra do Sambé, que abre o conto. Pretendendo ambientar desde logo o leitor na atmosfera exuberante que envolve a Vila do Rio Bonito, acompanha, tanto na extensão quanto no estilo, as descrições iniciais caras aos prosadores do Romantismo — descrições que valiam como uma demonstração de pulso do estilista que geralmente não eram. Aqui a abertura se prolonga por três parágrafos densos, numa série de imagens sinfônicas de gosto inseguro, que parecem provar a invenção gradual do autor, conforme desenvolvia a frase. E logo se encaminha para a enumeração: tentativa de domínio do material (que talvez sinta estar escapando da sua garra) aparentemente resolvida por uma espécie de aglutinação estilística que na verdade não se realiza.[4]

Estes grandes painéis florestais, colocados à cabeça de três dos quatro capítulos em que se divide a narração, são muito semelhantes entre si, e têm, de certo modo, idêntico desenvolvimento. A primeira, já vimos, pinta a Serra do Sambé com suas matas (enumeração dos "gigantes da nossa flora", das "aves mais queridas do caçador" e das parasitas que "adornam suntuosamente o interior do bosque") inclui, como é natural, o *habitat* de Luís e a figura do próprio caboclo, sendo que a morada do herói é gizada com decidida ênfase romântica. A segunda paisagem, abrindo a correspondente parte II, é a mais desenvolvida, pois trata da "vida múltipla e extraordinária da mata", e faz nada menos que a relação completíssima, que se estende por sete parágrafos, de árvores e pássaros da floresta. Estes são catalogados com as respectivas plumagens, hábitos e variantes da sua denominação regional, subsídio nada despiciendo para os *Mr. John Gould's folios on tropical birds* ou a *Ornithologie bresilienne* de J.-Th. Descourtilz; aquelas com todas as suas aplicações para a flora medicinal do país, e concretizando, com a exuberante miscelânea da floresta tropical, o enfático "bosque das várias espécies" da retórica clássica, pouco conformada com a segregação europeia de pinhais, nogueirais e carvalhais. Em todas estas páginas só se fazem ligeiras referências ao protagonista, aludido apenas pela forma neutra e monótona (uma para cada parágrafo) do tipo "era capaz de dizer"; "sabia que"; "eram--lhe familiares"; "não ignorava que"; "observara o"; "conhecia que"; "o que melhor vendia era" — verbos que são a linha aparente na costura destes róis, que não se articulam entre si, e apenas provocam no leitor a vontade de saltar a descrição fastidiosa para ver, mais além, o que aconteceu ao mocinho apaixonado.

A terceira e última, que precede o episódio final da ação, é a que apresenta mais nuanças pois não corresponde, como as anteriores, a aspectos genéricos da mata, mas a certo e determinado sítio, ligado a uma peripécia do enredo; tem destarte motivação muito mais rica. Assim, à Lagoa da Mãe d'Água, o *locus amoenus* da Serra do Sambé, clareira na aspérrima selva selvagem cheia de encantamento, não falta um toque de magia nefasta, a preparar, com algum efeito, a espantosa cena final. Talvez seja isso que vá acordar no autor, num *fade* cultural, a velha bucólica assombrada pelas dríades e ninfas que a umidade do sítio sugere, pois logo após se alude ao "fauno desgrenhado" que, "ao primeiro conspecto", semelhava o caboclo. Depois de uma visão geral, menos interessante, da "linfa puríssima" despenhando-se em cascatas pela serra, a descrição do frescor da floresta ao meio-dia, o sol a pino, convence esteticamente apesar de um princípio de herborização também ali tenda para desaguar no grandiloquente.

Contrasta com esse lado, pomposo como o próprio "poema selvagem da mata virgem", a naturalidade dos diálogos, cheios de vivacidade e malícia, de que a carta final — a parte IV, conclusão do conto — é o comentário realístico e uma espécie de autocrítica do narrador, que demonstra, espirituosamente, não ser *dupe* do (seu) sentimentalismo. Também o enredo é muito consciente da verossimilhança, tanto na naturalidade dos trechos não descritivos, como na psicologia e no tratamento de personagens e episódios. O estilo vai se ressentir (de modo algo paradoxal) menos dos trechos "guindados" do que o uso de lugares-comuns que a adjetivação intensa facilitará: às vezes tomando um involuntário matiz cômico, como naquele lanço em que Luís abate um dos cães de caça dos ingleses e, remorso evidente do novelista, chama-o "nobre animal". O episódio do diálogo surpreendido por Luís que, dissimulado pelo tronco de uma árvore, contemplava a janela iluminada da princesa distante, *poncif* de novela romântica, aqui é utilizado para outro fim — ele percebe o segredo murmurado pelos amantes (explicação racional que envolve

Johann Moritz Rugendas, *Floresta virgem perto de Mangaratiba*, 1827-35, litografia e aquarela, 25,6 x 33,6 cm.

Victor Frond, *A cortina da floresta virgem*, 1859, litografia, 41,5 x 49 cm.

o fato com tênue humor negro) graças ao agudíssimo ouvido de caçador, acostumado a distinguir os menores rumores da mata. O episódio seguinte, tragicômico — o caipira a surpreender o rival feliz saindo da janela da amada, madrugadinha — tem o propósito de frisar com o inesperado e grotesco desfalecer do rapaz da cidade, ao ser surpreso com a boca na botija, o contraste entre as duas espécies: intemeratos e pusilânimes. Princípio de tragédia que se desfaz em farsa, pretende caracterizar concepções de vida opostas — a dos rapazes "perrengues", ociosos, nada levando a sério, namoradores sem maiores consequências que querem apenas se divertir; e a profunda, séria, casta afeição do "filho do deserto". Decepcionado este no que melhor havia nos seus sentimentos, só pode reencontrar-se no sacrifício: nova espécie de Amadis silvestre que de tal forma idealizasse o amor que só o viesse a recompor na morte. Muito natural assim que a figura sem reproche de Peri fosse assimilada, e pelas próprias personagens da história, ao caipira de Lucio. Ainda que ironizando o tenuíssimo herói de Alencar (no qual a Nação se reconhecera com entusiasmo tanto nas virtudes discretas de *chevalier servant* quanto no penacho vistoso do cocar índio), estava implicitamente reconhecida a superior ainda que "anacrônica" aura de identidade que o caracterizava. Aos cínicos, a antipatia do leitor!

Porque de certo modo Luís da Serra, pelas circunstâncias que já apontamos, foi moldado na mesma fôrma dos heróis românticos, só que, em tempo adverso, naufraga com a sua palmeira, compensado apenas pela ponderável e vã admiração do leitor. Sua diferença em relação ao *Guarani* é que se encontra num mundo de fenômenos hostil a si próprio, como recém acaba de descobrir o áspero criticismo realista — a lógica natural do bom selvagem entra em choque com a que aceita a cidade, e não pode senão sucumbir a ela. Era evidente o choque de culturas entre o homem associal e o social, da moral do formigueiro com a do besouro. Do ponto de vista "sociológico" "Luís da Serra", dentro e fora da cabeça do seu autor, encarna um conflito de concepções e costumes, de dois estágios que vivem diferentes tempos sociais e são regidos por *status* psicológicos e sociais diversos. E ainda representa o último e inconsciente protesto do Poeta Romântico, do bom selvagem-poeta maldito, repudiado e agonizante: a morte do individualismo lírico, estraçalhado pela mesquinha e vulgar sociedade.

Estes mundos à parte, em profunda oposição, querem representar também — mais dentro da moral rousseauística de que Lucio está secretamente imbuído, e segundo simbolismo que já escapa à intenção do respeitável autor — a oposição da Floresta, imagem da vida profunda, involuntária representação do inconsciente, zona onde a espontaneidade dá livre curso ao temperamento *natural* do herói; e a Civilização, representando por sua vez a múltipla e rasa vida de superfície. Decerto não tem outra origem a imagem empregada pelo ficcionista do pressago "verde-escuro quase negro da mata que está para o verde-gaio do vale como uma tragédia para um idílio". Aliás a imagem física não é senão o prolongamento da localização geográfica entre a alma ensimesmada e contemplativa, autêntica (= romântica) do selvagem, e a alma superficial, pragmática, "realista", conhecedora do jogo das convenções e manhas necessário à vida em comum.

Opondo-se ao ideal vago da liberdade do indivíduo, propícia à realização das boas qualidades do homem, a vida em comum na cidade — com o entrechoque de interesses, a competição, a hierarquia social — só pode afastar o ser humano do seu verdadeiro fim, na qualidade de membro da única sociedade desejável — a arcádia. A Arcádia (diz Irving Babbitt),[5] é o ideal da moralidade romântica porque apenas nesse país harmonioso aqueles que são inconformadamente temperamentais podem encontrar a desejada unidade "primitiva", entre si mesmo e os seus sentimentos — entre moral e instinto. O bom selvagem é pastor nesta Arcádia, ao mesmo tempo *volta* à idade de ouro e esboço, ainda informe, de uma utopia social que recuperasse, numa base comunitária, a perdida liberdade humana.[6] Enquanto esta não se realiza, como não identificar, no espaço topográfico presente, esse ideal com a grande floresta fecunda dos ermitãos e dos selvagens? A grande floresta acolhedora, lugar propício para as expansões da alma romântica, de sensações vagas e de devaneios, onde tem livre deambular o caminhante e seu pensamento?

É curioso, assim, ver de que maneira Lucio reage diante da floresta, não a floresta apenas idealizada pela ficção, mas a floresta que conheceu desde criança, nas proximidades da fazenda, de onde ele e os irmãos voltavam carregados de parasitas. Em um poema de 1874, datado aliás de Rio Bonito (o cenário mesmo de "Luís da Serra"), e seguramente escrito após um passeio à própria Serra do Sambé, o romântico de vinte anos deixava a sua alma vagar no deslumbramento que lhe causa a mata, agora iluminada pela literatura:

O último bom selvagem

Estou na mata virgem; amo a caça;
Amo o beijo dos ventos perfumosos,
Nas florestas, abismos de verdura
Com seus longos silêncios religiosos.

Aqui o homem sente-se orgulhoso,
Filho da natureza, mãe perfeita,
Mãe que o gera, alimenta, educa, enterra...
Mãe sublime que os filhos não enjeita.

Aqui estou entre os meus; as velhas frondes
Me abençoam com lágrimas de orvalho;
Os ventos da manhã beijam-me a face,
E tenho saudações para cada galho.

E o pensamento, passarinho alegre,
Estende as asas, se espaneja e voa
E canta e folga na harmonia imensa
Da franca natureza calma e boa.
[...]

Que brilhos da cidade são mais belos,
Que estas manhãs puríssimas e claras?
Que néctar é melhor que a água bebida
Pela ânfora selvagem das taquaras?

Aqui, no meio da floresta virgem,
Quando a distância se interpõe tamanha
Entre nós dous, eu sinto-te a meu lado...
É que o teu pensamento me acompanha.[7]
[...]

Como em alguns outros poemas desta fase, aí está, sem nenhum disfarce, professada com entusiasmo, a exaltação da floresta, "mãe perfeita", "mãe sublime que os filhos não enjeita", e onde o filho da Natureza, embalado pelos elementos ("os ventos da manhã beijam-me a face"), orgulhoso pela sua prosápia de pura seiva, expande-se num lírico transformismo cuja "harmonia imensa" é cheia de "longos silêncios religiosos". Eis o sítio ideal para o "pensamento" abrir as suas compridas asas, desferindo o voo perigoso das divagações. Destas a menos característica não será a identificação com a própria Natura, sujeito e objeto confundindo-se:

> A natureza queda-se: parece
> Que, recolhida, estática, suspensa
> Escuta algum mistério das alturas.[8]

diz em outra poesia de *Alvoradas* (esta de 1873). E a mesma euforia de caminhante solitário, crente sincero de significação revivificada da mata, reflete-se nos versos em que descreve uma tapera "a meio vale escuro, à beira do caminho", onde se faz referência à lúgubre solidão de um casal arruinado:

> O horror da solidão, porquê? também na mata
> Na virgem, secular, inóspita floresta
> Há uma calma grande, em que a alma se dilata;
> E ao invés do terror, que portentosa festa!

> Mais funda é a solidão na agreste cumiada
> Onde não pisou nunca o bípede tirano;
> Mas lá quanta alegria aberta e iluminada!
> O cunho do terror vem do vestígio humano.[9]

Embora o poeta, aparentemente desdobrado em ermitão, chegue a idealizar, não sem ferocidade, o isolamento completo do eu, e se compraza, ainda e sempre, com a "portentosa festa", a "alegria aberta iluminada", a "calma grande em que a alma se dilata", e acuse *in genere*, o "bípede tirano", a verdadeira razão da misantropia do Poeta é, como não, o amor desprezado: estamos outra vez diante do velho tema pastoral do amante infeliz que se retira para chorar as mágoas no vazio, e se consolar com a verde distração da Natureza. É bem verdade que o isolamento é moeda de duas faces, e a imaginação desenfreada do Amante pode também aí se sentir mais à-vontade para, sonhando acordado, idealizar a amada, naquele espontâneo que Babbitt assinalou em Chateaubriand: a floresta, escondendo-a, sugere-a ainda mais intensamente, com o auxílio da Imaginação.[10]

Baste-me o céu azul sobre a cabeça,
E o claro sol, o meu brilhante amigo,
E dentro de minh'alma a tua imagem,
Esta porção do céu que está comigo.[11]

A Imaginação, erradia, evoca a bem-amada no seio do bosque, que a sugere em cada trilha, numa atualização sentimental do instinto de completação das espécies que é o tema da cabana na floresta, do idílio no deserto, de *Paulo e Virgínia*; se se quiser forçar a mão, o reencontro com Eva.[12] É também o lugar onde se refugia o amador da "Canção de viagem" (*Canções de Outono*):

Adeus! nos vales sombrios,
Onde soluçam as águas,
Derramarei minhas mágoas,
Chorarei meus desvarios.

Por meus lábios entreabertos
Roçará, fugindo, o vento,
E levará meu lamento
Para os bárbaros desertos;

E talvez as feras brutas,
Ouvindo o vento que passa,
Deplorem minha desgraça,
Pelas solitárias grutas.[13]

Apesar do tom extemporâneo de rondó de *Glaura* e os respectivos clichês de pastoral clássica ("feras brutas", "bárbaros desertos"), perpassa curiosamente neste poemeto uma diluída reminiscência órfica. De um "orfeu da roça", sem dúvida, convencido da modéstia da sua lira —

Lira tangida na soidão do ermo
Companheira das noites sem dormir.

— no entanto tão eficaz para os fins que pretende.
Radica-se portanto na desgraça do namorado infeliz, a volta à so-

ledade que diz almejar o Poeta. Desgostoso e desiludido com a corrupta vida urbana

> [...] — por isso que a cidade mata
> as flores d'alma com seu brilho intenso —[14]

ele atira-se "Ao ermo". A poesia deste nome tem epígrafe de Fagundes Varela (poeta da preferência de Lucio) que diz "Quero paz, quero harmonias/ Liberdade, inspiração,/ Que a poeira das cidades/ Me atrofia o coração". Não há como duvidar da sinceridade das efusivas exclamações do autor:

> Vamos bem longe destes céus escuros
> Onde mais livre pulse o coração!
> Vamos, lira! terás os beijos puros
> Das libérrimas auras do sertão!
>
> Vamos onde não há perjuras bocas!
> Vamos lá onde tudo é livre e grande!
> Onde no céu as nuvens são mais loucas.
> E as asas negras o condor expande!
>
> Fujamos deste pântano — cidade,
> Dos tripúdios da torpe saturnal!
> Abrigai-nos na vossa imensidade,
> Virgens florestas do país natal![15]

Longe da cidade-pântano das saturnais, lá onde o céu é mais azul, e ainda se abrem as asas do condor da geração precedente, desenrola-se a história de "Luís da Serra". O vago idealismo contemplativo e panteísta, no gênero "expansões d'alma", tem oportunidade para aí então se exprimir quase sem freio. Constituía na verdade o subsolo afetivo, de que lançava mão o narrador quando, tanto tempo depois do poeta, recolocou em termos de ficção tal atmosfera. Assim o conteúdo emocional da floresta, representado na perspectiva do jovem poeta em termos de panteísmo sentimental, continuará subsistindo idêntico na evocação do novelista de 1897. Ao modo de um lençol subterrâneo que aflorasse logo ao se apresentar a primeira oportunidade, a estética romântica do autor

O último bom selvagem

mostra-se na realidade infensa, ainda que sujeitada, ao regímen de compressão realista que Lucio adotara conscientemente. Romântico que se converteu ao Naturalismo, ele na verdade não ultrapassaria a linha de um Realismo moralizante à Dumas Filho senão em exterioridades.

Deste modo podemos dizer que a existência lírica tanto da floresta vista com os óculos azuis de Rousseau, aprendiz de herborista, quanto na prática do mito da montanha, morada retórica da liberdade (como celebrado em vários passos dos versos do autor),[16] são os antigos elementos primeiros do cenário em que, no grande teatro do mundo, será representado o drama deste bom selvagem. A paisagem de Rio Bonito (em meio à qual já vimos o autor adolescente vibrar as cordas da sua alma), o anedotário do qual aproveitou o episódio do conto — apenas coincidiram, com esta matéria-prima, para confirmarem-lhe a autenticidade da topografia romanesca (floresta, montanha) sobre a qual já havia trabalhado. Ou melhor, invertendo os termos de maneira mais razoável: a paisagem do Rio Bonito e a anedota do Luís da Serra foram reconstituídas (ou estilizadas) dentro da lógica romântica que tinha antiga ressonância na mitologia do autor.

Talvez se possa explicar desse modo o aspecto "arcaizante" das longas descrições de "Luís da Serra", que participariam da ênfase sentimental do autor, paralela ao tema já de si aparatoso e "difícil". Geralmente avesso a longas descrições, seja de interiores ou de exteriores, ao ponto de se contar em toda a sua obra de ficção pouco mais de uma dúzia de croquis rápidos, neste conto ele se vai espraiar em nada menos que três vastos painéis, que funcionam, em relação ao conjunto, como três frontões com colunatas de estilo num edifício com pretensões a funcional. Motivado pelas comparações e metáforas à melhor maneira da prosa romântica ortodoxa, Lucio, como já vimos, vai emaranhar-se na imagem da montanha-giganta (aludida com variantes na terceira parte), pretendendo animar de modo pitoresco a orografia fluminense. Agia em sentido diverso, mas curiosamente paralelo, ao Cláudio Manuel de *Vila Rica* ou o Cruz e Silva das *Metamorfoses*, humanizando, desajeitado, as serras à vista. O resultado (grotesco nuns versos de 1900 em que pretendeu retratar aspectos das montanhas de Teresópolis[17]) é parecer um anacrônico Arcimboldo ou qualquer Magritte gratuito, a pintar cromos monstruosos e ingênuos. Note-se de passagem que esta atração pelo precioso aparece ao longo da sua obra, sendo muito para se notar num escritor em geral sóbrio e de expressão direta. Nela pode-se respingar, tanto no verso quanto na prosa, alguns momentos dessas infelizes extrapolações "poéticas".[18] É possível que ensaios de "estilo" como estes agradassem a Lucio pela sua pretensa agudeza (no sentido barroco) sendo um exercício literário — ou como diria Mário de Andrade, uma elegâmpcia — de certo modo tentadora, na sua novidade, para o comedido ficcionista.

Dentro de um contexto tão diversamente motivado e portanto variando psicológica e esteticamente no seu tratamento, aparece como dos mais curiosos o tema da onça, um dos motivos centrais da história. Não há dúvida de que a suçuarana, concebida no mesmo ímpeto romântico no qual Luís apareceu ao autor, também simbolizava a altivez, o isolamento, a nobreza solitária que identificam os dois selvagens, homem e fera. Tal identificação leva sem dúvida Luís a proteger o animal da gente da vila, numa simpatia instintiva de irmãos na Natureza. Tanto assim que "sabendo um dia que a onça estava doente", levou-lhe "à boca do covil potes d'água fresca e peças de caça morta". É, em leve variante, o motivo do espinho de Ândrocles, ou de São Jerônimo (como o poderíamos chamar): a paz das espécies inimigas conseguida pela santidade do Justo, que confraterniza com a criação do Senhor. Sensível aos próprios animais, que nele enxergam a marca de Deus — ou da Natureza — os leões recusaram-se a devorar Daniel quando este lhes é atirado na sua cova assíria, assim como os tigres, nas Índias, convivem sem fereza com iogues e faquires que, em plena natureza, contemplam o ser e o nada. Também o lobo de Eugubbio não sabe resistir à impetuosa fraternidade de São Francisco, do mesmo modo que as onças brasílicas mostravam-se calmas e dóceis perto do manso José de Anchieta. Assim o leão-ferido-na-pata de São Jerônimo e Ândrocles há de se mostrar definitivamente reconhecido ao sentimento de pura piedade, cristã ou pagã, que lhe arrancou o espinho — num movimento que parece refletir a nostalgia de um paraíso em que outra vez convivessem amoravelmente todas as espécies.[19] O tema, além de excitar a imaginação romântica, que o libertaria do simbolismo ascético ou retórico com que fora acolhido pela pintura ocidental (onde até o século XIX *São Jerônimo e o leão* é tema obrigatório de oficinas e ateliês), dava margem para se praticar um rousseauísmo ortodoxo, mesmo se inconsciente: o contrato social entre a fera e o homem, e, de certo modo, ainda, a dicotomia dramática da fera que é (ou está) no homem, dominada pela Contemplação. Pela contemplação do Deus teológico, como no caso do doutor eremita, ou do Deus na Natureza, ele mesmo Natureza, mais dentro da moral botanizante do Setecentos.

O último bom selvagem

Vittore Carpaccio, *San Girolamo ammansa il leone*, 1502, óleo s/ tela, 141 x 211 cm, Scuola Dalmata di San Giorgio e Trifone, Veneza.

Niccolò Colantonio, *San Girolamo ed il leone*, c. 1445, óleo s/ madeira, 151 x 178 cm, Museo di Capodimonte, Nápoles.

Verificamos assim curiosamente que o episódio do Luís da Serra, no seu enredo do melhor tom romanesco, ainda que minuciosamente construído com detalhes verossímeis (o que correspondia à vertente realista do conto), tem antecedentes culturais próximos e remotos. Dentro da tradição propriamente literária, sem ser preciso recorrer aos fabulários indo-persas, aos *Fioretti*, ou mesmo à *Vida do venerável Joseph de Anchieta* do bom padre Simão de Vasconcelos, ou ainda seguir o caminho de Ândrocles, de Aulus Gellius a Bernard Shaw, o seu mais ilustre modelo é *Une Passion dans le Désert* de Balzac. Não esqueçamos a perturbadora feição erótica deste conto, que dá à alegoria "mulher-felino" roupagem cuidadosamente realista, e de um modo que só mesmo o seu incrível autor teria tido a (caprichosa) fantasia de realizar. Não se poderia ver aí, aliás, uma disfarçada alusão ao bestialismo, tão conhecido do adolescente brasileiro do campo, que não deixaria de provocar a curiosidade insaciável de Balzac? Seja como for, a reminiscência da paixão da pantera pelo oficial napoleônico que, no Egito, se acolhera na lapa em que ela vivia, deve ter estado presente ao Alencar autor de *O Sertanejo*.[20] O episódio da onça, que aí se prolonga, com visos de suspense, pelos capítulos VI ("A malhada"), XII ("Alvoroço") e XIII (que afinal traz a "Explicação"), aparenta-se com o de *Une Passion dans le Désert*, pelo menos durante todo o trecho em que se presencia a intimidade de Arnaldo com o casal de onças terror daquele sertão. Em que grau se teria deixado contaminar Lucio, no seu conto, pela reminiscência remota das suas leituras de Alencar e de Balzac? O interesse da resposta repousa na possibilidade de se chegar a saber até quando ele se sentiu escudado pelo exemplo daqueles mestres, para tratar, em tempos modernos, de tão exótica "curiosidade da floresta virgem".

Logo após, mais dentro do sentido da novela balzaquiana, as relações de Luís com a onça da Serra tomam um impostado sentido simbólico. Frisam o aspecto do panteísmo exaltado latente em toda a história e vai explodir no episódio final: o caboclo volta a se confundir com a Natureza-Mãe, indo mergulhar-se nela ao desencadear as suas forças adormecidas. O sentido dionisíaco de Luís procurar a morte pela dilaceração, outra vez qual um Orfeu da roça, é o remate coerente motivado pelo *pathos* rousseauísta que dinamiza o conto. Impossível contudo esquecer de que se trata de uma ficção de autor naturalista: a vetusta oposição retórica "cabeça e coração" tem, na carta da heroína que encerra esta história, a contradita racional aos desvarios romanescos que se per-

O último bom selvagem

mitiu o autor; ela afinal coloca concretamente as personagens em relação aos seus respectivos meios sociais. Impossível contudo esquecer o visceral romantismo desse autor naturalista: a cínica heroína-às-avessas da novela, resumindo-a numa carta de tom irônico, não esquece de relatar à correspondente que foi beijar, às escondidas, os lábios mortos de seu infeliz cavaleiro, num preito que se aparenta com a temática do noivado do sepulcro —, ao mesmo tempo sublinha os remorsos da leviana, e evoca (ao revés) Julieta, na capela mortuária dos Capuleto, acarinhando o amante morto aos seus pés.[21]

É tempo de repetir o que já se disse atrás: "Luís da Serra" é deveras um saboroso sistema de concretizações, resolvido da maneira que melhor pareceu ao autor, indiferente aos rótulos possíveis que a posteridade lhe pudesse afixar. Escritor de um período de transição — transição em todos os campos e setores — Lucio de Mendonça mantinha-se fiel ao mesmo tempo ao passado e ao presente. Não lhe foi difícil então reproduzir, com espontaneidade, um tema da sua mais antiga mitologia, enriquecendo--o embora de implicações várias. Nos idos de 1873 o acadêmico de São Paulo traduzira a "Canção do moço montanhês" de Uhland: mais do que um nebuloso acaso, podemos ler aí o sinal do autor que se debruça sobre um tema que ainda não sabe ser dele. Já então havia encontrado simbolicamente as bases sobre as quais construiria o tipo ideal da personagem de 1897. O caipira do Rio Bonito representava, sem dúvida, o homem autêntico de Rousseau, livre e feliz no seu meio natural; o camponês da Província do Rio, dócil mas desconfiado, muito cioso do seu sentido de honra; e até mesmo o poeta maldito, incompreendido pela sociedade, que apenas na solidão se reencontra com a Obra, essa força da Natureza. Todos eles no entanto, o tipo e o símbolo, confundiam-se e completavam--se naquele Luís liricamente esquemático e múltiplo — o último nobre, indômito, valoroso, puro, bom selvagem da nossa literatura —, que podia entoar como seu o canto traduzido de Uhland:

> Sou o moço pastor da montanha
> [...]
> Dá-me o sol sua luz desde a aurora,
> E comigo é que mais se demora;
> Sou o moço pastor da montanha!

Da torrente este é o berço materno;
Bebo-a fresca ao jorrar do rochedo;
Ela brame ao saltar pelas brenhas,
Eu recebo-a nos braços sem medo;
Sou o moço pastor da montanha!

A montanha é o meu livre domínio;
Pelos lados as cercam as procelas;
Quando rugem do sul e do norte,
Canto um canto mais alto que elas;
Sou o moço pastor da montanha!

Tenho aos pés o trovão e o raio,
Pois que moro no céu azulado;
Eu conheço-os de perto e lhes brado:
Respeitai de meus pais os penates!
Sou o moço pastor da montanha!

[...]
Sou o moço pastor da montanha![22]


## Notas

[1] Epígrafe escrita à mão por Alexandre Eulalio em seu exemplar da *Revista do Livro*, n° 20, dez. 1960, onde este ensaio foi reproduzido, precedida da observação: "Exemplar do autor (que descobre, postumamente, as suas besteiras)". (N. do O.)

[2] Afonso Arinos, *Anuário do Brasil*, Rio de Janeiro, 1922, parte II ("O sertanismo"), capítulo VII, "Esboço histórico, primeira fase", p. 149.

[3] Parece aceitável a hipótese que indica uma intencional referência do ficcionista a pessoas reais, em certa passagem (*à clef*) da história: "uma avoada [...] que trazia pelo beiço a rapaziada da terra, o Dr. Paulo, o João Drummond, o Gouveia e o Torquato Moreira, estudantes em férias que a conheciam da Corte". Tal alusão, que pode parecer ocasional ao leitor e é reveladora para o biógrafo, na verdade constitui a chave interior e exterior do trecho. O contista está se referindo a pessoas reais, da sua amizade e parentesco — João Drummond, por exemplo, é o seu irmão mais velho, o mesmo João de Mendonça a quem dedicou a história —, e portanto aludindo a uma maçonaria de pândega e camaradagem, que vai contagiar afetivamente o período com subterrânea mas perceptível intenção jocosa. Intenção esta algo aparentada, numa dimensão não trágica, com o tema do *ubi sunt* — versão caseira, moderadíssima, do ilustre indagar pelos...

*gracieux galans/ que je souivoye au temps jadis/ si bien chantans, si bien parlans/ si plaisans en faiz et en diz*, mas os quais, felizmente, o autor ainda sabe muito bem onde, em que comarcas, são eles os meritíssimos juízes. Evidentemente, pois, a contaminação afetiva interior do texto em pauta, que ressuma de intenção humorística, continuada no "desmaio" do Gouveia — um dos companheiros de correrias — na cena que encerra a segunda parte da história.

4 Todas estas três descrições descambam — ou melhor, esgotam-se — em sucintas enumerações. O escritor parece comprazer-se com o detalhe, distraído da intenção central; o resultado é que tais listas de coisas acabam por se tornarem pesadas superestruturas estilísticas. A gratuidade deste cômputo evocativo é patente; levando a divorciar-se por algum tempo do sentido de objetividade narrativa que comandava a criação, este jogo, talvez engenhoso e agradável para o próprio artista, fazia-o distanciar-se do seu fim imediato. Tomava sentido aí a pura enumeração verbal (sensual) dos nomes sonoros ligados, desta ou daquela maneira, ao que estava sendo evocado — em nosso caso, a rememoração das matas da sua infância —; e que se justificava pelo sentido mágico de pronunciar (de grafar) cada um dos nomes de árvores e pássaros da floresta. Infelizmente não existia em "Luís da Serra" impulso estético que conseguisse impor um real efeito encantatório ao leitor, da maneira válida em que a realizou João Guimarães Rosa, através de entrançada valorização do detalhe, no espantoso pé de página de "Cara de bronze", a novela de *Corpo de baile*. Aí, como num amplo fundo de tapeçaria, o autor enumera... 381 espécies de plantas "que o Grivo pôde ver", todas as "pessoas de árvores ele topou" — acontecendo realmente uma personalização estética e mitológica de cada uma das plantas que se sucedem: "[...] O tira-teima. O bálsamo-cheiroso-do-sertão. A embira-barriguda--do-sertão. A timborna-sertã. O muito-sertão. A perova-baiã. A fava-do-sertão-da-bahia. O bucho-de-boi. A costela-de-vaca. A arara-uva. O testa-de-boi. O grão-de-cavalo. A rajadeira. [etc. etc.]".

5 Irving Babbitt, *Rousseau and Romanticism* (1919), Nova York, Meridian Books, 1955. Ver especialmente o capítulo IV, "Romantic morality: the ideal", pp. 99-151. O finíssimo ensaio de Babbitt sofre, de algum modo, daquele maneirismo suficiente próprio à época em que foi escrito. No fundo é uma análise das raízes e do significado do ideário democrático americano, o filho mais velho (e ilustre) de Rousseau. Este seu aspecto explica em parte o tom polêmico e muitas vezes impertinentemente didático do ensaio em pauta, que veria acaso com simpatia uma possível revisão autoritária daquele fraternal idealismo romântico, assaz irrealista no seu conteúdo. Estamos numa época em que o expansionismo dos Estados Unidos, com a recente vitória dos Aliados em 1918 (para a qual contribuíra de modo decisivo) havia alcançado o máximo do seu prestígio dominador.

6 A transformação do sonhador arcádico no utopista é bastante lógica: como o rousseauísta vive no mundo dos fenômenos e é um contemplativo ao qual não repugna a ação, pregará o reorganizar da sociedade futura na base do que ele idealizou: a reintegração do ser total que a História — violadora do direito divino de todos os homens — *quase* conseguiu deformar.

Em Lucio de Mendonça a presença do "árcade" e do utopista menos sucede uma à outra, do que aparece dicotomizada na sua obra poética contemplativa e na sua ação de socialista romântico, autor de inflamados libelos políticos de verso. Seria muito curioso aliás, estudar, do ponto de vista das veleidades reformadoras, a sua novela da juventude O *Marido da adúltera, crônica fluminense*, publicada em rodapés no jornal O *Colombo*, de Campanha (Minas), em 1881, e reunida em livro no ano seguinte. Aí estão propostos, através do temperamento do autor, alguns problemas da moral da época, encharcada de subliteratura francesa, e traduzindo, além do mais, bastante do vinco jurídico do bacharel romântico brasileiro. O modo rasgadamente utópico pelo qual o herói propõe a reforma dos costumes e preconiza o duro autossacrifício do "marido da adúltera" como o primeiro passo para aquela conquista, bem reflete a apaixonada tentativa do revolucionário rousseauísta (assinalada ainda por Babbitt), enviando todos os seus esforços para transformar a virtude numa paixão natural não só do indivíduo mas também — principalmente — da sociedade.

[7] "Na mata virgem", de *Alvoradas, in Murmúrios e clamores: poesias completas*, Rio de Janeiro/Paris, Garnier, 1902, pp. 105-6. As indicações de página das poesias de Lucio aqui citadas referem-se sempre a esta coletânea, designada *MC*, da qual o autor eliminou algumas produções dos livros originais ali reunidos.

[8] "Noite de Luar", *MC*, p. 100.

[9] "A tapera", de *Canções de outono, MC*, pp. 207-9. O poema traz a data *1886*.

[10] Babbitt, no capítulo "Romanticism and Nature" do seu livro famoso sobre Rousseau, já citado, alude à romântica evocação feminina de Chateaubriand *au fond des bois*, e que se afasta da deambulação puramente — ou quase — "filosófica" de Jean-Jacques.

[11] "Na mata virgem", *op. cit.*

[12] Cf. com "O beijo" (*Canções de outono, MC*, p. 215): "Era no Éden, ao morrer do dia.../ Adão, o moço Adão, recém-creado/ olhava a natureza entusiasmado.../ a sombra era nupcial... e Eva sorria.../". Embora "sombra nupcial" seja de Hugo, conforme se apressa em declarar em nota o autor ("Pensamento de Victor Hugo no 'Booz adormecido', na *Lenda dos séculos*"), não nos podemos enganar com esse Adão, entusiasmado pela Natureza, num Paraíso decerto muito semelhante às "florestas virgens do país natal" do Poeta.

[13] *MC*, p. 206. Traz a data *1885*.

[14] "O lenço branco", de *Alvoradas, MC*, p. 78.

[15] "Ao ermo", de *Névoas matutinas, MC*, pp. 36-7.

[16] No poema "As montanhas (fragmentos)" — São Paulo, 1871 — incluído em *Vergastas, MC*, pp. 113-7: "Deus falou à montanha: 'Em ti sempre acharás/ A santa Liberdade um refúgio e um abrigo' [...]/ Montes! que lenda a vossa! À deusa foragida/ À Liberdade, sois baluarte e guarida!/ [...]/ Ó pátria brasileira! Ó terra das montanhas!/ [...]/ Nossas almas viris, águias das cordilheiras/ Remontam para o sol!'" Também no "À Mocidade militar" — Rio de Janeiro, outubro de 1889 — inserto nas *Visões do abismo, MC*, pp. 171-2: "Sob o azul pavilhão deste céu brasileiro,/ Entre visos de serra audazes como brados/ Não pode haver soldados/ Senão da Liberdade contra o cativeiro!" Babbitt já havia anotado: "*A man on a mountain top, according to Rousseau, enjoys not only phisical but spiritual elevation, and when he descends to the plain the attitude of his mind declines with that of his body*", *op. cit.*, p. 134.

[17] Cf. "A cascata de Imbuí" e "A Serra dos Órgãos", de *Canções de outono, MC*, pp. 245-50.

[18] Exemplo expressivo é o fragmento da primeira versão (1885), perdida, do romance *O Estouvado*, justaposto depois, *ipsis literis* — o que confirma o comprazimento do autor pela realização — ao conto "A Sombra do rochedo", de *Horas do bom tempo*. Parece realmente difícil que seja o autor de *O Hóspede* quem escreve estas linhas: "O céu e o mar namoravam-se num idílio azul [...] Porque assim como a aurora é uma virgindade, que enrubesce louçã e alvoroçada, à espera do sol, o ardente e louro prometido, é uma viuvez a tarde, fatigada, lânguida, com os crepes do crepúsculo, na longa saudade do amante divino que se foi...". Conferir com o início da já citada poesia "A Serra dos Órgans".

[19] Notar uma possível alusão a este ideal edênico no célebre quadro de Carpaccio (da igreja de São Jorge dos Dálmatas, em Veneza) em que se representa a chegada do leão ao convento do Santo: os animais indefesos recolhidos ao mosteiro escapam (assim como os monges) presas de pânico. Ignoram que a fera caminha para a sua domesticação, transformando-se numa espécie de grande gato abacial que, de agora em diante, acompanhará o Santo através de toda sua iconografia. Quanto ao ratinho que, na tela de Colantonio (anteriormente atribuída a G. van Eyck), debaixo de um banco onde foi esquecida uma bula pontifícia, rói pacientemente o manuscrito que caiu no chão, creio que pretende menos simbolizar a *entente cordiale* paradisíaca que uma alusão ao rato que salvou o leão na rede da fábula, e é provável alegoria do engenho modesto e plebeu. O sentido de *humour* do artista que ali colocou, com malicioso realismo, o pobre roedor não daria margem também para se interpretar a intenção do mestre como a representação dos três estados — nobreza, clero e povo — sendo quando mais não fosse no sentido de a Igreja medicar espiritualmente a Realeza, enquanto o Povo, no seu cantinho, rói o que sobrou da mesa do monge. Não me parece abusivo tirar esta série de ilações, de preferência sardônicas, a que se presta a cena.
[Na edição original deste ensaio (*Revista do Livro*, nº 20, 1960), Alexandre Eulalio incluiu nas legendas das imagens de Carpaccio e Colantonio, respectivamente, as seguintes passagens da obra *Flos sanctorum das vidas e obras insignes dos santos [...] polo padre Frey Diogo do Rosayro, da Ordem de Sam Domingos*, de 1590: "... e estando hũ dia lendo a seus discipulos a hora de vesporas, entrou hum lião polo mosteiro correndo, do qual fogirãos frades que o viam e deixarã a liçam, mas o santo varão sem medo o saio a receber como a hospede de paz: ... cõforme ao que diz Job: As bestas da terra serão a ti pacificas" e "E chegandose o lião ao santo varão alçou a mão mostrandolhe o mal que nela tinha, que era hũa chaga de hũa espinha q se lhe pregou ali, a qual fez curar o santo...". (N. do O.)]

[20] Já o lembrou Josué Montello no ensaio "Uma influência de Balzac: Alencar" inserido em *Estampas literárias* (Rio de Janeiro, Organização Simões, 1956, p. 149).

[21] Sobre o tema Lucio já escrevera (Minas Gerais, 1877): "É o beijo de Romeu a Julieta/ Já morta e fria no sepulcro frio" — "O beijo", *in Canções de outono. MC*, p. 216. Embora antecipando a morte de Julieta à de Romeu, (lapso natural em quem evocava prolixamente a tradição literária do beijo, e em verso) não deixa de ser curiosa a semelhança do comportamento da heroína do conto com o da mesma Julieta, que antes do seu sacrifício, na tragédia, diz: "*I will kiss thy lips; [...] Thy lips are warm!*".

[22] "A Canção do moço montanhês", *in Musa peregrina. MC*, pp. 323-4.

# 4.

## A representação do meio artístico e do artista em *Mocidade morta*, de Gonzaga Duque

> "E ele era só, só! sem camaradas, desviado da farândola boêmia da Mocidade que vem pela alegria, a pandeirar ilusões, a cantar madrigais, às feiras gritalhonas e cobiçosas da Vida. Pobre visionário!... Mas... era a vida! Ele, que fazia para viver? Ah, era preciso viver... Enfim viver!... E se a Morte... Por que se lembrar da morte quando se tem mocidade? Ora, a Morte!... Por que se lembrar dela? Quem pode escrever um nome na memória dos homens, abrir as páginas conquistadoras de uma obra sobre os séculos, não se acovarda com a sinistra sombra flamante de uma mortalha agitada. Mas, antes de tudo, é preciso conseguir este Nome, trabalhar nesta Obra... Quando se tem um sonho a realizar, o sofrimento e a oferenda da alma que busca as paragens vastíssimas da glorificação... Bendito o sofrimento que faz os eleitos!..."
>
> Montagem de trechos com o tema que perpassa
> os capítulos finais de *Mocidade morta* (1899)

*Mocidade morta* é uma narrativa de forte entonação reflexiva e ensaística. O autor coloca-se diante do leitor enquanto um sistema de contradições apaziguadas de modo instável, que nessa mesma assimetria encontra a sua lógica. Reconstituição minuciosa de um ambiente intelectual árido, de amorfo provincianismo, estranho a qualquer anseio de criatividade autêntica, essa operação de denúncia assume ao mesmo tempo o caráter exigente de autoexame. Levada avante por meio de um estilo nervoso, de colorido alto e elocução preciosa, ela se apoia nas coordenadas estéticas do Impressionismo naturalista. O autor buscava uma linguagem nova, capaz de reproduzir a complexidade da alma moderna fim de século, e não rejeita experimentações com a escrita. A escolha de certo vocabulário rarefeito alia-se à constante intenção de subverter o ritmo linear da frase. Esta vai prolongar-se através de torneios sintáticos de extrema elaboração, em busca de musicalidades inéditas. Ou, então, se fragmenta em reticências e exclamações que se organizam em frementes arpejos sucessivos. A escolha da singularidade expressiva contrasta propositalmente com os episódios mesquinhos que descreve. E o tom da narrativa vai oscilar pendularmente, todo o tempo, entre sarcasmo e desalento, indignação e entusiasmo, incorporando ao contexto os mais diversos registos linguísticos e narrativos.

O romance tem como cenário o ambiente fluminense dos artistas-pintores ao final dos anos 1880, figurado num impiedoso retrato coletivo. O tema profundo da obra, no entanto, acompanha antes o inevitável isolamento do introspectivo que busca sem concessão o "Ideal". Um indivíduo cuja exigência de forma coerente afasta de si, no mesmo repúdio, tanto o pedantismo conformista da autossuficiência, como inconsistências e espontaneísmos veleitários. Para alcançar isso, *Mocidade morta* vai utilizar justaposições de tecidos estilísticos diversos, que se sucedem no texto quase sem transição, não vacilando no emprego, lado a lado, de procedimentos composicionais de teor divergente. A obra está dividida entre determinada crônica de grupo, que necessita abrangência, e a visão subjetiva do protagonista doente de egotismo. Não desejando abrir mão de nenhuma das duas perspectivas, o ficcionista procura superar a pulverização narrativa, inseparável da estenografia impressionista, conciliando-a com os procedimentos tradicionais do Realismo verista. Estes aí caracterizam episódios, situações e diálogos — dramáticos ou humorísticos — com indiscutível habilidade.

Autor de ficções fragmentárias, Gonzaga Duque sabia como registar o vasto painel intimista de sensações orquestradas em sinestesias. Desenvolvera minucioso pontilhismo psicológico e estilístico em composições breves, de andamento muito próximo ao poema em prosa, onde esse experimentalismo decadista havia sido fim em si mesmo. Bem o caso de "Idílio roxo" e "Benditos olhos!", que — sempre com êxito relativo — procuravam harmonizar jogos cromáticos de sensações, explorando a gradação de espectros de luminosidade verdes e violáceos; de "Agonia por semelhança", apanhado das vertiginosas ânsias de um mini *Des Esseintes* fluminense, que estetiza, num delírio, lembranças eróticas pregressas; do noturno sufocante de "Sob a estola da morte", versão geometrizada, em contradança macabra, de um noivado do sepulcro *modern style*; do sardônico movimento imprecatório de "Sapo!", de talhe claramente emblemático; da melancolia desmaiada de "Ruínas", que procura acompanhar a música do que foi num velho cravo de martelos desarticulados; de esboços frustros, como que deixados em meio, de "Aquela

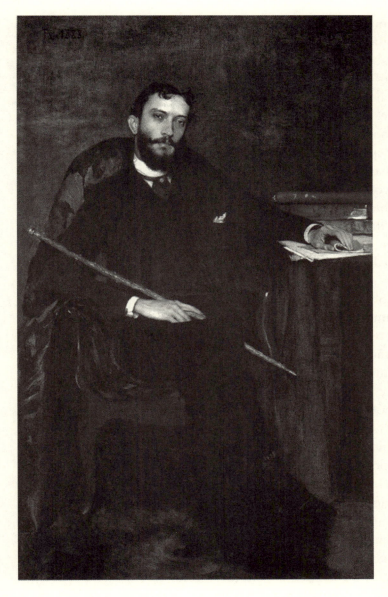

Rodolpho Amoedo, *Retrato de Gonzaga Duque*, 1888, óleo s/ tela, 50 x 30 cm, coleção particular.

mulher" e "Miss Fatalidade", perfis femininos de uma sensibilidade nervosa, em que o nanquim foi realçado com sanguínea; da elaborada fantasia pré-rafaelista de "Posse suprema", tópica lírico-macabra que não hesita servir-se de castelos, mosteiros, magias, profanações desejadamente sem verossimilhança; de narrativas mais veristas como "Confirmação" ou "Ciúme póstumo", este lembrando pelo tema, de delicada ironia, "Moça, flor e telefone" de Carlos Drummond de Andrade, aquele permeado de sutil frêmito emotivo, parecendo anunciar, graças ao "cheiro de consultório", certos contos de Gastão Cruls de ambiência sobrenatural; da ousada alegoria "A morte do palhaço", que transfigura o desencontro do fazer artístico de extrema elaboração com as exigências banais de um público ignorante e grosseiro — texto que será talvez a realização mais forte e mais completa de Gonzaga Duque neste gênero.

Todos esses escorços, nervosamente pulsantes e matizados, seriam reunidos no volume póstumo *Horto de mágoas*, de 1914; a eles poder-se-ia acrescentar outros. "Trecho de alma", por exemplo, que apareceu em abril de 1908 na revista *Kosmos*. Diversos deles, porém, são anteriores ou contemporâneos de *Mocidade morta*, concluída em 1897; com certeza o caso de "Benditos olhos!", estampado n*O Paiz* carioca em julho de 1894.

Até então não havia preocupado a Gonzaga Duque o problema de que o conglomerado de pormenores da análise intimista pudesse obstruir uma ação ficcional encadeada, que deveria progredir no tempo enquanto sucessão de episódios. Colocado diante do dilema ao esboçar um romance, o autor procurou tornar compatíveis essas diversas oposições. Decidiu-se por incorporar, entre os diversos níveis narrativos do texto, frequentes apóstrofes de caráter poemático, não muito distantes do registo do discurso indireto livre, as quais assinalariam a passagem da exposição objetiva de fatos e episódios para o tumulto íntimo do protagonista. Essas apóstrofes foram cifradas segundo certa ortodoxia simbolista, já então alvo fácil de paródia e caricatura. Imagens as mais das vezes de teor litúrgico, elas se superpõem à textura narrativa propriamente dita. Funcionam quase como reforços retóricos *impostos* sobre a fluência verista do narrado; o seu retorno é previsível após as primeiras intervenções. Com o estranhamento que causam, acabam por ganhar ressalto na trama, conforme a expressa vontade autoral. Sobressaem, com o seu grafismo caligráfico, por sobre a dicção cotidiana do naturalismo descritivo, que constitui a outra face operacional desse ondulante escrever artístico.

Outro procedimento adotado com insistência indiscreta no decorrer da narrativa é a utilização de algumas passagens de explícita fatura "beletrística", inseridas — melhor diríamos: coladas — no texto envoltório. Escritas portanto elevadas a uma segunda potência, pela sua condição de artefatos especialmente preciosos, tais trechos também passam a existir como "em relevo" no interior da página-base. Reconstruções pseudoarqueológicas, fragmentos de "ficções antigas" redigidas pelo protagonista — uma de ambiência ática, outra romana —, tais destroços de "romance" dentro do romance são redundantemente transcritos, e sem qualquer parcimônia, em duas circunstâncias diversas. Com isto o autor buscava talvez um efeito sardônico: contrastar o idealismo dessas visões heroicas com a banalidade desesperadora do presente, ao mesmo tempo documentando os entusiasmos passageiros desse personagem--autor-ele-também o qual não consegue ânimo necessário a fim de concluir os seus tentames literários, pelo menos durante o tempo da narrativa-envoltório.

Tantas e tão diversas questões preliminares acusam a complexidade estrutural do texto de *Mocidade morta*, cuja fatura compósita reflete soluções típicas de um período de exasperado Ecletismo. Problemático em todos os sentidos, o romance de Gonzaga Duque consegue contudo superar as suas várias explícitas contradições pela extrema elegância intelectual da concepção e pela sofrida densidade de execução, levadas avante pelo autor a todo o transe. Uma e outra, execução e concepção, demonstram estarmos diante de um artista autêntico, que luta apaixonadamente com o material a fim de dar corpo condigno à obra. E que o consegue, apesar das agudas perplexidades que a todo o momento o assaltam.

Um grupo de intelectuais, inconformado com o *status quo* social e artístico do meio, pretende contestar a arte que o público filisteu e as instituições oficiais cultivam e consomem. O promissor Agrário de Miranda (que o seu companheiro de escola Camilo Prado chama "o Manet brasileiro" em entusiastas artigos críticos), premido por dificuldades financeiras urgentes, força a sua instalação no quarto de um primo que trabalha no comércio e o recebe sem maior entusiasmo. O pintor começa namoro com uma vizinha do prédio, francesinha capitosa, a qual em breve consegue seduzir e tomar ao amante, um cambista em frequentes viagens. O novo par transfere-se para uma modesta pensão na Gamboa. Camilo frequenta-os, deixando-se progressivamente envolver pelo encanto sensual de Henriette; tímido e introspectivo, esconde no entanto a sua crescente perturbação. Certo deputado do Norte, mestiço imponente, bem falante, é o oráculo da pensão da Gamboa. Quando Agrário parte, meio às escondidas, para a Europa, bolsista pela sua província, abandonando Henriette — que diz "ceder" a Camilo —, é esse subalterno per-

A representação do meio artístico e do artista

sonagem todo vitalidade que se apropria da disponível jovem e a leva consigo para Pernambuco.

Semelhante fio de enredo alinhava num todo os diversos flagrantes que fixam o ambiente artístico dos "Insubmissos", formado principalmente por pintores, mas integrado também por outros artistas, como os músicos Reis Colaço, wagneriano, o "verdinista" Braguinha, o arquiteto Clementio Viotti, e literatos e jornalistas como Pereira Lemos e mais outros. Painel de conjunto concebido com crescente melancolia, a crônica documenta a inércia marcante e a sucessiva indiferença daqueles intelectuais em frente às atitudes estéticas renovadoras pregadas pelo entusiasmo de Camilo. O jovem crítico vibra em sintonia ideal com aquilo que cumpriam as vanguardas artísticas na capital do século XIX, essa Paris cujas mais novas doutrinas ele segue e glosa em folhetins e rodapés que difunde nas gazetas. Os encontros do grupo têm lugar à porta da Charutaria Havanesa, na Cervejaria Pelotense, nos diversos cafés e casas de pasto que a penúria geral dos "Insubmissos" permite frequentar. Num raro momento de sintonia comum, esses insatisfeitos, diversamente ressentidos com o meio e as instituições, resolvem aderir a um movimento artístico contestador, então batizado "Zut!". Interjeição parisiense que expressa fastio, repugnância, irritação, a todo momento ouvida por Agrário da boca bem desenhada de Henriette, ela passa a representar, melhor do que o faria qualquer outro rótulo, o estado de saturação de todos eles com a mesquinhez ambiente. A fim de se imporem aos filisteus, projetam uma grande exposição; pela novidade formal e pelo talento criador, esta há de esmagar a produção rotineira dos medíocres pintores da moda.

Todos se põem a trabalhar febrilmente, mas Camilo pouco a pouco verifica a mediocridade absurda das propostas dos amigos boêmios, inteiramente desnorteadas e aleatórias. Em meio ao noticiário sensacionalista das folhas, a exposição começa a ser sucessivamente adiada, pelos mais variados pretextos, para afinal não se realizar nunca. A insatisfação, o mau humor, a melancolia, um tédio avassalador, substituem o entusiasmo e a euforia dos primeiros encontros. E apesar das tentativas a fim de reanimar o espírito de luta, a inventividade, que deveriam presidir a grande reforma moral do país pelas Artes, o que se vê é o triunfo da rotina e a indiferença do meio inculto, cuja vulgaridade se traduz por todos os lados: no aspecto arquitetônico desconsolador da cidade; na mediocridade rasante da produção da Academia; na exigência nenhuma do reduzidíssimo público que comprava "arte", público cuja vaidade boçal, quando muito, permitia a sobrevivência de borra-botas retratistas. A mesma defecção de um talento verdadeiro como Agrário — o qual, idêntico a outros no zelo fingido, passa a retratar comendadores e veneráveis — retira a Camilo as últimas esperanças de influir sobre o ambiente. E ele reconhece a sua insignificância de esteta neurastênico, que cada noite se recolhe à modesta residência de bairro distante, onde a mãe triste e infeliz fixa-o com um silencioso carinho todo desânimo. Por fim o mal-estar moral, que a sua inabilidade em reter Henriette coroa, vai ser alcançado pela desgraça física. A tuberculose se declara no momento mesmo em que a sua solidão de inadaptado mais necessitaria de apoio. Só lhe resta a fidelidade ao Ideal e o álgido (Gonzaga Duque preferiria "glácido") conforto do luar.

A estrutura narrativa instável de *Mocidade morta* é bastante curiosa. O mesmo título oscila no seu significado: *morta* representa ali inútil, desfibrada, inerte, perdida, imóvel, assassinada? Todas, hipóteses legítimas. A ação desenrola-se entre fins de 1886, ano da publicação do romance de Zola ali repetidamente referido (*L'Œuvre*, que aparece em Paris em fins de março) e os últimos meses de 1888, conforme se deduz de um diálogo no capítulo XVIII, único de todo o texto a precisar uma data ("Recordas-te do susto que pregaste ao Telésforo? Há um ano, não há?" "Sim, há um ano e dous meses. Foi em oitubro de '87"), mas ainda pelos comentários feitos à mesa da pensão da Gamboa sobre as prováveis consequências políticas da Abolição do Cativeiro sem o ressarcimento dos senhores de escravos. A narrativa abre-se com grande brilho. A cena da inauguração solene do painel *A Rendição de Uruguaiana*, obra monumental de Telésforo de Andrade, insigne "dignitário da Rosa e palma d'Academia de França" é notável pela exuberância da escrita e pelo amplo desempenho de figurantes e protagonistas. Episódio cuidadosamente composto, foi planejado numa sequência elaborada de cenas sucessivas e planos encadeados: aí os múltiplos, crescentes toques humorísticos, transfigurando-se em ironia e sarcasmo, enformam com felicidade a escrita ampulosa, animando-a de modo funcional em extremo. Promessa de vivacidade e movimentação frustrada, aliás, pelo restante da obra, cujo caráter predominantemente intimista será quase sempre estático.

Dos capítulos II ao VIII (este, outro momento alto do texto: a visita dos "Insubmissos" ao ateliê do escultor positivista Cesário Rios) a ação retrocede no tempo, retomando os antecedentes do desacato consumado pelos membros do "Zut!" contra Telésforo. O foco narrativo, que até então havia acompanhado Agrário de Miranda, transfere-se, ao final do capítulo VI, para o seu amigo Camilo Prado, quando o moço crítico pela primeira vez consegue vislumbrar os estreitos horizontes intelectuais do amigo, que antes ele idealizava. Através dos olhos de Camilo de agora em diante acompanharemos a narrativa até a conclusão. Do capítulo IX ao XX — que sucedem, do ponto de vista da cronologia, à cena da abertura do romance — seguimos as consequências da provocação dos "Insubmissos" a Telésforo, insolência da qual Telésforo se vinga patrocinando sutil campanha de descrédito contra o grupo através de toda a imprensa. Assistimos assim ao desmantelamento progressivo do "Zut!", que corre paralelo ao crescente interesse erótico de Camilo-o-indeciso, pela prática e tão razoável Henriette. A qual, abandonada por Agrário, apesar de merecer os prolongados cuidados do jovem esteta, que não sabe se definir, será recolhida pelo desejo maduro do "impossível" doutor Heráclito.

É nesta terceira fase do andamento do romance que encontramos as passagens menos bem resolvidas do texto. Delas são exemplo os fastidiosos capítulos XIV e XVII, de estrita obediência naturalista, cuja rasa literalidade torna inevitável o bocejo do leitor. O primeiro deles traz as abstratas disquisições de Camilo, rebaixado a *raisonneur* estético, que discorre eruditamente sobre arte antiga e estatuária grega diante de um Agrário e uma Henriette ligeiramente entediados, eles também. Presa de entusiasmo, naquela noite de chuva, a visita dispõe-se a ler para o casal um trecho da ficção sobre os tempos clássicos que andava rabiscando. Trata-se de um episódio trágico de circo, na Roma dos Césares, decerto visualizado — apesar da alardeada repugnância de Camilo pela pintura de História — através de famigeradas telas executadas por Gérôme em 1859 (*Pollice verso, Morituri te salutant*). Nele aparecem glosados rebuscadamente, com fruição parnasiana de vocabulário raro e arcaico, elemento de sensualidade sadomasoquista, maneira *Salammbô-Hérodias*, acrescidos de outras reminiscências, provenientes tanto do Chateaubriand de *Les Martyrs* como de um patético tardo-romântico, que vacila entre a *Fabíola* de Wiseman e o recentíssimo *Quo vadis?* de Sienkiewicz. Sem esquecer ainda a sequência antiquária de *A Relíquia* (romance aludido no texto) e as contorcidas reconstituições à Flaubert da *História da República Romana*, de Oliveira Martins — respectivamente de 1886 e 1885 —, dois autores muito apreciados por Gonzaga Duque. Todo esse longo fragmento circense duplica, aliás, numa oposição assimétrica, a narrativa oral de uma novela do mesmo Camilo, que em passagem anterior de *Mocidade morta*, havia esboçado para o pequeno grupo de "Insubmissos", numa cervejaria do Centro. Ficção de contorno erótico mais pacato mas nem por isso menos codificado: a Grécia das Frineias, onde comparecem, tirados de Tiepolo, figuras veneráveis de imponentes sacerdotes alvibarbados...

É sempre nesse terceiro movimento do romance que encontra lugar a célebre apóstrofe sobre a decomposição física, impressionante poema em prosa encaixado no capítulo XV, em meio a delicada reconstituição de um ambiente de enfermaria pobre, na Santa Casa de Misericórdia. A ocasião propícia é a comovida cena da morte de um companheiro de boemia, figura patética na sua alienação afetuosa — o Alves Pena. Essa passagem, que pode ser lida de forma independente, e decerto foi criada à margem do romance, aí funciona como arbitrário excurso dramático. Andrade Muricy incluiu-a, com razão, no *Panorama do movimento simbolista brasileiro*, onde consta como texto exemplar de Gonzaga Duque. Um escrito febricitante, que, no seu incisivo espocar de recursos literários bem calibrados, retoma, numa linha própria, certa contemplação dos imperativos do Determinismo biológico. Pretexto de que o autor se utiliza com o fito de desenhar fantásticas paisagens em transformação contínua, à maneira de um geólogo que descrevesse, com talento de pintor fantástico, os movimentos da calota terráquea convulsionada pelo embate de gases, sólidos e líquidos nos primeiros tempos do Planeta.

"Camilo acompanhava a desumanização dessa cabeça no segredo absoluto da terra, imaginariamente penetrando por suas camadas, fazendo-se larva, escorregadia e penetrante, animálico fossador e visguento, descendo ao recôndito dos aterros tumulares, para surpreender essa decomposição, para assistir ao esfacelante trabalho nivelador da Morte."

Página de inspiração à Edgard Poe, louvando-se livremente, também aqui, do "modelo" goncourtiano — reforçado pelas experimentações da escrita de Villiers e de Fialho, de Huysmans e do Ortigão estetizante, sem esquecer as tentativas locais do conterrâneo e coetâneo Pompeia —, terá fascinado a sensibilidade expressionista de Augusto dos Anjos, que então se voltava, sequiosa, para o macabro e grotesco. Isto porque, sem prejuízo do seu culto para o Ideal, que com ela dialoga, é a infraestrutura determinista que enforma a visão de mundo de Gonzaga Duque, mesmo quando se apresenta alegorizada como no texto acima. A epígrafe de Vielé-Griffin que ele escolheu para abrir o romance é bem clara a esse respeito. Filho da ideologia dominante do tempo, o autor de *Mocidade morta* lê, assim, na personagem de Camilo, "agarrado pela sua nevrose", a sensibilidade do mórbido todo requintes o qual compensa a hereditária incapacidade de vida prática que é a dele, com a consciência de participar da "degenerescência superior" do homem de gênio, enquanto autêntico esteta, confesso e professo. "Jogado na existência pela crueldade do seu organismo", Camilo tem consciência plena da sua própria invalidez: "Trago comigo a tara, sou um marcado pelo Destino". Todo o capítulo XI recompõe esse passado pessoal, traçando o mapa de surdos dramas familiares que atormentaram a infância do protagonista. Isto para opô-lo, de modo ainda mais nítido, à vitalidade triunfante de Agrário de Miranda, o qual, mesmo empolgado por uma ideia desinteressada, não poderia jamais freiar o seu próprio instinto imediatista de predador.

Herói trágico na acepção goldmanniana, Camilo sabe que, segundo a constituição física e moral dele, jamais poderia conciliar-se com a realidade do dia a dia: o sardônico *"Ah! que la vie est quotidienne!"* de Laforgue toma nele o timbre grave de uma incompatibilidade fundamental. Situação-limite que vai sublinhar o desfecho desse romance *sui generis*, sutilmente orquestrado neste sentido desde o segundo terço do capítulo XX. Nele acompanhamos Camilo à cervejaria da Rua da Guarda Velha, onde, sozinho, faz um derradeiro balanço das suas frustrações de *uomo finito* ao som da música reles de três pobres imigrados italianos — e ainda o seguimos à espera de um simbólico último bonde, imerso na noite imensa de lua cheia. Musicalmente vindo e voltando no texto, a presença do luar embebe a consciência de Camilo; de si para si, afirma ele aceitar o desamparo do seu destino se, em outros transes como o presente, fosse consolado pela luz do astro morto. Mas a "prece mental" que desfere à Lua e lhe enche os olhos d'água é tolhida não mais que de repente pela golfada de sangue que lhe corta a respiração e mancha a rua num pavor. Camilo, perplexo, não sabe o que pensar, invadido por sensações contraditórias, avassaladoras. E assim o vemos pela última vez abandonado no silêncio da noite alta.

Destacando-se vertiginosamente dessa passagem, que o precede, o parágrafo que encerra *Mocidade morta* assume quase sem transição a impessoalidade hierática de um imemorial hino à Noite, ao celebrar, em palavras veladas pelo idioleto decadista, "o Plenilúnio, alma do Esoterismo", símbolo do lado luminoso do Homem, o qual, no rastro da Lua persegue um utópico *onde* que decerto não existe: escolha da alma sequiosa de absoluto, que, sem nada exigir, entrega-se à Fé não confessional dos Iniciados na Ideia. E o Plenilúnio, vagando como planta aquática levada pela corrente dessa sublime Loucura, nova Ofélia, absorve Camilo malferido pela existência, exausto, que nele se abandona. Note-se que a série imagética aberta com este "Plenilúnio, alma do Esoterismo" é uma das raras absolutizações metafóricas de todo o texto, pois neste, apesar do grande número de transposições de sentido aplicadas a pormenores, em nível de vinhetas, são elas quase sempre conduzidas por comparações explícitas. Isto mesmo nos fragmentos de teor imprecatório de corte mais expressamente "simbolista".

Um levantamento das passagens ficcionalmente expressivas de *Mocidade morta* não deveria esquecer, além dos momentos anteriormente referidos, aqueles que possuem marcado interesse documentário, fixando o ambiente artístico em que evolui a dupla Camilo-Agrário. As cenas que registam os encontros dos "Insubmissos", nos capítulos II, III, V e VII, quando o grupo ensaia e lança o movimento "Zut!", comunicam, com bela vivacidade, o pormenor das discussões acaloradas e a fogosa doutrinação de Camilo a favor "de uma reforma exemplificada no movimento atual na França". O mundo estreito desses artistas, além dos tugúrios ocasionais onde quase todos trabalham sem condições mínimas, não se estende muito além do paralelogramo citadino que, na Corte, vai do Largo de São Francisco à Rua Primeiro de Março e alcança os extremos da Carioca e do Rosário, tendo, inevitavelmente, a famigerada Rua do Ouvidor como o grande caudal onde tudo deságua. De modo geral, Gonzaga Duque oblitera a descrição dos exteriores, a eles se referindo de maneira sucinta e transposta. Além de alguns apontamentos de paisagem da Gamboa, feitos com visível enlevo, exceção quase única é o apanhado da Rua do Ouvidor na sua hora de pico, que ele concentra em diversos parágrafos do capítulo XVIII. Neles procura transmitir, *con bravura*, as múltiplas impressões simultâneas que emanam da via por excelência da Rio de Janeiro imperial. Trecho que parece seguir o frêmito das *manchas* urbanas apontadas de maneira nervosa pelos pintores impressionistas, no gênero de *Bulevares exteriores, efeito de neve* (1877), de Pissarro; *Os Calceteiros da rue Mounier*, de Manet (1878); o *Pont-*

-*Neuf* de Renoir (1872); os estudos preliminares para *Dia de chuva na Place d'Europe*, de Gustave Caillebotte (1877); o *Bulevar dos capuchinhos*, de Monet (1873); os *Grandes bulevares*, outra vez de Renoir (1875), — telas das quais se aproxima com timidez, mais na paginação do que na grafia e no cromatismo, *O Louvre com o Pont-des-Arts*, de Almeida Júnior (1880), da antiga coleção do Automóvel Clube de São Paulo. Zola havia tentado transpor essa espécie de vibração pictórica para as suas descrições de paisagem citadina, de que existem diversos belos exemplos em *L'Œuvre*; romance do meio artístico, nele é uma constante o flanar Paris afora, em busca de novos e fugidios aspectos da luz e da cor, registos vibrantes e inéditos da cidade em horas de grande aglomeração. O intuito de reproduzir o frêmito baudelairiano da metrópole moderna, com seus contrastes enervantes, havia-se tornado marca indispensável da sensibilidade contemporânea. E é nesse espírito que Gonzaga Duque escreve:

> "Estavam no ruído ouvidoriano à hora efervescente da *passagem*, às três da tarde. Mas, olhavam desatentamente, de olhos esquecidos, essa promiscuidade que fervia por entre os estreitos renques de casarias irregulares, num rumorejante movimento feiral. Na superabundante massa negra dos vestuários irrompiam irritantes casimiras gaias de trajos capadócios, negligências sintomáticas de roupas burguesas, desasseio miserável de valdevinos, uma pompa disparatada de fantasias femininas em contraste com as harmonias dos cortes elegantes em magníficos tecidos de luxo. Amarelidões mestiças e ingurgitamentos crônicos entristeciam os transitórios conjuntos; mas logo, entrecruzando-se, confundindo-se, mesclando-se na multidão, vinham roseamentos de peles germânicas, pupilas aniladas de olhos londrinos, palidez fina de cútis fidalgas, loiros escandinavos de cabelos, amorenados cálidos de mulheres patrícias, destruindo a soturna monotonia dos rebanhos humanos que a capital agita na sua estreita calçada de rua preferida. *Camelots* arribados, bugigangueiros indígenas arrastavam-se, ganindo ou gemendo a mercancia de suas indústrias. Militares, meneando rebenques de prata, fardas em abandono e desarmados, faziam grupos. O rumor pesava." [pp. 209-10]

Auguste Renoir, *Pont-Neuf, Paris*, 1872, óleo s/ tela, 75 x 94 cm, National Gallery of Art, Washington D.C.

Almeida Júnior, *O Louvre com a Pont-des-Arts*, 1880, óleo s/ tela, 36 x 54 cm.

O quadro conclui-se dois parágrafos adiante, empastado de cor:

"Para os lados da Praça de São Francisco, o ondular escuro da população coalhava a estreiteza do espaço numa enchente movediça. Tremia no ar um pulvíscolo d'oiro fosco, nuançado em tonalidades de velho bronze, rarefazendo-se a distância, azulando-se, e de chofre batido por um clarão do sol rolante numa forte mancha, à faixa perpendicular e dura de um muro. Em debuxo, ao longe, entre frondes esgalhadas, a silhueta verdinegra da estátua de Bonifácio desenhava-se num fundo difuso de horizonte, onde se abria a dúbia caiagem da Escola Politécnica. Para baixo, descendo às proximidades do cais, o tortulento coalho, movendo-se desordenado, dominava em tons carregados, caliginosos, sob uma densidade violácea, enfraquecendo para o lilás-doirado das longitudes equatoriais, donde surgiam luminosos golpes róseos e alaranjados nos ângulos de paredes, em aberturas do encruzamento das ruazinhas tortuosas." [pp. 210-1]

Nas cem linhas em que o escritor prossegue esse divisionismo sonoro e visual (que rende preito à *peinturite* aguda que Prevest-Paradol diagnosticara mal epidêmico, e Eugênio Gomes entre nós evoca a propósito de Raul Pompeia) é fácil notar a hierarquia humana — estética, de classe — estabelecida por quem, entre a sua bagagem determinista, tem ideias feitas também sobre a desigualdade das raças e a mestiçagem... como aliás qualquer outro intelectual nativo do tempo, que como o autor, se pretendesse "científico". O pessimismo tudo comanda nesta área. Aqui o tema da estreiteza dos horizontes não é só físico. Emblematiza, antes, a indigente mentalidade "Rua do Ouvidor", "canal de granito e estúpidos edifícios de arquitetura pelintra e idiota", "canal desasseado e corrente", ponto nevrálgico da "desidiosa metrópole, torta, labiríntica e suja como um bairro judaico"... Viela onde, um pouco antes, Camilo assistiria à cena patética da loucura de um aderente periférico dos "Insubmissos", o qual, fora de si, coberto de tinta, "zebrado de listões de cor", tenta afixar a um poste da iluminação a sua *Partida de Colombo*, grande composição histórica que jamais conseguiu interessar alguém.

Há outros momentos que contam na obra. Menos dramáticos mas talvez mais bem realizados do ponto de vista narrativo, sempre se conformam ao ritmo lento, caro ao romancista. Um deles: a passagem em que Camilo procura convencer o afável xilógrafo Antônio Forjaz a tornar-se editor de uma revista de arte não convencional, passagem que se completa com os penetrantes perfis dos curiosos frequentadores do ateliê de gravura. Outro: a expressiva sequência humorística na qual o protagonista encontra-se com o cabotino pintor italiano Florencio Gavasco, recém-desembarcado da Penisola. Cedendo à insistência deste, acompanha-o até a galeria onde, com absoluto cinismo, Gavasco expõe espalhafatosamente "a sua quitanda": quadros vistosos, de fatura precaríssima, que vende a bom preço a colecionadores da alta roda da Corte. Em outras passagens, o arquiteto Clementino Viotti, o elegante Julião Vilela (que frequentou Telésforo na Europa e não quer se comprometer com nenhum dos grupos antagônicos), os aplicados Artur de Almeida e Sabino Gomes, o escultor Lossio, o aquarelista Vieira, o pobre Sebastião Pita, que vai enlouquecer ao final da narrativa, o arredio marinhista Sforzani, o modesto Valeriano Costa, "carão de caboclo nostálgico", contrastam, lado "Insubmissos", com as figuras oficiais que pontificam nos salões da primeira sociedade ou na Academia Imperial, de que Telésforo acabará diretor: o Comendador Betâmio, o Comendador Nogueira (luminares da instituição), os mais modestos professores Benedito e Feliciano, o "retratista a hora" Le Grand, o pintor-bacharel Silviano Pinto, o Conselheiro Costa Vargas, crítico oficial das artes nativas.

Mas estes últimos comparecem perfunctoriamente aqui e ali, ou são apenas referidos no texto. Apenas Telésforo, cuja consagração nacional abre o livro, merece particular atenção do romancista. A cruel caricatura desse "mestre do passado", extremamente bem realizada, como o é, merece ser colocada ao lado da de Aristarco n*O Ateneu*, pois tanto a personagem de Raul Pompeia como a de Gonzaga Duque existem dentro das mesmas coordenadas de egolatria vaidosa e glória oficial, e foram tratados estilisticamente com idênticas sinuosas de escrita artística. Curiosamente, porém, para o escritor de *Mocidade morta*, apesar da figura de Telésforo ímpar na pompa e na circunspecção totais do conformismo e do lugar-comum artístico, "copiando" e "rearrumando" autores metropolitanos que se haviam dedicado a grandes composições guerreiras, bem ou mal deixava ele atrás de si uma obra, um trabalho continuado, certo esforço criativo, que, no caso do "Zut!", nem mesmo chegara a ser esboçado. O alvo da sua diatribe, portanto, são os "Insubmissos", que ele denuncia impiedosamente. Outro sentido não deve ter tido a escolha feita por Gonzaga Duque do nome da personagem oficial, que em grego significa "aquele que realiza", "que completa", "que conclui", e até mesmo "o que castiga"..., terrível pai indignado. Poder-se-ia ampliar esse nível de ironia semântica lembrando que na raiz do *Télos* grego — além dos sentidos de *acabamento, resultado, consequência; fim, termo; desenvolvimento pleno; poder supremo* — está implícita a noção de rito, cerimônia sacral, iniciação mistérica... O espírito sardônico de Gonzaga Duque, tão voltado para a cultura clássica, faz o livro iniciar-se num templo, "colosso de tábuas", é verdade, "brochado a gesso e oca", mas sempre santuário de um trabalho cumprido, que a *hubris* afoita da gente nova não tem dúvida de "profanar"... A retaliação de Telésforo não demora, e é pesada, mas a verdadeira causa da debandada do "Zut!" é a sua mesma inércia, a sua inteira desorientação. "Isto é gente pirotécnica... fogo de artifício!..." havia observado um figurante perspicaz num dos primeiros capítulos, sorrindo com ceticismo daqueles entusiasmos de botequim. Assim sendo, relativamente a esses *Novos* caquéticos, o romance é um verdadeiro requisitório, que os incorpora de modo irremissível à mediocridade ambiente, de que eles constituem o fruto azedo. Apenas uma adesão desinteressada à Ideia Nova, profunda e sem concessões, conforme Camilo procura praticar, estudando e trabalhando sem trégua, poderia evitar o naufrágio. A solidão dele será cada vez maior, embora em meio a esse mesmo abandono possa sentir a coerência inteira da verdade que o alenta. Quanto aos outros, "um ano e dois meses" após o agravo petulante no pavilhão da apoteose, já seria o mesmo Telésforo quem agora lhes poderia dizer "Zut!". Conforme nos abona Gaston Esnault no seu *Dictionnaire historique des argots français*, essa interjeição, querendo significar *"En voilà assez!"*, portanto "Basta!" "Chega", parece provir de uma onomatopeia: *"tsutt, puth, tuth, parlant des crachats"* — isto é, refere-se a escarros, cusparadas no sentido próprio, não às placas de ordens honoríficas que, por ironia metafórica, ganharam esse apelativo e Telésforo não deixava de arvorar no peito ilustre toda vez se apresentasse oportunidade. Com involuntário humor científico o filólogo acrescenta, no verbete acima aludido: "A obscuridade do sentido original de 'zut' permitiu que ele se emburguesasse".

Sem pretender propriamente a posição incômoda de romance "de chave", *Mocidade morta* aproveitou na sua extensa galeria de personagens, vários "modelos" da vida real. Conforme sempre acontece nesses casos, o romancista moldaria livremente os figurantes da narrativa, mesclando neles, de caso pensado, traços provenientes de diversas origens. Um amálgama sugestivo em que a imaginação criadora acrescentava múltiplos dados, combinando entrecruzar de lembranças e sobressaltos da memória. As reminiscências fragmentárias que Gonzaga Duque deixou esparsas pela imprensa (artigos como "*O primo Basílio*" e "No tempo da *Gazetinha*", publicados na revista *Kosmos* em junho e setembro de 1908) são preciosas no sentido de estabelecer parâmetros entre evocação pura e simples e recriação ficcional do escritor. Telésforo sem dúvida é uma caricatura de caso pensado, com endereço certo. De Pedro Américo? Não apenas dele. Mesclando físico, idade, circunstâncias, traços de caráter, tiques individuais, encontramos nesse perfil grotesco elementos de origem diversa, provenientes de figuras de proa das Artes Visuais do tempo — entre eles Victor Meirelles e outros professores mais da Academia Imperial, olhados com fobia pelos *Novos*. Era toda uma mentalidade, toda uma situação, uma postura que apareciam ridicularizadas na personagem: a "falange gloriosa" cuja empáfia provinciana derivava da estreiteza de horizontes, da autossuficiência esclerosada, do mais mesquinho e sufocante egoísmo.

Por esse motivo o romancista escolheu maliciosamente o argumento da vastíssima composição de Telésforo. Com doze metros por catorze, seria bem maior do que as célebres *Batalhas* da Pinacoteca da Academia Imperial — *Avaí* e *Guararapes* —, as mais vastas do academicismo oitocentista nacional, que mediam pouco mais de três metros por nove e meio. Entre os numerosos episódios da "Guerra Grande" encomendados a diversos pintores oficiais e oficiosos pelos Gabinetes que se sucederam no poder entre 1865 e 1878, *A Rendição de Uruguaiana* era um tema que, se não chegara a ser transposto para tela, havia sido desenhado e feito litografiar por Pedro Américo em 1872. Ao mesmo tempo, o fato de atribuir a Mestre Telésforo a intenção de realizar em breve um *Enterramento de Atalá* (obra de Augusto Rodrigues Duarte, pintada em 1878, que constituía um dos ornamentos da Pinacoteca) tornava clara a intenção do autor de estar fundindo elementos diversos numa personagem-síntese. Não satisfeito com isso, o protagonista do romance alude nominalmente aos dois pintores mais prestigiosos do Império num diálogo do capítulo VII ("Pedro Américo já deu o que podia, Victor Meirelles está esgotado"). Derivando a sua ferocidade vingadora para a personagem, aproveitava ironicamente a oportunidade de uma restrição polêmica a

A representação do meio artístico e do artista

Pedro Américo, *A Rendição de Uruguaiana*, 1872, litografia.

Pedro Américo, *A Batalha do Avaí* (detalhe), 1877, óleo s/ tela, 600 x 1.100 cm, Museu Nacional de Belas-Artes, Rio de Janeiro.

fim de afirmar que qualquer semelhança entre os dois monstros sagrados e Telésforo seria mera coincidência.

Não é impossível, e poderia tornar-se curioso, tentar justapor nomes reais aos personagens que aparecem no texto de *Mocidade morta*. Tarefa que já foi esboçada por Múcio Leão na nota biográfica não assinada que abre o suplemento literário "Autores e Livros", d*A Manhã* carioca, dedicado, em 15 de novembro de 1942, a Gonzaga Duque. Nota que teve a colaboração de contemporâneos, amigos e familiares do escritor de *Arte brasileira*, entre os quais o poeta Murillo Araujo, genro deste. Segundo tal tradição, Camilo seria o próprio Gonzaga Duque; Agrário de Miranda — Belmiro de Almeida; Artur de Almeida — Artur Lucas; Franklin — Maurício Jubim; Sabino Gomes — Isaltino Barbosa (mas também, nesse caso, Firmino Monteiro, conforme a referência à tela *Vercingetorix diante de César* faz supor, e trazendo ainda uns traços de Estevão Silva, que Coelho Netto, nesses mesmos anos, recupera numa cena pungente d*A Conquista*); Julião Vilela — Decio Villares; Pereira Lemos — Fontoura Xavier. A estes seria possível acrescentar, sem grande margem de erro, seguindo indicações ou alusões mais ou menos transparentes do texto, e sempre lembrados do critério de livre superposição que às vezes ocorre nessas manchas: Reis Colaço inspirar-se-ia em Leopoldo Miguez; Clementino Viotti em Heitor de Melo; o escultor Lossio em Benvenuto Berna; Sforzani em Castagneto (provável assimilação do nome de outro Giambattista abrasileirado: João Batista Pagani); Cesário Rios em Cândido Reis: Cândido Caetano de Almeida Reis; Saurel e sua *Ilustração Semanal* em Ângelo Agostini e a *Revista Illustrada*; o retratista Le Grand em Augusto Petit; Florencio Gavasco em Gustavo Dall'Ara; Silviano Pinto em Aurelio de Figueiredo; o professor Costa Barbosa em Chaves Pinheiro, e assim por diante. Mais do que reproduzir silhuetas fiéis interessaria ao romancista recuperar, com sugestiva verossimilhança, o clima geral da época naquele meio específico. E, dentro deste, assinalar a batalha frustra empreendida contra a Academia, ao lado da tentativa de instauração da pintura ao ar livre, programa de arte e de vida que Camilo Prado procura instilar, sem maior êxito, entre os mesmos "Insubmissos".

Batalhando por uma criatividade local autêntica, liberta dos preconceitos e fórmulas de um ensino extenuado, Camilo aponta para o atraso técnico de pelo menos trinta anos que separa os nossos artistas das conquistas pictóricas e visuais, já então faz tempo levadas avante na França pelo grupo de Barbizon, em contraste com o "delambimento de Cabanel",

A representação do meio artístico e do artista

ideal que continuam a postular as mediocridades da Travessa das Belas Artes. A fim de se ir além disso seria indispensável uma ação estética constante, em consonância com a "circunspecção analítica do tempo vigente". Isto é, que assumisse a consciência filosófica do Cientificismo contemporâneo e se adaptasse à nova espécie de lirismo artístico que era o corolário dele. Um trabalho entusiasta, um trabalho enérgico, que nos levasse à independência daquela sinceridade criadora em que o temperamento individual pudesse traduzir a sua própria presença através das descobertas de cada um. Marchando, portanto, contra a letra morta de um ensino esclerosado em formas ineficazes porque rotineiras.

Segundo o ponto de vista do jovem crítico, não sendo os povos mestiços propriamente criadores — desde que não constituíamos *nação histórica* e sim amálgama recente, ainda não consolidado, de culturas de diverso teor civilizacional, no início, apenas, de uma longa caminhada ao fim da qual poderíamos até formar, biologicamente, uma "raça cósmica" —, devêramos antes, no campo artístico, procurar seguir, continuar, desenvolver o exemplo "dos que inovaram ou pelo menos reformaram". Sendo a Europa (leia-se: França) "a nossa preceptora espiritual, por primazia da maioridade e por estabelecidos princípios de idoneidade", e, nós, uma extensão semiculta daquele mundo mental maduro, dela "recebemos as fórmulas indispensáveis ao direito de partícipes da comunhão civilizada". Sendo a Arte, no mundo das conquistas universais, "uma e a mesma para todas as nações que nasceram da civilização d'Ocidente", não existiria para as Américas essa característica que acentua a origem nacional da obra artística. Portanto caberia aos nossos pintores aproveitar o próprio talento num total entregar-se às idiossincrasias de cada um, segundo as coordenadas dessa cultura ocidental, que também chegou até nós.

Através do estudo e da aplicação constantes trataríamos de conquistar o que viria a ser o início de uma revolução, que acabaria por transformar por inteiro a criatividade de um país como o nosso. Um país que até o presente caracterizara-se pela mediocridade rotineira de um academicismo de segunda mão, pela falta de perseverança e de ideias, consequência inevitável de semelhante estado de coisas.

Bem informado sobre todos os acontecimentos artísticos que tinham lugar na França através das publicações recebidas pelo último paquete (revistas e monografias que ele sempre aparece sobraçando), Camilo discorre com volubilidade não apenas sobre os pintores que admira através de reproduções em preto e branco, mas, ainda, a respeito de teorias e poéticas da modernidade, inteiramente familiar dos textos de Chevrel e Duret, de Zola e Huysmans, de Fénéon e Charles Henry. Compreensível, portanto, que o jovem crítico fluminense, conhecendo a fundo o meio em que vivia, pareça então menos interessado pelo divisionismo Seurat-Signac — que Félix Fénéon defende com instransigência em *L'Art Moderne*, na *Revue Indépendante*, em *La Vogue*, logo na célebre brochura *Les Impressionistes en 1886* — do que nos já então "clássicos" da pintura do *plein air*, que ele acena como esplêndidos modelos para a nova geração nativa: além do mestre Manet, Pissarro, "Madame" Berthe Morisot, Claude Monet... Contribuiria para essa posição de Camilo/Gonzaga Duque o relativo ceticismo de Émile Zola com relação aos neoimpressionistas. O estudioso de *Contemporâneos* admirava fervorosamente o autor de *Mes Haînes* e de *Germinal*: seja o crítico entusiasta de artes visuais seja o grande ficcionista tão celebrado e combatido. Ficcionista que, para ele, Gonzaga Duque, havia criado um extraordinário romance sobre o meio artístico, acompanhando de perto conquistas e frustrações da aventura impressionista: *L'Œuvre*.

Nada menos que o décimo quarto tomo da *História natural e social de uma família durante o Segundo Império*, ainda hoje *L'Œuvre* continua a ser uma das narrativas menos lidas do ciclo *Rougon-Macquart*. No entanto foi ela que levantou, no intelectual brasileiro, a ideia de esboçar — em registo inteiramente outro — a crônica dos artistas visuais seus contemporâneos, testemunhada por ele/Camilo da mesma forma que Zola/Sandoz havia seguido o itinerário dos artistas do *plein air*. O diálogo *L'Œuvre-Mocidade morta* é intenso; Gonzaga Duque será o primeiro a assinalar a dívida através das alusões à novela que inscreveu no seu texto. Se não existem semelhanças no traçado narrativo geral, dinâmico e intensamente dramático no romance francês, são contudo evidentes as sugestões que fizeram vingar *Mocidade morta*. Contudo seria redutor buscar simples transferências de *L'Œuvre* para a ficção brasileira. As motivações mais profundas dessa glosa devem derivar de coincidências entre dois contextos biográficos: a amizade, datando do tempo de escola entre Camilo e Agrário, vocações precoces de escritor e artista visual, paralelas às de Claude Lantier e Pierre Sandoz, também camaradas na adolescência e companheiros de colégio. Desse companheirismo decorre o conhecimento minucioso do meio artístico em ambos os casos, pois, amigos e confidentes, vão construindo ambos, lado a lado, as respectivas obras. Motivo para, nos dois romances, terem lugar longos diálogos que (de

A representação do meio artístico e do artista

modo algo rebarbativo em *Mocidade morta*) servem para a exposição do ideário estético e ideológico dos respectivos autores. Tais homologias de situação e de partido narrativo eram inevitáveis por versarem o mesmo quadro, não importando que o primeiro fosse o de um país emissor de cultura, e o segundo o de seu receptor periférico. Tais pontos de referência serviriam antes para estimular o projeto do escritor brasileiro, que, apenas nesse nível, se apoia no modelo admirado antes de partir na sua própria direção.

Poderia servir de exemplo expressivo desse proceder o paralelo entre a passagem já aludida do ateliê de Cesário Rios, crescentemente repassada de melancolia — o cair da tarde, que baixa no Morro do Castelo, submergindo pouco a pouco o vasto galpão do artista —, e a visita que Sandoz e Lantier fazem à loja desocupada do bairro do Observatório onde, antes do seu rápido declínio, o escultor Mahoudeau prepara a volumosa estátua que pretende enviar ao salão. O caráter ocasional — fragmentário e anedótico — da última, não pode ser emparelhado com o teor elegíaco do belo episódio de *Mocidade morta*, que, no entanto, abre-se, como o de *L'Œuvre*, com a intervenção de figurantes ridículos e mesquinhos. Tal circunstância deve ter acudido a Gonzaga Duque a partir daquele de Zola; no entanto ele o glosaria e ampliaria, aí acrescentando experiências pessoais paralelas. Desse modo recriaria a cena com originalidade num registo diverso e superior.

Desnecessário insistir, depois das simpatias, nas diferenças estruturais das duas obras: as oposições Lantier/Agrário e Camilo/Sandoz, personagens psicológica e dramaticamente divergentes — apesar da neurastenia de Camilo e Lantier de alguma forma relacioná-los, sujeitos, um e outro, a compulsões depressivas de caráter hereditário; no contraste entre a pouca ou nenhuma ação do romance nacional, que se opõe ao andamento dramático cerrado de *L'Œuvre*; o curto período em que Gonzaga Duque concentra a sua narrativa (fins 1886-fins 1888), em contraste com a extensão cronológica da obra de Zola, que se prolonga por quase dois decênios. Também a atenção acesa com que o autor de *Thérèse Raquin* regista as referências visuais de Paris, olhada todo o tempo segundo a perspectiva de artistas-pintores, ansiosos por captarem efeitos plásticos evanescentes, não encontra correspondência senão em breves passagens de *Mocidade morta*, conforme já foi aludido. Provável reação de Gonzaga Duque ao derrame paisagístico vigente em nossa literatura pelo menos desde Alencar, e que, parecendo inevitável em narrativa desenrolada numa cidade agressivamente "pitoresca" como o Rio de Janeiro, é eliminado de propósito nesse texto que não se interessa por fazer concessões.

Assim, dez anos depois de L'Œuvre (que Zola havia redigido entre maio de 1885 e fevereiro de 1886) o nosso autor escreveria esse melancólico painel dos sonhos desfeitos da juventude. Tarefa em que terá levado bem mais de ano, dadas as dimensões da obra e a minuciosa elaboração da escrita. Completando-o em 1897, apenas dois anos mais tarde conseguiria editor. A obra apareceu em dezembro de 1899, coalhada de erros. Por coincidência, ao mesmo tempo que outra narrativa local também versando uma crônica de grupo; narrativa que pelo tom e pelas intenções encontrava-se nos antípodas do romance de Gonzaga Duque: *A Conquista: cenas da vida literária*, de Coelho Netto. Uma das ficções mais ágeis e atraentes do autor de *Miragem*, aparecera em primeira mão dois anos antes, como rodapé do jornal de Alcindo Guanabara, *A República*; havia sido, portanto, redigida ao mesmo tempo que *Mocidade morta*. 1899 encerrava-se com esses dois curiosos balanços paralelos da geração que chegaria aos quarenta anos com o início do novo século. No entanto, não poderia ser mais expressiva a oposição entre tais "romances de formação" de transparente fundo autobiográfico. A sedutora euforia humorística d*A Conquista* contrastava até pelo estilo, ali bastante despojado e transparente, com a densidade patética da ficção de Gonzaga Duque — um contraste que deve ter tornado esta última ainda menos atraente para o leitor médio do tempo. Tanto mais que rodapés críticos de audiência certa — como o de Medeiros e Albuquerque, nefelibata arrependido que se assinava "J. dos Santos" n*A Noticia* carioca (o artigo relativo a *Mocidade morta* saiu a 26 de fevereiro de 1900) — afirmavam que embora o romance tivesse interesse e os tipos retratados fossem vivos e convincentes, seria contudo de bom alvitre reescrever o texto, do princípio ao fim: em outro estilo. Juízo cujo bom-senso pedestre o homem comum não podia senão acatar, para total desânimo do autor.

Dentro do nosso Ecletismo fim de século, *Mocidade morta* constitui uma narrativa singular. A complexa articulação ficcional dos blocos narrativos, que se imbricam com relativa liberdade, permite que as dramáticas percepções e perplexidades do escritor aflorem e se recomponham de modo sedutor na escrita compósita da obra. Neste sentido, a figuração forte do perfil irradiante da Musa, que Julião Machado[1] definiu para a capa do romance — cabeça cingida de grinalda, cabelos desenastrados segundo o arquétipo sinuoso da convenção Floreal — assi-

A representação do meio artístico e do artista

nala vigorosamente a representação da Ideia, para o escritor de *Horto de mágoas*, pronta a consolar, num plenilúnio perene, a nossa miúda miséria humana.

Em memória de Sílvio Felício dos Santos (Cidade Diamantina, 22 de junho de 1907-Rio de Janeiro, 20 de julho de 1986), com quem se foi, morta, a minha mocidade.

NOTAS

[1] A capa da primeira edição é de Julião Machado (1863-1930). Caboverdiano, estudou pintura na Metrópole portuguesa com Malhoa. Veio para o Brasil em 1894, aqui permanecendo até 1924, quando regressou a Lisboa. Colaborou na *Rio-Revista* de B. Lopes e Gonzaga Duque e, com Olavo Bilac, fundou *A Cigarra*, em 1895, e *A Bruxa*, no ano seguinte. Colaborou intensamente na *Revista da Semana*, *Careta* e *Dom Quixote*. Utilizou os pseudônimos *Fra Diavolo* e *Casemiro Miragy*.

# 5.

## Esaú e Jacó:
## narrador e personagens diante do espelho

> "Tout cela: trop évidemment, en cette écriture — indications brutales; mais dans le cadre — dosages complexes et délicats."
>
> Félix Fénéon, *Les Impressionistes en 1886*

> "Quelque diversité d'herbes qu'il y ayt, tout s'enveloppe sous le nom de salade."
>
> Montaigne, epígrafe de *Páginas recolhidas*, 1899

Romance de fim de vindima, composto sem pressa entre 1899 e 1903, publicado em 1904, *Esaú e Jacó* é a mais visivelmente complexa e ambígua de todas as obras da maturidade de Machado de Assis.[1] Ambíguo no tema e nas personagens, pela construção dramática, pelas suas soluções técnicas, pelo curioso gesto estilístico que apresenta, esse romance quase sempre tem sido deixado à margem pela crítica. Com a notável exceção de Eugênio Gomes e Augusto Meyer,[2] a crítica não mostrou realmente muito interesse em analisar como um todo coerente esta narrativa polivalente do grande escritor, preferindo abordar, de modo isolado, alguns dos seus aspectos mais provocadores: a representação ao mesmo tempo sardônica e melancólica da comédia política; a modernidade de concepção, surpreendente, da personagem Flora; o autorretrato ideal que o autor teria realizado ao criar o Conselheiro Ayres, de apolínea memória. A estrutura simbólica aberta do romance, que não continha em si mesma, de modo explícito, a solução dramática deste, afastava-o dos demais grandes livros do escritor, dando-lhe, à primeira vista, o ar de algo insólito e de talvez mesmo imperfeitamente acabado.

Não sendo escrito na primeira pessoa, como o *Brás Cubas* e o *Dom Casmurro*, nem possuindo a forma de diário do *Memorial de Ayres*, diferia de todos esses livros, e também do *Quincas Borba* com o qual, entretanto, condividia certos processos de exposição narrativa. Na verdade, a parábola romanesca do *Esaú e Jacó* não evoluía no mesmo modo unívoco das demais narrativas maiores de Machado, deixando o leitor meio desamparado diante dos protagonistas que dão título à obra. Isto porque a morte de Natividade, mãe dos gêmeos, não encerra senão em parte o ciclo evolutivo dos filhos, tema aparente do livro; Pedro e Paulo prosseguem, mais além do último capítulo, como duas paralelas que só se encontrarão no infinito. A perspectiva de "lutas, contrastes, aversão recíproca"[3] que é a deles já então interessa menos ao leitor, porque foi abstratamente institucionalizada pelo autor, e se tornou um princípio de oposição ao qual, no entanto, falta o vivo e complexo interesse humano das outras personagens do romance.

Definir, na realidade, qual seja o verdadeiro tema de *Esaú e Jacó*, não é assim tão fácil. A sibilina "Advertência", que precede o texto da narrativa, afirma que o título da mesma foi escolhido de modo a poder resumir o assunto; primeiro pensou-se chamá-la *Ab ovo*, "apesar do latim" — típica ironia machadiana; só depois predominou a ideia de escrever o nome dos gêmeos bíblicos na capa do volume. Portanto, o núcleo do romance seria a história de Pedro e Paulo; encarnados no seio fluminense de Natividade, um representando o espírito de inquietação, outro o espírito de conservação — debatem-se eles na perene batalha da "guerra, mãe de todas as coisas"[4] que é a própria vida. O terceiro elemento da narrativa seria a mãe dos gêmeos, que vive, equidistante e inquieta, o contraste dos polos opostos gerados por ela. Mas entre a ficção em abstrato e o romance realizado passeiam as quatro pombas brancas de que fala o poeta.[5] Narrador complexo e cheio de matizes, Machado de Assis, embora interessado de modo direto pelo conteúdo abstrato da alegoria, não abdicava do intento de, na ficção, recriar a vida em todos os seus refolhos. A vocação de moralista, entendida ao modo clássico, sendo perfeitamente congenial ao espírito de Machado, levá-lo-ia neste romance uma vez ainda a revolver, sob a capa de uma extrema urbanidade irônica, as convenções e as mentiras sociais que sempre foram matéria-prima da sua obra.

Transitando livremente do geral ao particular e do particular ao geral, com uma segurança correspondente à sua vasta experiência dos homens, Machado não se deixou tentar pelo esquemático. Assim, em torno do núcleo primeiro do romance — a perene oposição dos gêmeos, a ansiedade materna — ele organizará os outros elementos que devem recriar a ilusão literal de vida, que, a esta altura, absolutamente senhor da ex-

 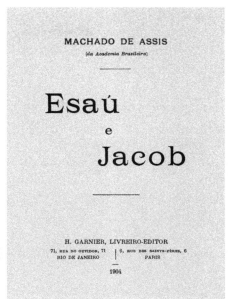

Machado de Assis, em retrato de Insley Pacheco,
e a primeira edição de *Esaú e Jacó*, de 1904.

pressão narrativa, sempre flui da sua pena com a maior espontaneidade. Será a vez de surgirem outras personagens, como Flora e Ayres, que virão, ao sabor dos acontecimentos, dar perspectiva e profundidade humana ao romance, alguma vez quase tomar a liderança da ação, com a peculiar problemática psicológica e ética deles. Depois destes ganham realidade, num contraponto divertido, tanto as personagens de segunda importância como os figurantes de um momento, os quais, uns e outros, deverão existir igualmente no plano do anedótico e no da significação simbólica.

Sem perder as suas características próprias, o *Esaú e Jacó* participa, sem dúvida, do espírito da grande ficção machadiana — espírito que, retomado e ampliado aqui, permitirá ao novo romance voo inédito e original. Assim a forma autobiográfica — joco-macabra nas *Memórias póstumas*, serenamente amarga no *Dom Casmurro*; a narrativa primeiro impessoal depois dirigida do *Quincas Borba*; a consciente pesquisa nos contos reunidos de *Papéis avulsos* (1882) a *Relíquias de casa velha* (1906); o ritmo diarístico do *Memorial de Ayres* — *adagio finale* de contida intensidade —, todo esse mundo fictício, analisado na sua teoria da composição, no seu microcosmo artesanal, baseia-se numa progressão que, em graus sucessivos, se encaminha do aforismo ao apólogo, e deste ao raconto ou novela. Do aforismo inicial — às vezes um paradoxo hilariante, outras um provérbio autêntico ou certa citação ilustre, deformados de propósito pelo escritor a fim de provocar efeito cômico — passa-se facilmente à digressão humorística, também ela recheada de citações arbitrárias; dessa digressão ao apólogo não há mais que um passo. O apólogo, por sua vez, vale como uma história-de-exemplo às avessas; dentro desse curioso tipo de romance, concebido como mosaico, ele serve, à margem da ação ou inserido nela, para demonstrar o amargo ensino subversivo de Machado. Para ele, tais episódios valem em si mesmos, seja como anedota pitoresca, seja como possibilidade de representação de um conflito. Se o aforismo, com o provérbio, é a enunciação abstrata de uma experiência ou de um conceito, o apólogo já é a sua dramatização semialegórica. Já o raconto vale como a relação de um episódio na sua forma impura de anedota — detrás dela, contudo, esconde-se o sentido profundo, a sua significação autêntica. O romance machadiano será, em última análise, um sistema organizado de apólogos em contraponto com episódios significantes; um sistema no qual a verdade psicológica, atentamente perseguida, desvenda aquilo que está por detrás das aparências, e isto por meio da sua fricção constante com falsos ou genuínos imperativos éticos.

Conforme atrás já aludimos, *Esaú e Jacó* aproxima-se, na sua estrutura, de *Quincas Borba*, pela presença de um comentador irônico e onisciente, que, em determinada altura, toma o fio da narrativa, e passa a governá-la a seu bel-prazer — no *Quincas Borba* a partir do capítulo XXXI, em *Esaú e Jacó*, menos timidamente, do capítulo IV. Invocando à esquerda e à direita a leitora e o leitor, dialogando com ambos, atribuindo ao *você* do leitor o que o *eu* do narrador planejou realizar, Machado de Assis estabelece de uma vez por todas uma ambígua situação que paradoxalmente limita — mas ao mesmo tempo repropõe em outra base — a mesma ilusão ficcional. Rompendo com a convenção do gênero no seu tempo, o narrador fictício, delegado do autêntico criador, e seu porta-voz, abre o processo mesmo da criação, ao pretender fazer-se acompanhar do leitor às raízes do escrever. Mostrando-lhe as convenções e deficiências do meio expressivo, criticando a sua mesma técnica, referindo-se com insistência aos capítulos anteriores e posteriores, deixando visível a arbitrariedade criadora dele, denunciando, numa crítica joco-

-séria, as repetições e os enfados da narrativa — estamos aqui diante de uma prematura tentativa para tornar visível ao público a dinamicidade mesma da criação e, ao mesmo tempo, diante da intenção de sardonicamente apontar ao leitor as falácias do escrever; ao mesmo tempo narrar uma história, e fazer ver o modo capcioso pelo qual se a consegue escrever. É bem evidente que, para Machado de Assis, a consciência de uma crise da narrativa já então se faz clara; de outra forma não se explicaria o seu lúcido equacionar do problema, nesse grande contraponto entre criador e criação que, em última instância, é o *Esaú e Jacó*.

No *Quincas Borba* esse demiurgo é declaradamente o mesmo Machado de Assis, pois no capítulo IV do romance vem escrito: "Este Quincas Borba, se acaso me fizeste o favor de ler as *Memórias póstumas de Brás Cubas*, é aquele mesmo náufrago da existência [...] Aqui o tens agora em Barbacena".[6] Já no *Esaú e Jacó*, o narrador não declara a sua condição; por isto mesmo talvez se permita realizar uma ainda mais vasta série de interferências espirituosas no texto. Para Machado era aliás facílimo manejar, e com toda a agilidade, esse brilhante diálogo imaginário. A sua experiência de cronista, ao tempo que funcionara, anos a fio, como interlocutor tagarela e mundano na imprensa fluminense, estava toda a sua disposição. O *eu superficial* que fala de tudo e de todos nesses textos assinados Eleazar, Dr. Semana, Boas-Noites, com desejada volubilidade, maliciosa e tortuosa, havia se transformado num *eu abissal* e paradoxal nas *Memórias póstumas*. O processo, parcialmente com nova forma no *Quincas Borba*, contribuiu para o romancista com toda uma série de expedientes engenhosos, bem originais e divertidos, que facilitariam o novo andamento do romance: não só se esfumava o monótono prosseguir linear da narrativa, como se podia alcançar um pluridimensionalismo inventivo de efeitos inéditos.

A funcionalidade desses romances, entendidos como "máquinas de narrar" — mais no sentido em que Le Corbusier fala da casa como "máquina de morar" do que no valéryano *"machine à emouvoir"* da poesia — faz com que nada se perca na antologia de episódios e comentários que é o romance machadiano; o mesmo arabesco floreal dele, com as suas ramificações de possibilidades, traduzido no uso reiterado de tempos como o imperativo negativo e o imperfeito do subjuntivo, se pode parecer gratuito ou mero ornamento caprichoso para o leitor ingênuo, acompanha e reinterpreta, de modo personalíssimo, o gosto eclético do tempo. O pormenor é, sem dúvida, o impulso criador de Machado de Assis;

adaptado à dimensão do romance por este miniaturista que se realizava no conto com alta eficiência, ali adquirirá novo emprego: agora trata-se de aplicar à duração própria do gênero a síncopa, emocional e representativa, da história curta. É a mesma distância que vai das *manchas*, de reduzidas proporções, ao vasto painel pontilhista; mesma distância que vai das impressões de massa e perfil dos desenhos de Seurat, que na sua textura mais parecem litografias, ao ritmo complexo e compensatório de *Un Dimanche à la Grande Jatte*. A monumental obra de Seurat, que, partindo da vibração líquida das pinceladas cromaticamente contrastantes, obtém no conjunto um repouso definitivo e coerente, oferece-se aos nossos olhos como uma representação plástica e simbólica ideal do romance machadiano. E não só por uma vaga sintonia de época. A multiplicidade humana e social registada pelo pintor em sua fremente criação consegue recuperar, no indissolúvel mosaico luminoso, uma certa tarde de verão decantada diante do rio do tempo realmente muito afim ao espírito da obra machadiana. Decompondo atomisticamente as aparências, com a intenção de chegar a uma realidade espectral harmoniosamente caligráfica, ambos os artistas apontam para uma representação essencial da existência que, em sua silenciosa exemplaridade, aproxima-se de modo irresistível do campo do simbolismo alegórico.

Assim o romance machadiano abdica conscientemente das suas prerrogativas realistas em favor de uma retomada de certos processos tanto de origem picaresca como dos *familiar essays* e dos contos filosóficos setecentistas, sem esquecer os humoristas russos e ingleses, da passagem do século à primeira metade do Oitocentos. A rarefação da atmosfera naturalista será, contudo, compensada pela presença da verdade psicológica, a qual abre caminho para um novo realismo reproposto através de complexa manipulação do humorismo estilístico; é a maneira pela qual o escritor se propõe atingir, através de determinada comédia moral, um realismo de significação psicológica profunda. Esta lógica interior, contra as regras da economia realista, permite transformar Quincas Borba, personagem das *Memórias póstumas*, de mendigo em herdeiro inopinado, e, no romance que toma o nome daquele excêntrico, fazer o filósofo deixar a sua fortuna ao discípulo ignaro para que este cuide do cão seu homônimo; que em *Esaú e Jacó* a carreira do milionário Nóbrega comece com a nota de dois mil-réis que ele surrupia à bandeja das almas — humorísticos golpes de mágica relativos à história econômica das personagens que se estendem a inúmeros outros episódios e retratos eficacíssimos, se bem que desenhados por absurdo, na sua síndrome simbólica. Tais fatos, improváveis do ponto de vista naturalista[7] embora fiéis ao verossímil, são utilizados humoristicamente como constatação moral; existem contudo fora do clima de caricatura, ainda que possuam fortes pinceladas parodísticas. Assim funcionarão, no contexto daqueles romances *sui generis*, como as unidades apologais que os constroem, valendo como uma sintética representação expressiva dessa mesma realidade.

A narração do *Esaú e Jacó*, conforme vimos, sustentada logo e logo por um narrador onisciente, propõe, desse modo, o emprego de elementos comuns aos outros romances do escritor — a paródia, o tom herói-cômico, o enfoque picaresco — embora de modo mais discreto do que acontece naquelas obras. Agora diretamente interessa a Machado uma discussão cômico-retórica do entrecho, que seja ao mesmo tempo descrição do processo narrativo e análise do próprio texto que, ele, autor, está compondo. E esse identificar de planos justifica de novo a glosa das figuras de retórica, das variações do discurso, da técnica — de tudo aquilo que lhe permite talhar em fatias seja a mesma realidade fenomênica, seja a representação narrativa dessa mesma realidade. O ambíguo Eu narrador reprova então (Capítulo XXVII, "De uma reflexão intempestiva") a frívola curiosidade da leitora que quer saber como se desenvolverá o caso amoroso que decerto — como é de se esperar! — ocorrerá. Ou mais adiante se autocritica (Capítulo LXXXVIII, "Não, não, não") reconhecendo o vício profissional de analisar desenfreadamente, página após página, tudo que os personagens disseram e pensaram, até que o editor diga basta. Ou ainda (Capítulo XIII, "Epígrafe") propõe-se a jogar com suas personagens uma partida de xadrez que viria a ser a própria construção do romance: uma espécie de "aliança para o progresso" narrativo que pretendesse receber sugestões igualmente válidas de ambos os lados do espelho. Jocosa metalinguagem que, livremente emprestada da tradição barroco-rococó, oferece ao malicioso narrador excelentes pretextos para a sua voluteante "farsa de ideias" *modern style*. Mas que constitui um festivo contraponto à linha quieta, grave, do tema simbólico que se oculta por baixo; o dinâmico entrelaçamento desses dois níveis é o que torna ainda mais complexa a composição estilística do mundo narrativo machadiano.

*Esaú e Jacó* tem início — estamos todos bem lembrados — com a visita que a mãe e a tia dos recém-nascidos gêmeos fazem a uma vidente,

*Esaú e Jacó*: narrador e personagens diante do espelho      115

a cabocla do Castelo, para conhecer o futuro dos mesmos: uma gestação agitada e diversos outros tipos de ansiedade levam mãe e tia a esse gesto, que a sociedade-bem considera vulgar. Sibilina como todas as Pítias, a cabocla do Castelo entre outras coisas anuncia a grandeza futura dos dois meninos, ainda que faça referência à oposição que já os havia dividido no ventre materno. O marido, que é banqueiro e espírita, portanto em franca ascensão social e espiritual, não aprova o gesto; irá propor o enigma ao chefe da sua igreja, o médium Plácido, em casa de quem encontra em visita o Conselheiro Ayres. De novas discussões e hipóteses sobre a oposição dos gêmeos, cuja infância e adolescência é indicada em rápidos capítulos (o apólogo da compra das estampas de Robespierre e Luis XVI, realizada por eles, exemplifica a mútua agressividade ao mesmo tempo que as irônicas peripécias de um vendedor de gravuras a manipular a mais-valia), chega-se à moça Flora, pela qual os dois gêmeos sentirão a mesma polêmica tendência. O núcleo dramático do livro concentrar-se-á, pois, no interesse de ambos pela jovem; e na correspondente flutuação desta entre os dois, pois Flora jamais chegará a saber aquilo que deseja deveras. Observador cético e alguma vez irônico de tudo isto, o Conselheiro Ayres comenta, seja à viva voz, seja por escrito — com Natividade, com Flora, consigo mesmo — a comédia dos sentimentos ali representada, que se reveza com a comédia política. Nesta última os pais de Flora estão diretamente empenhados, embora numa posição subalterna; e nela também Pedro e Paulo pretendem representar um grande papel. Sobrevém a mudança do regime político brasileiro, que propõe novas acomodações a toda a companhia: a maneira pela qual o autor entrelaça, do modo mais sugestivo, os episódios da sua ficção a tudo aquilo que precede e sucede a queda do Império brasileiro, é altamente engenhosa, merecendo por si só um estudo à parte. O dilema de Flora se torna cada vez mais dilacerante; na sua total incapacidade de escolher um dos dois pretendentes, que diante dela se revezam numa contradança sempre mais insistente, acaba a moça por sentir-se fisicamente mal. Retirando-se para a casa de uma irmã de Ayres, a fim de fugir dos pais, dos pretendentes, mas sem dúvida de si mesma também, a sua saúde sempre delicada decairá de modo definitivo; e Flora morre por não resistir à sua incompatibilidade fundamental com a vida. Apaziguados um momento pela morte da amada comum, em breve os gêmeos voltarão a se colocar em campos opostos; se, em um segundo instante, após o passamento, agora, de Natividade, Pedro e Paulo parecerão caminhar de acordo, logo em seguida ficará comprovada, de uma vez por todas, a impossibilidade de qualquer pacificação entre eles.

Resumir um romance de Machado é naturalmente trair de modo óbvio o nosso escritor. Todo voltado para os pormenores significativos e pequenos episódios laterais, o ficcionista não pode dispensar a emaranhada vegetação que caracteriza a sua forma narrativa. Na impossibilidade de enumerar todos esses detalhes, limitar-nos-emos a uma breve análise das personagens centrais da obra, a fim de nos aproximar do talvez mais vivo aspecto da criação de Machado.

Na nota que precede o texto do *Quincas Borba* diz o escritor que um amigo lhe havia sugerido analisar a figura de Sofia em romance, opinião que ele não condividia, porque julgava estar Sofia contida por inteiro naquele livro.[8] No entanto, o perfil de Natividade que ele nos traça nas primeiras páginas de *Esaú e Jacó* — da Natividade que ainda não se tornou mãe — tem diversos pontos de contacto com a protagonista do grande romance de 1891 — o mesmo dissimulado egoísmo, a mesma coqueteria ambiciosa, a mesma cruel e distraída vaidade. A sua relação com aquele João de Melo, modesto parente do marido, tímido apaixonado da prima afim, repete, em registo menor, o esquema das relações de Sofia com Rubião; assim como o Ayres que assediou na juventude Natividade, também ele repelido por outros motivos e em outra oportunidade, corresponde a um segundo Carlos Maria, menos fátuo e agora intelectualizado. Assim sendo, por um processo que talvez haja escapado ao próprio autor, em Natividade temos uma Sofia que ascendeu socialmente até onde desejava depois do aniquilamento do ignaro Rubião, uma Sofia mais apaziguada nas suas ambições mundanas depois do título de baronesa que lhe chegou aos 41 anos. Essa impressão de continuidade é tanto mais insistente quando verificamos que o marido de Natividade é um novo Cristiano Palha, mais seguro que nunca na sua irrefreável ambição de mando e de poder financeiro. Grande capitalista obcecado pela fortuna, o ser nele se identifica integralmente com o haver; para Santos, os filhos, na fundamental variação de tendências de ambos, não provam senão o fato que o seu nome por eles será perpetuado em campos diferentes e opostos. Natividade, contudo, modifica-se bastante depois de se tornar mãe; sem perder as esperanças de glória que o Destino decerto reserva para os seus Pedro e Paulo (assim falou a cabocla do Castelo) torna-se um ansioso e inseguro nume tutelar, que não vive outra coisa senão a divergência de ambos. Eugênio Gomes já estudou superiormente a estru-

*Esaú e Jacó*: narrador e personagens diante do espelho

tura arquetípica dessa personagem, cujo próprio nome de batismo propõe o significado de grande mãe, dispensadora de vida e energia;[9] mas que o arquétipo não faça esquecer o tipo, a figura concreta, que, demasiado humana, não alcança a compreender o destino dos filhos, na sua tentativa sempre frustra de os apaziguar. Os seus repetidos e ansiosos diálogos com Ayres, em cuja prosa mansa e experiente tenta vencer o conflito íntimo que a tortura, dão a dimensão viva, concreta, dessa personagem.

Já a concepção dos gêmeos Pedro e Paulo é complexa, e em si mesma conflitante. Colocados ao centro do romance, soldando o núcleo dramático do mesmo, eles são também a chave alegórica que rege a narrativa. Encarnam aí o princípio de contradição, tese e antítese — a mesma figura desdobrada num espelho, em verso e reverso, certa imagem idêntica, mas oposta e avessa. Apesar das muitas minúcias que o autor nos informa sobre eles — gostos, preferências, reações —, a categoria de símbolo de ambos superará sempre em nossa memória o perfil humano deles, demasiado fluido e irreal. Pedro e Paulo, em última instância, são figuras neutras, simbólicas; na verdade só se completam justapostos um ao outro. Existindo enquanto função dramática do romance — que entretanto gira em torno deles e deles recebe título — os gêmeos não conseguem sobreviver fora da narrativa. Lembramo-nos das suas anedotas e dos seus gestos, não das suas personalidades, sombras que significam mais do que existem. A ambiguidade de Machado de Assis a este respeito merece ser examinada com cuidado, pois não pode ser senão voluntária e consciente. Não representariam essas duas figuras nova experiência de certo simbolismo que agora não se desejava mais humorístico? Não significaria uma redução-a-personagem de determinado problema, abstrato ou inefável, experiência tão ao gosto da época? Ainda não nos é possível dizer uma palavra segura a respeito da exata posição do escritor, nesse particular.[10]

Bem diferente é o caso de Flora, personagem de finura e verdade psicológica excepcional: de extraordinária modernidade na mesma indecisão de existir que é a sua radical impossibilidade de escolher. Separada por uma profunda diferença moral dos pais, ela tenta se aproximar do instinto materno de Natividade, mas nem essa mãe por excelência pode perceber a branca ansiedade da moça; esse mal metafísico que os psicanalistas — críticos literários sem nuanças — logo rotulariam como crise típica de identidade pessoal. Desconhecendo a si mesma naquela densa bruma da personalidade, Flora apenas se sente existir diante da figura amável do Conselheiro Ayres, e alguma vez também, mais rara, diante dos divididos Pedro e Paulo — destes quando os pensa em uma só pessoa. Que outro significado possuem os capítulos "Fusão, difusão, confusão" e "Enfim, transfusão" — nos quais Machado faz representar, nas "visões" da gentil Flora, verdadeira pantomima pirandelliana *ante litteram* —, que outro significado possuem esses capítulos senão a necessidade de recompor certa imagem dilacerada em duas metades, a metade Pedro e a metade Paulo? No conto "O Espelho", de 1882, estampado em *Papéis avulsos*,[11] conto cujo subtítulo é exatamente "Esboço de uma nova teoria da alma humana", Machado narra o caso de um rapaz que, isolado numa casa da roça dias e dias seguidos, vai sentindo esvair cada vez mais a sua personalidade, até que, diante desse terrível nada que avança sobre ele, decide vestir a farda de tenente da Guarda Nacional e com ela postar-se diante do espelho; recuperando a visão que os outros tinham dele, o tenentinho afinal se reencontra: tem de si, outra vez, uma imagem palpável. Flora, a inexplicável, não consegue identificar-se com coisa alguma, não consegue prender-se a ninguém. Nem mesmo a frase que Ayres lhe sopra durante o baile da Ilha Fiscal, "Toda alma livre é Imperatriz",[12] lhe traz mais que passageiro consolo. O único espelho que a conseguiria refletir, fixar, a sua imagem para ela mesma, seria aquele formado pela reunião da alma dupla dos gêmeos. E Flora se dilui na morte como visão irreal que realmente era. Para além da zona estritamente psicológica da personagem, Flora representa claramente uma ânsia de infinito e de absoluto que só se pode estabelecer em contraposição à realidade fenomênica; por isso a atmosfera mais adequada, na qual ela se sente à-vontade, é a polida, inefável, da música (Flora e seu piano), da serenidade (Flora e seu ensimesmamento), da luz cristalina (os estáticos arroubos de Flora) — espaço inalcançável de uma criação pura que renuncia ao ser, anteparo de outra realidade sublime mas irrespirável: o Absoluto Ideal. Estamos diante da grande temática do século que, desde o Iluminismo romântico alemão, chegará ao simbolismo mallarmeano através de Nerval, Shelley, Keats e Baudelaire, tendo como avulso continente filosófico as sombras dialéticas de Locke, Kant, Hegel, Schopenhauer.

Ayres é outra figura muito complexa do romance. Ex-diplomata vivido e desencantado, a vasta experiência dos homens, da vida, transformou-o em curioso meio-ermitão que contudo não perdeu o gosto do mundo. Mantendo um diário, ele regista sua experiência de cada dia, da qual, de tanto em tanto, o leitor vem a conhecer certos excertos. Ayres funciona assim como uma das consciências do *Esaú e Jacó*. Embora não possa ser identificado com o narrador-demiurgo, as suas afirmações e opiniões muitas vezes não se afastam das daquele, e mesmo as completam e precisam. Constitui-se destarte, com ele, um segundo ponto de vista, emanação palpável do narrador onipotente, mas que abarca uma área ínfima, em comparação à consciência *noumênica* do demiurgo-que-diz-eu. Dentro da sua relatividade humana de personagem entre as demais *dramatis personæ* do romance, Ayres também organiza a ação — mas não a domina integralmente.[13] A este respeito se deve dizer que a advertência inicial do volume, atribuindo de modo fictício ao nosso Conselheiro a autoria do romance (mas quem seria então o editor do manuscrito, aquele que o encontrou entre os papéis do ex-diplomata?), deve ser recebida com indispensável ironia, como nos indicou com a fineza de sempre Augusto Meyer.[14] Tal apostila é apenas um jogo arbitrário, bem ao gosto de Machado e coerente com o espírito da sua ficção. Sem ela jamais passaria pela cabeça de alguém atinar com tal autoria,[15] completamente exterior ao sentido do livro, e em franca contradição com algumas passagens fundamentais do mesmo — como, por exemplo, a teoria das vantagens da colaboração entre autor e personagem, do capítulo X. Dentro da obra, no entanto, o diário de Ayres possui função semelhante àquela do de Edouard, em *Les Faux-monnayeurs*: a sua função é diferenciar os planos da criação segundo um ponto de vista preciso e limitado, diferente do autor. Mas se na obra sinfônica de Gide esta atitude acompanha um critério de decomposição do real que já foi até relacionado por Wylie Sypher[16] ao espírito da síntese analítica do Cubismo plástico, seu contemporâneo, em Machado de Assis a moldura gráfica, assimétrica e fantasista, que devemos ao narrador, segue antes o gosto floreal do *modern style* — o narrador, com a sua caprichosa excentricidade de comentar a obra e dialogar com o leitor, cria uma moldura caligráfica que ao mesmo tempo separa e integra, num movimento de ida e volta, o absoluto da criação romanesca e a relatividade do seu existir em livro. Para dizê-lo com Wayne Booth, em *Esaú e Jacó* temos um caso extremo de *self-conscious reliable Narrator*,[17] cuja função é de resto exacerbada pela constante atenção que exige do "leitor apressado" sobre a escrita enquanto problema técnico. Ayres, personagem por escolha, ajuda-o a levar adiante a ação escrevendo o diário.

Falamos muito dos protagonistas e de sua relação com o Narrador. Naturalmente as demais personagens menores de *Esaú e Jacó*, recriadas pela mão de um comediógrafo que não se realizou senão muito incompletamente no teatro, têm menor intensidade, se bem não pequeno interesse. É o caso dos pais de Flora, Dona Cláudia e Baptista, casal que é uma das mais completas criações caricaturais de Machado, desenhado com aquela leveza de mão que o autor nos acostumou — Dona Cláudia dominadora e impositiva na sua autoritária vocação política, determinando o que se deve e o que se não deve fazer; Baptista, vaidoso, fraco, desejoso de manter a aparência de respeitabilidade, e no entanto à espera do primeiro pretexto a fim de racionalizar o seu oportunismo, mudando de opinião ou de partido conforme sopre o vento. E o caso do Dr. Plácido, o apóstolo espírita, consumado charlatão; de Nóbrega, o milionário recente, antigo irmão das almas, uma das mais violentas denúncias do sistema econômico vigente sob a veste de caricatura avulsa, e que a ironia do autor vai transformar num pretendente "razoável" de Flora; o caso ainda de Custódio, o confeiteiro, que serve de pretexto para o apólogo mais ilustre do livro, o apólogo da tabuleta da loja; do distante oficial de secretaria apaixonado por Flora, antepassado involuntário do Amanuense Belmiro, de Cyro dos Anjos,[18] já que as mesmas estruturas sociais geram situações psicológicas idênticas. Através da sátira, encarada como análise objetiva dos motivos últimos que movem os homens, a denúncia torna-se, em última análise, o elemento fundamental da obra machadiana —, uma denúncia violenta apenas encoberta pelo manto discreto de uma urbanidade sardônica que, analisada de perto, não deixa dúvidas quanto às suas intenções subversivas.

A complexidade da obra do escritor brasileiro repousa assim tanto mais na verdade psicológica e moral das suas personagens, como na acusação direta, muito consciente das suas responsabilidades, sejam elas quais forem, e não importando o nível em que se encontram. A epígrafe de *Esaú e Jacó*, colhida em Dante — *"Dico, che l'anima mal nata..."* — é, neste sentido, extensiva a todas as personagens do romance, consciência do pecado original que as mancha a todas com duplicidade e hipocrisia.[19] *L'anima mal nata* dos gêmeos alude seja à má vontade da mãe que recebera a ideia da concepção da pior maneira, seja à sua divisão em contrários, que impede a existência una de cada um deles; no caso de Natividade, malnascido é o seu egoísmo vaidoso, que ela pagará longamente através da agressividade mútua dos gêmeos, seu espectro constante. Malnascido é Santos, pela sua cupidez usurária; malnascido é Ayres, pelo abismo que nele existe entre contemplação e ação; malnascida é Flora, pela sua incapacidade de viver; malnascidos Baptista, Dona Cláudia, Nóbrega, pelas suas diferentes espécies de vulgaridade; malnascido Plácido, pelo cínico oportunismo dele... Outra vez compreendemos a esta altura como o apólogo, com função ao mesmo tempo organizadora e decomponedora — organizadora da ação dramática, decomponedora do comportamento de personagens e figurantes — é elemento fundamental na arte de Machado de Assis.

Conforme pudemos verificar acima, o esquema simbólico da obra, aqui mais preciso e visível do que nos romances anteriores, acusa-se como elemento realmente nuclear do *Esaú e Jacó*. Daí a presença insistente do narrador, que já comentamos, a todo momento e a todo o propósito intervindo num diálogo travado com o leitor em vários planos do discurso, diálogo que pretende ser não só comentário da narração, como o próprio construir da narrativa. Discurso sobre o discurso, escrita diante do espelho, esse corte longitudinal da ação — corte que alcança a sua dupla personagem central, os "siameses" Pedro-Paulo — permite radicalizar mais do que nunca a análise das aparências. Pondo em causa, já o vimos, tanto o tema sobre o qual está discorrendo como a própria maneira pela qual discorre sobre ele, o romancista desafia a si mesmo para uma luta que tem lugar junto a um despenhadeiro. Espelho frente a espelho, refletindo tanto a narração como a sua escrita, portanto espelho olhado de fora como de dentro, a sensação vertiginosa que esse infinito de vidro poderia provocar é no entanto mitigada pela atomização progressiva do escrever e da narrativa, ali realizada pelo escritor. Ao mesmo tempo método e *maniera* de Machado, essa atomização, repetimos, tem lugar no campo da linguagem como naquele da ação novelesca, impedindo portanto a queda no vácuo da análise gratuita, a vertigem fria, sem parapeito, do espelho contra espelho — uma atomização que propõe antes um articular das suas tramas num mosaico que constitui uma verdadeira nova figuração.

Adotando assim o partido do microcosmo, todo pormenor e minúcias floralmente organizados porém em um desenho nítido e estilizado (e descobrimos então, nesse maneirista involuntário, uma verdadeira cadeia de jogos de espelhos e situações que se precipitam em continuação, no nível do conteúdo ou da forma), Machado consegue destarte reinserir as peças desmontadas por ele num fluxo orgânico coerente e espontâneo. Não é por acaso que especular é verbo machadiano, e é a imagem da duplicação que preside a simbologia deste romance, na figura repetida dos gêmeos. Machado amplia aí a metáfora do sósia, do duplo, na carne igual e dialética dos filhos de Natividade — irreconciliáveis oposições do combate interior. Lá vem no capítulo LXXXI a chave cruzada de um "claro enigma", o verso de Goethe repetido com insistência mefistofélica: "Ai, duas almas no meu seio moram!".[20] Diante desse embate perene, a tênue opalina que é Flora sucumbe exausta, depois de tentar aglutinar os dois contrários num mesmo impossível gesto harmonioso. A parede lúcida do espelho separa Pedro de Paulo, cuja imagem é refletida na pupila amorosa de Flora e na pupila desencantada de Ayres. E é ainda o espelho que devolve ao leitor as duas partes que se dissolvem separadas, repetindo, às avessas, os gestos da sua convulsa metade. Flora desfalece diante dessa luta exaustiva; Ayres confirma no diário os princípios do embate perene que presidem, impessoais, a existência.

Sem dúvida, a ambiguidade imanente do *Esaú e Jacó* preocupou o autor. A citação de Dante acima referida, e que Ayres apontou de certa feita no seu diário, ao fim do capítulo XII, é logo glosada pelo narrador no capítulo seguinte (intitulado exatamente "Epígrafe") na típica maneira machadiana que veremos: "Ora, aí está justamente a epígrafe do livro, se eu lhe quisesse pôr alguma, e não me ocorresse outra. Não é somente um meio de completar as pessoas da narração com as ideias que deixarem, mas ainda um par de lunetas para que o leitor do livro penetre o que for menos claro ou totalmente escuro".[21] E com ironia que é ao mesmo tempo sátira do seu modo de compor: "Por outro lado, há proveito em irem as pessoas da minha história colaborando nela, ajudando o autor por uma lei de solidariedade, espécie de troca de serviços entre o enxadrista e os seus trebelhos". Como Ayres que (explica-nos o sempre presente narrador) tantas vezes "não acabou ou não explicou esta frase", ele também não entra a explicar as intenções do autor. "Explicações comem tempo e papel" — diz ainda —, "demoram a ação e acabam por enfadar. O melhor é ler com atenção".[22] Se a sátira a profecias e ocultismos se estende também aos expedientes do Simbolismo literário e do Esoterismo posto em voga por esse movimento, ela incluía igualmente o próprio livro e as tentativas de inovar a arte do autor. Mas reafirmava ao mesmo tempo que o "claro enigma" do romance se resolve nas suas mesmas páginas.

O interesse do *Esaú e Jacó* dentro da obra de Machado de Assis, é assim, fora de qualquer dúvida, muito grande. Uma tal tentativa de escapar à repetição de si mesmo, tentando caminhos diferentes aos já realizados em obra a esse tempo já definitiva, honra sobremaneira o autor do *Dom Casmurro*. Romance que conta uma história e ao mesmo tempo

*Esaú e Jacó*: narrador e personagens diante do espelho

desvenda, discutindo e ironizando, a convenção mesma de contar histórias, Machado realizou nesta obra de maturidade a dissecação de um gênero que o fascinava e o provocava. Deste ponto de vista, todos os seus romances, das *Memórias póstumas de Brás Cubas* ao *Esaú e Jacó*, são tentativas de virar pelo avesso a ilusão ficcional cara aos realistas. Encartando-se numa tradição mais antiga, a procura de originalidade do autor não é um mero capricho, mas necessidade íntima sempre e sempre mais urgente. Machado tentava superar a contradição íntima que ele viu desde logo no Realismo, e que acusou, com agressividade juvenil, na sua crítica de 1878 aos dois primeiros romances de Eça de Queirós, *O Crime do Padre Amaro* e *O Primo Basílio*.[23] Foi isso mesmo que ele realizou corajosamente, levando às últimas consequências — neste romance de fim de vindima que é o *Esaú e Jacó* — processos por ele utilizados de modo menos radical em produções anteriores. Testamento estético de Machado de Assis, conforme bem o caracterizou Eugênio Gomes, além de significar uma vitória do escritor sobre si mesmo às portas da velhice, *Esaú e Jacó* abriu, pela sua generosa complexidade, novos horizontes ao romance brasileiro.

## NOTAS

[1] Como a edição crítica, a cargo da Comissão Machado de Assis, ainda está em curso de publicação (lentíssima: apareceram até o momento somente *Memórias póstumas de Brás Cubas*, 1960, *Quincas Borba* e *Dom Casmurro*, 1969), utilizamos para as nossas citações a *Obra completa* organizada por Afrânio Coutinho para a editora José Aguilar, texto a cargo de José Galante de Sousa (Rio de Janeiro, 1962, três tomos ilustrados — vol. I, *Romances*; vol. II, *Conto e Teatro*; vol. III, *Poesia, Crônica, Crítica, Miscelânea e Epistolário*), indicada no texto como OCA I/II/III. [A Comissão Machado de Assis só completaria seu trabalho em 1975. (N. do O.)]

[2] Augusto Meyer (1902-1970), poeta e ensaísta de primeira grandeza, tratou de *Esaú e Jacó* tanto no volume *Machado de Assis* (Porto Alegre, 1935; Rio de Janeiro, 1958, 3ª edição revista e aumentada) como na coletânea de ensaios variados *A chave e a máscara* (Rio de Janeiro, 1963). Nesta última se encontra "O romance machadiano", madura síntese de trinta anos de íntima e apaixonada análise crítica do autor de *Quincas Borba*, do qual, por outro lado, Meyer foi o primeiro intérprete *moderno*. Quanto a Eugênio Gomes (1897-1972), outro ensaísta de grande qualidade, seus estudos "À margem do *Esaú e Jacó*" e "O testamento estético de Machado de Assis", recolhidos em livro em 1958 — ano do cinquentenário da morte do narrador —, são certamente decisivos para a revalorização crítica do penúltimo romance de Machado de Assis, pela primeira vez analisado em sua verdadeira complexidade literária e metafísica; "O testamento es-

tético", texto agora clássico, perdura como uma das mais profundas peças da crítica machadiana. Em 1967, Eugênio Gomes publicou O *enigma de Capitu*, minucioso estudo de *Dom Casmurro* no qual o crítico reafirma o seu vigor interpretativo em uma análise precisa dos mundos da expressão e da representação no terceiro romance da maturidade de Machado de Assis.

Outra pessoa que se interessou por *Esaú e Jacó*, traduzindo-o para o inglês (1965) depois de *Dom Casmurro* (1953), foi a americana Helen Caldwell, professora da Universidade da Califórnia. Sua interpretação do romance, em chave de alegoria política dos destinos do Brasil, parece-nos entretanto rebuscada e fundamentalmente estranha ao espírito machadiano, avesso a qualquer redução, até às mais ambiciosas. Helen Caldwell é autora do estimulante estudo *The Brazilian Othello of Machado de Assis* (1960), no qual, porém, parece-nos aflorar o germe de um "espírito de sistema", cuja coerência dogmática tende a comprometer até mesmo as mais ricas e finas intuições críticas da autora; a "Translator's introduction" do seu *Esau and Jacob* (editado pela University of California Press) é o melhor exemplo do que aqui afirmamos.

Além da tradução de Caldwell, este romance teve apenas mais uma, contemporânea à sua aparição — *Esaú y Jacob* (Buenos Aires, 1905, dois volumes, Biblioteca de "La Nación") — tradução não assinada, devida talvez a Martín García Merou (1862-1905), o autor argentino de *El Brasil intelectual* (Buenos Aires, 1900). A edição em livro deu-se logo após a publicação seriada nas páginas do grande jornal portenho.

Apesar de seu tom modesto e quase didático, não devem ser esquecidas as preciosas notas de leitura, alinhavadas com pressa mas com o talento do verdadeiro crítico, que constituem a introdução de M. Cavalcanti Proença (1905-1966) à edição de bolso de *Esaú e Jacó* na série "Clássicos Brasileiros" das Edições de Ouro (Rio de Janeiro, 1966). Existe ainda uma outra, a cargo de Massaud Moisés, com uma introdução ingênua mas abundantes notas, na coleção "Obras Escolhidas de Machado de Assis" (São Paulo, Cultrix, 1962).

Uma esclarecedora síntese crítica da obra é o "Esquema de Machado de Assis" de Antonio Candido, que abre seu volume *Vários escritos* (São Paulo, 1970); as breves mas precisas observações a respeito de *Esaú e Jacó* não fazem senão confirmar a segura fineza interpretativa de seu autor.

[3] Cap. CXXI, "Último", *OCA I*, p. 1.091.

[4] Cap. XIV, "A lição do discípulo", *OCA I*, p. 965.

Como já observou Astrojildo Pereira (1896-1964) em seu volume *Machado de Assis* (Rio de Janeiro, 1959, p. 159), o romancista — ou, mais exatamente, o Conselheiro Ayres, em um diálogo — atribui a Empédocles um texto de Heráclito (fragmento 53) cuja forma exata é: "O conflito é pai e rei de todas as coisas. Faz de uns deuses, de outros, homens; de uns escravos, de outros homens livres". O curioso lapso de Ayres, homem de leitura vasta e profunda, pode-se explicar talvez pela vizinhança do conceito de "guerra, origem das coisas" com o perene combate em andamento, na doutrina de Empédocles, entre os dois princípios opostos e irredutíveis, Amor e Ódio. Lutando eternamente no Cosmos, de que são as forças motrizes, estes determinam o ciclo do mundo. Como se sabe, na doutrina do agrigentino o Cosmos está dividido exatamente em dois períodos de plenitude do Amor e do Ódio e em dois períodos de transição do Ódio ao Amor e vice-versa; transposta para o campo do simbolismo psicológico, esta oposição cíclica, esta contínua luta se tornará o núcleo do interesse do romancista em sua ficção.

*Esaú e Jacó*: narrador e personagens diante do espelho

A relativa familiaridade de Machado de Assis com os escritos de Empédocles pode ser melhor compreendida, mais do que recorrendo à forte sugestividade estética dos fragmentos do agrigentino — que a partir do Romantismo alemão voltaram a despertar um interesse que não apenas atravessou todo o século XIX mas também adentrou o XX (bastaria citar Hölderlin, Nietzsche, Rolland, Bachelard) —, vinculando-a à sua frequentação do poema de Lucrécio. Desnecessário recordar o quanto a cosmologia de Empédocles, revista por Epicuro, serviu ao *De Rerum natura*; por sua vez, a epopeia latina, texto constantemente retomado por Machado, foi decisiva para sua formação. Não é de um manual qualquer de citações que o autor extrai o título de um dos poemas característicos de sua maturidade, "Suave mari magno", em que sadismo e piedade pelo mundo animal são inseparáveis, indicando uma afinidade mais profunda. Aqui a descrição parnasiana "impassível" ("Lembra-me que, em certo dia,/ Na rua, ao sol do verão,/ Envenenado morria/ Um pobre cão"), proposta com dureza nos versos breves de um sonetilho polimétrico, retoma no sarcasmo do ritmo ligeiro dos *cromos* seus contemporâneos uma das sombrias visões pessimistas do poeta romano.

A oposição estrutural entre os gêmeos Pedro e Paulo ganha assim, à luz de Empédocles, uma nova complexidade mítica, passando a valer simbolicamente como representação dramática de princípios elementares e opostos. O conjunto se complica quando se pensa que, no *Timeu* de Platão — outra obra claramente contaminada pelo pensamento de Empédocles —, a *alma do mundo* composta pelo Demiurgo logo após a criação é cortada "no sentido do comprimento" em duas metades iguais. Cruzadas uma sobre a outra, com cada uma das fitas forma-se em seguida um círculo, sendo o externo o círculo do Mesmo e o interno, o círculo do Outro; o primeiro destinado a conhecer as essências eternas; o outro, tudo que é gerado e se transforma. Em condições menos absolutas, concebidos no interior do tempo e dentro da geografia, Pedro e Paulo representam bem mais modestamente a conservação e a mudança, sem jamais perderem de todo as suas remotas implicações primigênias. A oposição dual, "alma do mundo"/ "mãe (pai) de todas as coisas", inseparável em todos os níveis deste pensamento, teria sido assim retomada pelo romancista no inevitável, geminado espelhamento frente-verso, como pretexto mítico da sua visão emblemática do mundo.

Para os escritos de Heráclito e Empédocles, veja-se Jean Voilquin, *Les Penseurs grecs avant Socrate*, na edição de 1964; para o *Timeu*, a tradução anotada e comentada de Émile Chambry, Paris, 1969.

[5] O poema de Manuel Bandeira (1886-1968) "A realidade e a imagem", incluído em *Belo belo* (1948), diz: "O arranha-céu sobe no ar puro lavado pela chuva/ e desce refletido na poça de lama do pátio./ Entre a realidade e a imagem, no chão seco que as separa,/ quatro pombas passeiam".

[6] *Quincas Borba*, OCA I, p. 642. Na edição crítica da Comissão Machado de Assis, p. 115.

[7] Foi grande a perplexidade que as obras do autor de *Brás Cubas* causaram entre os intelectuais da época, ligados mais ou menos estreitamente à estética naturalista. Tais reservas levaram Carlos Magalhães de Azeredo (1872-1961), jovem admirador de Machado, a enfatizar muito especialmente, nos artigos que dedicou a *Quincas Borba* no momento da publicação do romance (*O Estado de S. Paulo*, 19, 20, 21, 24, 26 e 27 de abril de 1892), nos aspectos ortodoxamente realistas da narração, sem dúvida menos vistosos porém mais consistentes e decisivos do que seus floreios "sternianos". Por seu

lado, Araripe Júnior (1848-1911), um dos maiores críticos do período, apesar da estima que tinha por Machado, sentiu-se obrigado a ironizar, conforme a perspectiva verista, a verossimilhança da herança que Quincas Borba deixa a Rubião: uma imensa fortuna para que tomasse conta do cão homônimo do filósofo. "Embora contumeliosa a instituição e irrisória a condição, parece que os juízes do romance não encontraram dificuldades em manter a vontade e a extravagância de Borba; e quem perdeu com o negócio foi o ignaro Rubião, o qual, aceitando a grande fortuna do amigo e as obrigações impostas em testamento, colocou-se na posição mais extraordinária que já se afigurou a um brasileiro. [...] Tenho como certo, entretanto, que o autor da obra quis divertir-se à custa de coisas muito sérias, tais como devem ser consideradas as afecções mentais e, para não perder todo o efeito da sua concepção, escolheu esse cachorro e principalmente este ignaro Rubião para cabeça de turco das suas cóleras de filósofo *buissonnier*." ("Ideias e sandices de ignaro Rubião", *Gazeta de Noticias*, Rio de Janeiro, 5 fev. 1893, *in* Araripe Júnior, *Obra crítica II*, Rio de Janeiro, 1960, p. 309).

Dois outros artigos do mesmo Araripe, publicados anteriormente na *Gazeta de Noticias* a propósito de *Quincas Borba*, assumem involuntariamente para o leitor moderno um verdadeiro tom de paródia crítica. O modo é paternalístico e distanciado: "As mulheres do autor de *Quincas Borba* são, em regra, incolores, sem expressão. O motivo dessa fraqueza acha-se na estrutura do talento de quem as imaginou. Os grandes pintores do gênero foram sempre eméritos conquistadores, como Shakespeare, Boccaccio, Byron e Dumas, pai, ou insignes mexeriqueiros, como Brantôme, Saint-Simon e Balzac. Para bem retratar mulheres, é indispensável senti-las ao pé de si e cheirar-lhes o pescoço, ou brigar com elas, intervindo e perturbando os seus negócios. Machado de Assis, asceta dos livros e retraído ao gabinete, não as invadiu por nenhum destes aspectos; e por isso as suas heroínas não despendem de si esse *odor di femmina,* que se aspira ainda nos tipos mais angélicos de Shakespeare, como, por exemplo, Desdêmona". Mais adiante, resumindo o argumento, o crítico banaliza da maneira mais grosseira tanto a refinada costura das relações entre as personagens, como a figura de Sofia, composta por Machado em todas suas nuanças psicológicas. A propósito da cena, a todas luzes notável, em que Rubião, presa do delírio, entra à força na carruagem da mulher do Palha, para grande enfado de Sofia, ele comenta: "Machado de Assis é incapaz de entregar uma heroína sua à lógica brutal da respectiva organização [fisiológica]. Onde Zola forçosamente colocaria uma cena de canibalismo amoroso e o desespero da burguesa que não soube conter os arrancos da luxúria, ele põe um grito de nobreza e um pudor ilógico de mulher perversa e mal casada, cujos transportes domésticos se traduzem em permitir que o esposo erga-lhe o roupão e oscule a perna, no próprio lugar em que a meia de seda incide com a carne rosada e acetinada". Para concluir no mais raso psicologismo de periferia saintebeuviana temperado com a última pacotilha de *Quo vadis?*: "Um tímido — eis o que é nestes assuntos o criador das belas *Memórias póstumas de Brás Cubas*. Falta-lhe a afoiteza para cheirar o pescoço de Messalina; ferocidade para dilacerar amantes a dentadas, como o poeta Bilac; desprezo à vida para arrostar os perigos dos amores de Cleópatra. Causam--lhe vertigens as fogueiras voluptuosas do rei Sardanapalo; não o seduzem as noites de Tigellino, os banquetes de Trimalcião; provocam-lhe vômitos as orgias de Nero e as tragédias realistas do Coliseu. Provoquem-no, porém, para a arena do paradoxo lânguido do deliquescente do fim do século XIX, e vê-lo-ão rejuvenescer na verve de um *causeur* incomparável". ("Quincas Borba", *Gazeta de Noticias*, Rio de Janeiro, 12 e 16 jan. 1892, *in Obra crítica II*, pp. 294-6.)

Após a morte de Machado de Assis, Araripe Júnior relatou que o grande escritor, encontrando-o pela rua logo após a publicação desses artigos, rogou-lhe timidamente que não levasse adiante a publicação (estava previsto todo um ciclo de "folhetins" sobre o assunto) porque lhe causavam grande mal-estar. Sem compreender a razão, mas numa deferência especial ao autor de *Histórias sem data*, Araripe consentiu, interrompendo a série.

[8] "Prólogo" do autor à terceira edição de *Quincas Borba* (1899), conservado nas seguintes, *OCA I*, p. 640. Na edição da Comissão Machado de Assis, p. 111.

[9] Eugênio Gomes, "O testamento estético", *cit.*, especialmente na parte "O elemento mítico", *OCA III*, pp. 1.101-10. No volume *Machado de Assis* (Rio de Janeiro, 1958), pp. 183-97.

[10] Segundo Augusto Meyer ("O romance machadiano", *cit.*, pp. 167-9), o verdadeiro e específico núcleo dramático de *Esaú e Jacó* seria "a versão machadiana de um tema característico da ficção naturalista da mesma época: a hereditariedade, os fatores predisponentes transmitidos pelo sangue, aquela hipótese [...] que Émile Zola [...] tentou desenvolver no seu painel dos *Rougon Macquart*". Para o ensaísta de *A Chave e a máscara* esta parece ser, por diversos motivos, a explicação ideal, fornecendo ainda a chave das verdadeiras intenções do autor no que tange ao "tribunal dos mortos", no episódio dantesco do Canto V, "*Dico, che quando l'anima mal nata...*". É verdade que ao longo de todo o romance, ainda que discretamente, o Narrador insiste sobre as verdadeiras tendências das diversas personagens, aludindo ao aspecto temperamental, por assim dizer predeterminante, de cada uma delas. Assim como Pedro e Paulo jamais poderão se reconciliar porque *ab ovo*, "desde o útero", eram os mesmos (nas últimas linhas do último capítulo ainda uma vez o Conselheiro Ayres reconhece o fato, apalpando a "flor *eterna*" que lhe enfeita a lapela), também as outras personagens, de Natividade e Flora a Nóbrega e Santos, não podem, não poderão mudar jamais. Sempre segundo Meyer — que por sua vez se baseia na opinião de Alcides Maia (1878-1944), o primeiro crítico a tentar, em 1912, uma análise monográfica sobre o romancista (*Machado de Assis: algumas notas sobre o humour*) —, Machado queria com isso dizer que a "culpa" de cada um, que será julgada por um hipotético Minos, preexistia na massa do sangue; e sob esse aspecto o romance pode pretender absoluta conformidade com a gramática naturalista. Embora não careça de importância, trata-se de um aspecto secundário; o interesse precípuo da obra se concentra não na sua realidade mas em seu sentido figurado. Eugênio Gomes recorda que em *Esaú e Jacó* "porque a alma — e não mais o corpo ou o sexo — foi convertida em centro de interesse primordial, sugerindo e inspirando correspondências míticas, que conferem à narrativa uma como segunda dimensão, sem cujo conhecimento será impossível penetrar a mais íntima e significativa realidade do romance" ("O testamento estético", *cit.*, *OCA III*, p. 1.098. *In Machado de Assis*, p. 177).

[11] *In OCA II*, pp. 345-52.

[12] "[Flora] foi ao baile da Ilha Fiscal com a mãe e o pai. Assim também Natividade, o marido e Pedro, assim Ayres, assim a demais gente convidada para a grande festa. Foi uma bela ideia do governo, leitor. Dentro e fora, do mar e de terra, era como um sonho veneziano; toda aquela sociedade viveu algumas horas suntuosas, novas para uns, saudosas para outros, e de futuro para todos, — ou, quando menos, para a nossa amiga Natividade [...] Aquela considerava o destino dos filhos, — cousas futuras! Pedro bem

podia inaugurar, como ministro, o século XX e o terceiro reinado. Natividade imaginava outro e maior baile naquela mesma ilha. Compunha a ornamentação, via as pessoas e as danças, toda uma festa magna que entraria na História. Também ela ali estaria, sentada a um canto, sem se lhe dar do peso dos anos, uma vez que visse a grandeza e a prosperidade dos filhos. Era assim que enfiara os olhos pelo tempo adiante, descontando no presente a felicidade futura, caso viesse a morrer antes das profecias. Tinha a mesma sensação que ora lhe dava aquela cesta de luzes no meio da escuridão tranquila do mar. [...]

Ao contrário do que ficou dito atrás, Flora não se aborreceu na ilha. Conjeturei mal, emendo-me a tempo. Podia aborrecer-se pelas razões que lá ficam, e ainda outras que poupei ao leitor apressado; mas, em verdade, passou bem a noite. A novidade da festa, a vizinhança do mar, os navios perdidos na sombra, a cidade defronte com os seus lampiões de gás, embaixo e em cima, na praia e nos outeiros, eis aí aspectos novos que a encantaram durante aquelas horas rápidas. Não lhe faltavam pares, nem conversação, nem alegria alheia e própria. Toda ela compartia da felicidade dos outros. Via, ouvia, sorria, esquecia-se do resto para se meter consigo. Também invejava a princesa imperial, que viria a ser imperatriz um dia, com o absoluto poder de despedir ministros e damas, visitas e requerentes, e ficar só, no mais recôndito do paço, fartando-se de contemplação ou de música. Era assim que Flora definia o ofício de governar. Tais ideias passavam e tornavam. De uma vez alguém lhe disse, como para lhe dar força: 'Toda alma livre é imperatriz!'" (Capítulo XLVIII, "Terpsícore", *OCA I*, pp. 1.006-7).

No ano seguinte à publicação de *Esaú e Jacó*, o pintor Aurelio de Figueiredo (1854-1916) terminava a grande tela *O Último baile da Monarquia*. Composição ampla e ambiciosa, proposta como uma estrutura de cheios e vazios serpenteados a "golpes de chicote", no melhor estilo Liberty, pretendia contudo não restringir-se à crônica histórica. Embora aceitasse o pretexto para uma elaborada tensão colorista, ressaltada no claro--escuro inerente àquela "cesta de luzes no meio da escuridão tranquila do mar", o pintor decidiu acrescentar o tema das (indiscretas) alegorias. Conforme a mentalidade positivista da época, reservou a elas os extremos do céu: ao poente, a coroação (nunca realizada) de Isabel I imperatriz do Brasil, todo um álgido fulgor de sedas, brocados, veludos hieráticos; a levante, a cândida República de barrete vermelho, portando o imenso estandarte do novo regime e seguida, numa alvorada de sonho, pela coorte dos líderes democráticos. Entre o primeiro plano mundano e documental, retratando as personalidades presentes no baile, e as abstratas alegorias do fundo moralizante e discursivo, porém, é que estava o melhor. Acompanhando uma das sinuosas linhas que dão ritmo à composição de Figueiredo, veem-se defronte ao palácio neogótico o imperador e a família imperial, a quem o presidente do Conselho de Ministros, Visconde de Ouro Preto, mostra com gesto amplo a linha espectral da futura coroação. À direita, no espaço aberto do mar e da noite, a cidade iluminada, o perfil recortado da serra, navios e barcas esfumados no lusco-fusco são detalhes que dão ao quadro uma sugestiva e convincente cor local. Vale reparar que nesse baile oferecido pelo governo aos oficiais do navio-escola chileno *Almirante Cochrane*, em visita de cortesia à capital do Império, não se vê em primeiro plano um único uniforme, nacional ou estrangeiro. Curioso esquecimento em um "pintor de História" como Aurelio de Figueiredo, celebrado autor de *Descoberta do Brasil, Tiradentes no patíbulo* e *Abdicação de D. Pedro I*, mas que atesta a composição "política" do quadro em um artista cujos resultados mais altos, a bem da verdade, se encontram no terreno da pintura intimista. Isso explica também a hesitação entre a evocação "proustiana" e o "conto com moral" deste *Último baile*; o pintor está dividido entre a recupe-

*Esaú e Jacó*: narrador e personagens diante do espelho

ração de "horas suntuosas e saudosas", caras ao aspecto elegíaco e sensual das suas obras menores, e a crítica engajada à inconsciência de uma classe dirigente que, segundo a hipérbole parnasiana que então fazia fortuna, "dançava sobre um vulcão". Compromisso este que, no plano formal, também está presente na organização genuinamente *art nouveau* da tela e na sua tradição icônica academicista.

Embora diluída pela ingênua retórica do pintor, parecem sobreviver na composição certas alusões do texto machadiano, vivamente discutido à época, como testemunha, entre outros, Vivaldo Coaracy. Além da mágica evocação do "sonho veneziano" na noite tropical, por si só estimulante para um pintor, as metafóricas "feiticeiras escocesas" que atormentam Baptista, promovido a Macbeth de comédia, com confusas e contraditórias profecias políticas, e o sonho de Natividade (Pedro inaugurando "o século XX e o terceiro reinado") são *visões* do capítulo "Terpsícore" que, perdida toda a ironia do original, podem ter aberto caminho ao enfático e linear alegorismo de Aurelio de Figueiredo. O leitor de *Esaú e Jacó*, em compensação, poderá apropriar-se do primeiro plano da obra e nele identificar, a seu próprio risco, parte das personagens do romance. No centro, um pouco à esquerda, não é difícil identificar Flora, com o leque meio aberto, seu fino perfil que quase cobre o de Pedro; Ayres conversa com ambos, irônico e deferente. Bem ao lado, Santos e Natividade na companhia de um conhecido não identificado, e mais além, a robusta silhueta de Dona Cláudia, junto a Baptista, seu marido.

[13] Para uma visualização esquemática da relação entre o Narrador e Ayres, podemos recorrer ao seguinte diagrama:

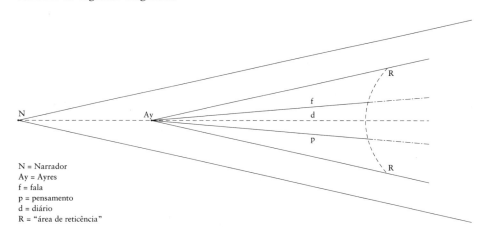

Nele estão representados os pontos de vista do Demiurgo-narrador e da Personagem-delegado, o segundo incluído no primeiro, tendo um foco em comum. No ponto de vista de Ayres se reconhecem as formas que o ex-diplomata usa para se exprimir no romance — diálogo, diário, pensamento —, esfumando-se as três na *área de reticência* ("o que Ayres não disse" ou "o que Ayres não explicou") que o narrador concede à sua criatura — o véu que, no capítulo LXXXVII ("Entre Ayres e Flora"), ele afirma não querer levantar para espiar no íntimo da personagem. Vale acrescentar que o cone visual de Ayres é tacitamente envolto pelo que podemos denominar *margem de manipulação* do Narrador. Maquinaria sutil que permite ao Demiurgo afastar-se do seu porta-voz parcial quando quer que Ayres, a despeito da posição preferencial que ocupa no centro da ação, abandone seu camarote e participe do espetáculo como as demais personagens.

Se quiséssemos levar ao extremo a esquematização das várias relações internas estendendo-a a todas as personagens do romance, poderíamos traçar um segundo gráfico que incluísse, além do lineamento dos pontos de vista do Narrador e de Ayres, o espaço próprio das demais personagens e as relações entre elas.

No extremo do cone ótico de Ayres move-se a bipolaridade dos gêmeos, ligados pela mútua repulsa-atração que esteia o romance. Em torno desse eixo, a seu redor, giram os dois elementos femininos opostos — Natividade, a mãe; Flora, a virgem —, além dos pontos de referência contrapostos e obrigatórios dos gêmeos, centro diacrônico e sincrônico do interesse de Ayres. Há ainda algumas personagens menores, representadas pelos demais elementos que giram em torno do mesmo eixo. Embora as linhas de visão de Ayres dominem boa parte do conjunto, somente as do Narrador abarcam o sistema como um todo. Até porque o ponto de vista da personagem preferencial termina no ponto de tangência com a bipolaridade extrema dos filhos de Natividade, pivô do livro. Desse modo, parte do sistema de revolução, tanto das personagens principais como das secundárias, escapa de Ayres, fato que no esquema é evidenciado na interrupção das linhas óticas do cone da personagem no ponto em que tocam as do Narrador. Estas, é claro, se estendem até o infinito.

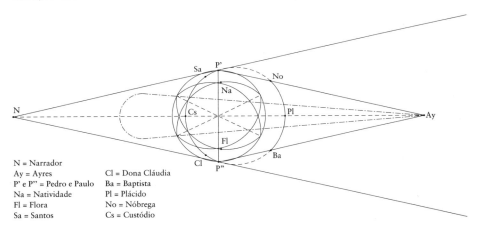

Como indicamos acima, apesar do seu ponto de vista privilegiado, Ayres também penetra no eixo planetário das personagens, mas com uma revolução de frequência irregular. Sua órbita é excêntrica, cometária, e o catapulta de tempos em tempos fora das suas próprias linhas óticas de consciência secundária da narração. Nesse momento, ele não passa de um figurante qualquer nas mãos indiscretas do Narrador. Ambiguidade natural que, como vimos, põe dialeticamente em risco a estrutura do livro.

[14] Diz o ensaísta de À sombra da estante: "Nada mais expressivo da habitual vaguidade machadiana que a 'Advertência' especialmente escrita para servir de prefácio a Esaú e Jacó. Trata-se, bem entendido, de um falso prefácio, onde há tanta ou mais ficção que no próprio texto do romance. Verdadeiro prefácio é o 'Prólogo da terceira edição', no pórtico de Memórias póstumas de Brás Cubas, embora mesmo aí mantenha o autor

a ambiguidade irônica, remetendo o leitor às declarações do suposto autor, o defunto Brás Cubas. Mas nestas declarações da 'Advertência', tudo é embrulhado e oblíquo. Não traz assinatura, não esclarece cousa alguma, do ponto de vista prefacial, e acaba agravando a confusão com um verdadeiro logro passado ao leitor. O Conselheiro Ayres teria deixado sete cadernos manuscritos [...]. Divergindo da série de seis cadernos íntimos, seria este último caderno uma narrativa. O próprio Conselheiro Ayres aparece no texto da narrativa, tratado como personagem e visto de fora, na terceira pessoa; valeu-nos isso uma das mais finas páginas machadianas, o capítulo XII, intitulado 'Esse Ayres'" ("O Romance machadiano", *cit.*, pp. 161-2).

[15] Na "Introdução do tradutor" à versão inglesa do romance, porém, Helen Caldwell, em geral muito cuidadosa e reticente em suas interpretações do texto, aceita sem discussão a autoridade de Ayres. "In his foreword, Machado de Assis inform us that the name that Ayres, the fictitious author of the novel, gave it was *Last* (*Último*), and he implies he does not understand why Ayres gave it that title. [...] Although the narrative is in the third person, Ayres (like Julius Caesar) introduced himself as one of the actors. As narrator, Ayres remains rigidly in character: he is always the old diplomat; he is never Machado de Assis. As actor he bears out the character of the narrator. And in a sense the story is his. True, his characters are free agents and autonomous: he only records their acts, words and thoughts; he even defers to the reader in matters of interpretation; but, with each succeeding chapter, the character of Ayres grows clearer, takes on added life and meaning. [...] The collaboration of the two Ayreses is near and effective" etc. (pp. vi, vii, viii).

Por mais sedutora que seja a ideia de que, provocado pela perene oposição dos gêmeos, Ayres tivesse escrito — apesar do latim e da sintaxe — um *De Bello Fluminense*, não podemos concordar com Caldwell pelas razões que discutiremos a seguir.

[16] Wylie Sypher, "The cubist novel", *in Rococo to Cubism, in Art and Literature* (1960); cito a edição de 1963, pp. 299-311, especialmente pp. 302-5.

Se a aproximação de dois autores tão díspares como André Gide e Machado de Assis pode à primeira vista parecer estranha ou até artificiosa, ela se revela natural numa análise mais detida. Os dois têm em comum a filiação egoísta: Montaigne, Pascal, os grandes moralistas, Swift, Voltaire, Diderot, Stendhal. Sua especial predileção pela esfumatura psicológica e pelos contrastes de temperamento é exercitada em determinados ambientes sociais, nos quais se representa uma farsa de sentimentos e interesses, no pior dos casos aliados a uma ética de ostentação. Os modelos comuns, para continuar nos dois lados da Mancha, são agora Mme de Lafayette e Marivaux; Saint-Simon e Mme de Sevigné; Lesage e Beaumarchais; Fielding e Sterne; os jornais londrinos e o Teofrasto de La Bruyère. Tudo participa da construção literária de ambos, que é sem dúvida diferente, mas que tende a um fundamental anticonformismo artístico e ético. A idêntica, paralela preferência por parábolas e alegorias, fábulas, apólogos e máximas morais, *soties* e histórias exemplares levou-os à escolha de pontos de vista narrativos propícios à ironia e ao distanciamento didático. O curioso interesse de ambos pelas mais diversas formas de excentricidade e ambiguidade existencial se resolve na análise maliciosa de aparências, comportamentos, manias, hábitos individuais ou coletivos, com um desejo obstinado, irônico, de desmascarar as convenções.

Assim, as coincidências e cruzamentos mais que ocasionais entre as obras de Machado e Gide se dão tanto no nível das escolhas narrativas quanto da problemática intelectual, e tanto nos trabalhos mais importantes quanto na obra menor de ambos. Alguns aspectos mais relevantes, para citar apenas alguns, são a contida confissão progressiva de *L'Immoraliste*, semelhante ao processo de lenta revelação de muitos contos, em primeira ou terceira pessoa; o acelerado ritmo caricatural de *Les Caves du Vatican*, próximo do tom apologal tão caro a Machado; a tensão entre a complexidade do real e o rendimento narrativo em *Les Faux-monnayeurs*, igualmente presente em diversos níveis em *Quincas Borba*, *Dom Casmurro* e *Esaú e Jacó*. Mas também *Paludes*, por alguns dos seus versos, é um exercício machadiano de retórica narrativa, assim como a casuística plurívoca mais miúda de *Isabelle*, *L'École des femmes*, *Robert*, *Geneviève* (e de certo modo também a de *Porte étroite* e *La Symphonie pastorale*, metafisicamente mais ambiciosa) lembra não apenas momentos de várias histórias da maturidade, mas a própria *prima maniera* do brasileiro — a ambiguidade mais estreita de *Iaiá Garcia*, *A Mão e a luva*, *Ressurreição*...

As implicações simbólicas entre discurso e realidade, jogo de espelhos de superfícies paralelas e reflexivas, são a mais viva tradução desse gosto comum, manifesto em certas coincidências que só assim deixam de ser surpreendentes. Para dar um único exemplo pontual: a conclusão de "Dona Benedita, um retrato" (1882), conto de *Papéis avulsos*, e o famoso capítulo XIII da terceira parte de *Les Faux-monnayeurs* — vale dizer, o uso sardônico da prosopopeia no interior do conto realista, seja como função sintetizadora ou emblemática do protagonista (a fada de Dona Benedita), seja como representação de certos debates interiores da personagem (o anjo de Bernard). Ambas as personificações funcionam como um salto qualitativo do tecido estilístico, como inesperada paródia funcional do estereótipo da literatura pós-simbolista, no caso de Gide, ou protorromântica, no caso de Machado. Apesar das óbvias diferenças de contexto, são procedimentos idênticos.

Mais breve em "Dona Benedita", a personificação adquire nesse texto o valor de fantasiosa vinheta de remate, indicando a passagem da perspectiva verista do conto à bidimensionalidade de uma fábula ilustrada a bico de pena. Concluindo, numa prestidigitação retórica de andamento narrativo distinto, o "retrato" acuradamente pintado nos quatro minicapítulos precedentes (as vacilações de Dona Benedita, seus sucessivos caprichos), o autor utiliza uma espécie de precipitado simbólico para concentrar graficamente a matéria num verdadeiro "ideograma" narrativo, tanto mais saboroso quanto inesperado. No caso de Gide, o capítulo citado de *Les Faux-monnayeurs* funciona como uma colagem "figurativa", interpolada na minuciosa decomposição analítica da realidade aparente levada a cabo em seu *roman*. Servindo então, de modo reversível, como distensão-intensificação dramática, o episódio torna-se um entreato alusivo, cuja transportada verossimilhança ajuda a anular, com ironia sempre crescente, os pontos de fuga da perspectiva convencional. Resolvendo no interior da estrutura narrativa a parábola psicológica de Bernard (por marcar o fim de sua adolescência), este novo desdobramento da ação vale ainda como diversificação dos múltiplos planos narrativos que compõem, em estratos, a obra gideana. Como conclusão deste romance "cubista", que pretendia apagar os limites tradicionais do gênero, o episódio do anjo ainda põe em risco a trama com o meio sorriso de uma colagem tomada da iconografia de (digamos) Burne-Jones.

Machado escreve:

"Uma noite, volvendo D. Benedita a este problema, à janela da casa de Botafogo, para onde se mudara desde alguns meses, viu um singular espetáculo. Primeiramente uma

*Esaú e Jacó*: narrador e personagens diante do espelho

claridade opaca, espécie de luz coada por um vidro fosco, vestia o espaço da enseada, fronteira à janela. Nesse quadro apareceu-lhe uma figura vaga e transparente, trajada de névoas, toucada de reflexos, sem contornos definidos, porque morriam todos no ar. A figura veio até ao peitoril da janela de D. Benedita; e de um gesto sonolento, com uma voz de criança, disse-lhe estas palavras sem sentido:

— Casa... não casarás... se casas... casarás... não casarás... e casas... casando...

D. Benedita ficou aterrada, sem poder mexer-se; mas ainda teve a força de perguntar à figura quem era. A figura achou um princípio de riso, mas perdeu-o logo; depois respondeu que era a fada que presidira ao nascimento de D. Benedita: 'Meu nome é Veleidade', concluiu; e, como um suspiro, dispersou-se na noite e no silêncio" (*OCA II*, pp. 322-3).

Gide escreve:

"Il méditait depuis quelques instants lorsqu'il vit s'approcher de lui, glissant et d'un pied si léger qu'on sentait qu'il eût pu poser sur les flots, un ange. Bernard n'avait jamais vu d'anges, mais il n'hésita pas un instant, et lorsque l'ange lui dit 'Viens', il se leva docilement et le suivit. Il n'était pas plus étonné qu'il ne l'eût été dans un rêve. Il chercha plus tard à se souvenir si l'ange l'avait pris par la main; mais en réalité ils ne se touchèrent point et même gardaient entre eux un peu de distance." Após a descrição do longo passeio do anjo com Bernard pela cidade, o autor acrescenta: "toute cette nuit, jusqu'au petit matin, ils luttèrent".

À diferença do herói gideano ("Bernard était [devenu] grave. Sa lutte avec l'ange l'avait mûri", capítulo XIV, *caput*), é pouco provável que a pobre Dona Benedita tenha conseguido superar, depois do cruel encontro com seu gênio individual, a inconstância típica do seu temperamento. Até porque, no caso de Bernard, o episódio do anjo é integrado à sua história, ao passo que o encontro da senhora fluminense é apresentado sobretudo ao leitor, a quem Machado mais uma vez pisca o olho, *tongue in the cheek*.

[17] Wayne Booth, *The Rhetoric of Fiction* (Chicago, 1961), especialmente a segunda parte ("The author's voice in fiction"), capítulos VII, "The uses of reliable commentary", e VIII, "Telling as showing: dramatized narrators, reliable and unreliable". Embora seja bem conhecido o que Booth diz a este respeito, vale repetir brevemente o que interessa ao nosso caso. Diz o crítico norte-americano: "For lack of better terms, I have called a narrator *reliable* when he speaks or acts in accordance with the norms of the work (which is to say, the implied author's norms), *unreliable* when he does not. It is true that most of the great reliable narrators indulge in large amounts of incidental irony and they are thus 'unreliable' in the sense of being potentially deceptive. But difficult irony is not sufficient to make a narrator unreliable. Nor is unreliability ordinarily a matter of lying, although deliberately deceptive narrators have been a major resource of some modern novel" (conforme a 8ª edição, 1968, pp. 158-9).

O narrador de *Esaú e Jacó*, assim como o de *Quincas Borba*, ainda que "potencialmente não confiável", para repetir Booth, no fim das contas é *reliable*; e isso apesar de sua margem de fingidas indecisões e perplexidades, ironicamente propostas ao leitor na vasta faixa de "concessivas" tão característica nele. E também porque — como M. Cavalcanti Proença apontou com precisão — "aquele espírito que a todo momento resvala para as condicionais — '*se tal coisa suspeitou*, não a disse a ninguém'; 'sobre isto escrevi algumas linhas, que não ficariam mal, *se as acabasse*'; aquela permanente incerteza: 'não juro que assim fosse', 'não achará apoio em mim e *creio que* em ninguém'; 'que pensasse um no outro *é possível*; mas não possuo o menor documento sobre isso'; aquele espírito esmiuçador utilizou as concessivas no velho sentido do *concedo* da lógica, isto é, a aceitação do argumento oposto, para destruí-lo, mostrar-lhe a incapacidade de impedir a marcha do raciocínio; em última análise, a objeção que, entretanto, é apenas o retrato de um modo de ser incrédulo, conhecendo o relativo das verdades absolutas" (M. Cavalcanti Proença, "Introdução", *Esaú e Jacó*, Rio de Janeiro, Edições de Ouro, 1966, p. 22).

*Unreliable* seria, ao contrário, o narrador-protagonista de *Dom Casmurro*, que, relatando sua história com falso distanciamento e muita ironia, procura racionalizar o casamento fracassado, tentando encontrar nos outros, *ab ovo*, a tara temperamental que o justifique. Se o Doutor Bento Santiago está longe de ser um *Liar* à maneira de Henry James, suas memórias aos poucos traem certas confusões, ingenuidades, lapsos de memória, suposições mais ou menos gratuitas, improbabilidades factuais que acabam por revelar ao leitor atento a inconsciente mesquinhez do protagonista, cujo alto conceito de si e o agudo senso de propriedade não podiam senão destruir a existência da esposa Capitu, e junto a sua própria. Trata-se de uma suspeita muito vaga de adultério: a semelhança do rebento Santiago com o melhor amigo do pai, semelhança "mimética ou casual", como Capitu, para esquivar-se da acusação, diz ao marido. Machado de Assis teria tentado aqui retomar, a seu modo, um tema exaurido pelo Naturalismo — Eugênio Gomes lembra-nos o romance de Zola (*Madeleine Férat*, 1868) e um conto de Thomas Hardy ("An imaginative woman", dos *Wessex Tales*, 1888) que abordam, também de modo polêmico, o tema da "semelhança inocente" —, associando-o, entretanto, conforme a sugestiva hipótese de Helen Caldwell, ao arquétipo literário de *Otelo*, por meio do esquema inveja-ciúme-inocência. A rica ambiguidade da narrativa ensejou importantes releituras do romance, entre as quais se destacam, pela profundidade da discussão, *The Brazilian Othello of Machado de Assis: a study of "Dom Casmurro"*, de Helen Caldwell (Berkeley, 1960), e *O enigma de Capitu: ensaio de interpretação*, de Eugênio Gomes (Rio de Janeiro, 1967).

[18] Escrito em forma de diário, o primeiro romance de Cyro dos Anjos (1906-1994), *O Amanuense Belmiro*, foi logo reconhecido como uma das obras mais representativas da narrativa brasileira contemporânea. O livro reproduz com vivacidade o mundo real e imaginário de um pequeno burocrata de província nos anos 1930, empanturrado de literatura. Nostálgico do seu passado patriarcal, esse filho de fazendeiros assimilado a Belo Horizonte divide sua frustração entre os amigos intelectuais que encontra no bar, a melancólica convivência com as duas irmãs idosas imersas no passado que ele idealiza e a distante "paixão impossível", conscientemente ironizada, por uma jovem da alta burguesia, que dele se aproxima durante o Carnaval. Escrito numa prosa límpida, irônica, cuja bem lograda composição é por si só claramente emblemática, o diário de Belmiro Borba não oculta a satisfeita autocomiseração da personagem, masoquista e impotente. A obra, publicada em 1936, oferece assim um corte transversal de certa mentalidade pequeno-burguesa brasileira, retratando uma conturbada consciência na passagem por demais brusca do campo para a cidade — da sociedade patriarcal tradicional, "onde se mandava", para a nova sociedade burocrático-industrial, onde se segue anonimamente um ritual abstrato e indiferente. Sobre *O Amanuense Belmiro*, ver o ensaio de Antonio Candido "Estratégia", em *Brigada ligeira* (São Paulo, 1945, mas aproveitado como prefácio nas edições correntes do romance), além da tentativa de análise benjaminiana de Rober-

to Schwarz, no suplemento literário de *O Estado de S. Paulo* de 8 de janeiro de 1966, "Sobre o *Amanuense Belmiro*". [Posteriormente republicado em *O pai de família e outros ensaios*, Rio de Janeiro, Paz e Terra, 1978. (N. do O.)]

Embora Cyro dos Anjos costume negar a filiação machadiana, esta se mostra bastante evidente tanto no plano do conteúdo como no da forma. O próprio sobrenome escolhido para Belmiro, o fatídico Borba do filósofo Quincas, parece trair este contágio subterrâneo. A epígrafe do romance, extraída das *Remarques sur les mémoires immaginaires*, de Georges Duhamel, apontaria antes para o ceticismo irônico e consolador caro à — mais banal — família anatoliana.

[19] Na controversa questão interpretativa da epígrafe dantesca do livro — que por muito tempo ainda continuará a provocar a perspicácia da crítica —, cremos estar mais próximos da interpretação de Eugênio Gomes (em "O testamento estético", *cit.*). O autor de *Prata da casa* afirma contudo que a *"alma mal nata"* não se referiria nem a Flora, nova Beatriz alheia às vontades mundanas, nem a Ayres, que delas se afastou por escolha pessoal. Avessos à vulgaridade e sempre inclinados à contemplação, ambos atingiriam naturalmente o estado estético, na acepção schopenhaueriana, na íntima identificação com o "puro olho universal", já totalmente libertos da praga do querer e dos sofrimentos do desejo, que conturbam todas as demais personagens do romance. Assim, ainda segundo Gomes, "se, na visão de Dante, o espírito do homem é representado por Virgílio, que Beatriz conduz à suprema região da luz ("Claritas"), na de Machado de Assis a personagem Ayres é que tem esse papel, através de um esquema alegórico que se esboça assim: Flora, a alma (Ágape); Ayres, o intelecto (a Razão); a cidade (o Mundo), com as suas paixões, o purgatório, o inferno..." (*OCA III*, p. 1.114; *in Machado de Assis*, p. 204).

Já Augusto Meyer, como dissemos na nota 10, depois de indagar se a epígrafe não seria uma interpretação "pessoal e filosófica" da passagem em questão ("diante do grande mistério, [...] prepara-se a alma para confessar-se inteira [*in* "O romance machadiano", *op. cit.*]"), prefere aceitar a hipótese naturalista dos fatores hereditários, que segundo o crítico abarca melhor a profunda intenção de Machado.

Helen Caldwell, por seu turno, interpreta o verso de Dante à luz de uma leitura combinada do título e da epígrafe como um todo. Neste autor tão alusivo é importante não poupar nada de uma profunda análise, sem esquecer as *cross references* e remissões de um ponto ao outro no interior do livro. Escreve Caldwell: "The title, for example, is a key of the book meaning — *if* we interpret it in connection with the epigraph that appears on the first page of Ayres' narrative. Title and epigraph will lead us to an understanding of the first chapter, the first to the second, and so on. But, if the reader hurries past the epigraph, say, or assumes that the title *Esau and Jacob* refers to some Old Testament story, then he is for endless obfuscation and bewilderment. [...] Let us consider the final title, *Esau and Jacob*, in the light of the epigraph. The epigraph is a line of Dante. And Dante, in his *Paradiso*, used Esau and Jacob, and in particular Esau's red hair, to symbolize God's practice of conferring diverse natures on men, even of sons of the same father and mother — twins — so that not only do not brothers necessarily resemble one another, children often do not resemble to predestination — souls predestined not to fulfill their destiny. In Chapter XII, this line from the *Inferno* is applied to guests at the home of the banker Santos for being "insipid" bores. Chapter XIII, however seems to indicate that it refers to a whole society. In Chapter XXXII, which narrates the old diplomat's retirement to his native land, we are told that the withdrew from the society of man, taking as his device 'I fled afar off, and dwelt in solitude'. The quotation is from the

Vulgate Ps 54.8. The rest of the psalm relates how the singer came back and found Philistines in the city, and saw the city full of wickedness, and in the marketplace nothing but usury and fraud. The psalm and the quotation from the *Inferno* seem to refer to the same persons. [...] From the title *Esau and Jacob*, the epigraph and Ayres' psalm, we may fairly surmise that this society which forms the subject matter of the novel is not the child of the previous generation and that is predestined by its nature not to fulfill its destiny". A conclusão de Caldwell, depois de apresentar essa premissa e a respectiva discussão da simbologia propriamente histórica do livro, desemboca categoricamente na seguinte fórmula, para nós bem pouco machadiana: "This lady [Natividade] is Brazil. She is married to a banker; she cannot be seduced by an intellectual, even though he is a man of good sense and the banker is not. These babies are her sons, identical twins born in the year of the Republican Manifesto" etc. ("Translator's introduction", de *Esau and Jacob, op. cit.*, pp. vi, vii e ix).

[20] Machado traduz o goethiano *"Zwei Seelen wohnen, ach! in meiner Brust"* como "Ai, duas almas no meu seio moram!" (*OCA I*, p. 1.048).

O mito da hesitação, do qual Flora, em *Esaú e Jacó* é a delicada *impersonatio*, ocupa o lugar de "autêntico *Hauptmotiv* machadiano, desenvolvido em outros contos do autor, como 'Trio em lá menor', 'Dona Benedita', 'Um Homem célebre', 'O Diplomata', 'Uns Braços'", como recorda A. Meyer (*op. cit.*, p. 169). Mas é em "Trio em lá menor" (1886, recolhido em *Várias histórias*), que o tema da alma dividida que não consegue encontrar-se é tratado pela primeira vez dentro do esquema que será retomado no romance de 1904. Também neste caso ele está intimamente ligado à música (oximórica linguagem do inefável), vista a alma como natural e sucessivo campo de batalha e pacificação de todos os que não conseguem agir, imobilizados pela perplexidade metafísica. E a música fornece coerentemente os irônicos títulos e subtítulos desta história dividida em quatro breves movimentos — *Adagio cantabile, Allegro ma non troppo, Allegro appassionato* e *Minuetto*.

Maria Regina não consegue escolher entre seus dois pretendentes — Maciel, de 27 anos; Miranda, de cinquenta; o primeiro, bonito e banal; o outro, apagado e fascinante. A alma de Maria Regina, debruçada sobre o piano de sua sala, avalia os dois homens que frequentam sua casa, juntos ou um após outro, nos rituais oitocentistas de visita e cortesia, conversas amenas e música de circunstância. A moça não consegue se decidir e hesita, hesita até que os dois pretendentes desconfiados, enciumados, cansados, desiludidos, acabam não voltando mais. Maria Regina da janela do seu quarto observa o céu noturno. "Tinha lido de manhã, em uma notícia de jornal, que há estrelas duplas, que nos parecem um só astro." Depois adormece e sonha — estamos nos compassos finais do *Minuetto* — sonha que "voava na direção de uma bela estrela dupla. O astro desdobrou-se, e ela voou para uma das duas porções; não achou ali a sensação primitiva e despenhou-se para outra; igual resultado, igual regresso, e ei-la a andar de uma para outra das duas estrelas separadas. Então uma voz surgiu do abismo, com palavras que ela não entendeu:

— É a tua pena, alma curiosa de perfeição; a tua pena é oscilar por toda a eternidade entre dous astros incompletos, ao som desta velha sonata do absoluto: lá, lá, lá..." (*OCA II*, pp. 524-5).

Veja-se a respeito o artigo de António Cirurgião, "Machado de Assis: sob o signo da indecisão", *in Occidente* (Lisboa) LXXV, 1968, pp. 45-61.

Discutindo, em outra página muito aguda, o problema da ação e do sentido da ação na obra do escritor, Antonio Candido aponta (no "Esquema de Machado de Assis", *cit.*)

*Esaú e Jacó*: narrador e personagens diante do espelho

que nela a ambiguidade gnosiológica se alia à ambiguidade psicológica relativizando os conceitos morais e pondo em relevo um mundo escorregadio, onde os opostos se tocam e se dissolvem. Se o real pode ser aquilo que parece real, se o universo é em diversos níveis enganador, qual o sentido da ação? "Eis outro problema fundamental em Machado de Assis, que o aproxima das preocupações de escritores como Conrad de *Lord Jim* ou de *The Secret Sharer*, e que foi um dos temas centrais do existencialismo literário contemporâneo, em Sartre e Camus, por exemplo. Serei eu alguma coisa mais do que o ato que me exprime? Será a vida mais do que uma cadeia de opções? Num dos seus melhores romances, *Esaú e Jacó*, ele retoma, já no fim da carreira, este problema que pontilha a sua obra inteira. Retoma-o sob a forma simbólica da rivalidade permanente de dois irmãos gêmeos, Pedro e Paulo, que representam invariavelmente a alternativa de qualquer ato. Um só faz o contrário do outro, e evidentemente as duas possibilidades são legítimas. O grande problema suscitado é o da validade do ato e de sua relação com o intuito que o sustém. Através da crônica aparentemente corriqueira de uma família da burguesia carioca no fim do Império e começo da República, surge a cada instante este debate, que se completa pelo terceiro personagem-chave, a moça Flora, que ambos os irmãos amam, está claro, mas que, situada entre eles, não sabe como escolher. É a ela, como a outras mulheres na obra de Machado de Assis, que cabe encarnar a decisão ética, o compromisso do ser no ato que não volta atrás, porque uma vez praticado define e obriga o ser de quem o praticou. Os irmãos agem e optam sem parar, porque são as alternativas opostas; mas ela, que deve identificar-se com uma ou com outra, se sentiria reduzida à metade se o fizesse, e só a posse das duas metades a realizaria; isto é impossível, porque seria suprimir a própria lei do ato, que é a opção. Simbolicamente, Flora morre sem escolher. E nós sentimos nela o mesmo sopro de ataraxia que foi a ilusão de Heyst, em *Victory*, de Joseph Conrad.

Parece evidente que o tema da opção se completa por uma das obsessões fundamentais de Machado de Assis, muito bem analisada por Lúcia Miguel-Pereira — o tema da perfeição, a aspiração ao ato completo, à obra total, que encontramos em diversos contos e sobretudo num dos mais belos e pungentes que escreveu: 'Um Homem célebre'" (*Vários escritos*, *op. cit.*, pp. 25-7).

[21] *OCA I*, p. 964.

[22] *Idem*.

[23] Publicada, sob o pseudônimo de Eleazar, em dois números da revista *O Cruzeiro*, a 16 e 30 de abril de 1878. Recolhida no volume póstumo *Crítica* (Rio de Janeiro, 1910), a cargo de Mário de Alencar, e, a partir de 1937, em *Crítica literária*, nas sucessivas edições Jackson das *Obras completas de Machado de Assis*, em 31 volumes; *in* *OCA III*, pp. 903-13.

# 6.

## De um capítulo do *Esaú e Jacó* ao painel d*O Último baile*

Literatura e pintura no Brasil: simpatias, diferenças, interações.
Um caso-tipo: Aurelio de Figueiredo e Machado de Assis

Parece ainda não ter merecido a atenção a que fazia jus, mesmo dentro da mais genérica perspectiva de história intelectual, o levantamento analítico dos contatos que, através do tempo, têm estabelecido entre si pintura e literatura em nosso meio. Mesmo relativamente aos períodos romântico e realista, quando essa contaminação é transparente, e mesmo salta a olho nu a intencionalidade das citações e alusões mútuas, não existem senão observações perfunctórias e ocasionais abordando de modo específico esse convívio, inseparável, aliás, de modo paradigmático, na figura de Manoel de Araújo Porto-Alegre, poeta e pintor que praticou com a mesma convicção, idêntico fascínio e relativo talento os dois meios expressivos.

No caso brasileiro, levar avante esse paralelo poderia, inclusive, abrir novos caminhos para uma visão abrangente da trama complexa de nossa evolução cultural, tanto nos três primeiros séculos da nossa história como no período contemporâneo. Denunciar-se-ia assim de modo inequívoco a ampla coerência ideológica e/ou estilística que preside, com coordenadas específicas, esse e aqueles períodos, além das diferenças individuais inerentes a cada artista, poeta e pintor. Considere-se, nesse sentido, o interesse que pode apresentar a análise da pintura popular de ex-votos durante os séculos XVII e XVIII (deste último existe copioso acervo em coleções públicas e particulares) em relação à literatura devocional e pietística consumida na época, assim como o exame crítico das coordenadas que balizam a retratística oficial e de prestígio, encarada, mesmo nos seus raros voos alegóricos e apoteóticos, ao lado da literatura áulica e comemorativa dos diversos "parnasos obsequiosos" e das assembleias acadêmicas do tempo. Ou então a leitura do grafismo irônico e sentimental de um Raul Pederneiras, na imprensa ilustrada do início do século XX, em relação ao segundo plano dos romances de Lima Barreto, onde, ao lado de vibrante protesto social, existe, em friso, minuciosa reconstituição de época, aberta ao humorismo e à evocação nostálgica. Por seu lado, se a *Viagem pitoresca e histórica ao Brasil* de Debret ajudou, de maneira decisiva (com as minuciosas pranchas que dedica à vida cotidiana fluminense dos anos que vão de 1816 a 1831) à reconstituição pormenorizada dos costumes no "tempo do Rei" que Maneco de Almeida empreenderia por volta dos anos 1850, não deixou certamente de também inspirar seja Gonçalves Dias seja Alencar com as reconstituições "históricas" dos costumes indígenas anteriores à aculturação e à mestiçagem reproduzidas no primeiro dos três tomos da obra dele — reconstituições que hauriam informes das melhores fontes e não poderiam senão fornecer reforço visual aos textos americanos do poeta e do novelista. Certo pontilhismo elyseu-viscontiano de importação italiana é retomado nos *Casos e impressões* de Adelino Magalhães, assim como a paginação cinematográfica de *A Festa*, de Ivan Angelo, parece renascer no imantado realismo que freme nos mágicos hiper-retratos do cotidiano de Gregório Corrêa,[1] assim ainda como a parafernália popsicanalítica do paulista Wesley Duke Lee reflete, e prossegue o ubuísmo destronado e restaurado de Campos de Carvalho (*A Lua vem da Ásia*) e de Carlos Felipe Saldanha (*Bebhè-Gommão annuncia*). A poesia de B. Lopes participa tanto do miniaturismo exasperado de Nicolau Facchinetti como da pincelada solta e livre de João Batista Castagneto, mas não esquece também a malícia e o mordente de certo Belmiro de Almeida; já a ênfase patética e solene de Coelho Netto ecoa muito próxima da empastada paleta de Antonio Parreiras seja nas descrições veementes da natureza, seja no operismo das reconstituições históricas. As estampas de Alfredo Martinet poderiam ter ilustrado não apenas *Um Passeio pela cidade do Rio de Janeiro* mas boa parte da idealização sentimental alambicada dos romances contemporâneos de Joaquim Manoel de Macedo. Já a veia realista de Alencar (que anuncia de perto o psicologismo de *A Mão e a luva* e *Iaiá Garcia*) sugere contrapartida ideal para as novelas dele — as fazendeiras, as suburbanas e as citadinas — nas gravuras litografiadas [sic] em Paris, pelos melhores especialistas no gênero do tempo de Napoleão III, em cima das fotos que Victor Frond "apanhara" na Corte e na roça. O paisagismo celebrativo de Leandro Joaquim (que, premiado pela encomenda oficial, e com a emoção de um mestre menor chim, ousa ampliar para as dimensões de parede o espírito das ilustrações apontadas nos códices) ilumina duplamente o *ductus* documentário objetivante das memórias corográficas e descritivas do Setecentos. Da mesma forma os estandartes de Maria Leontina pesquisam uma profundidade de planos e espaços homóloga à textura abstrata esboçada por Nélida Piñón em *Guia-mapa de Gabriel Arcanjo* ou *Madeira feita cruz*. Já Aurelio de Figueiredo foi buscar certamente num episódio do último Machado de Assis a orquestração mahleriana de um dos seus quadros mais ambiciosos (*O Último baile da Monarquia*), que aliás ele interpreta e instrumentaliza numa direção discursiva e moralizante afinal oposta ao espírito da análise sardônica machadiana. Seria possível multiplicar ainda por muitas vezes essas aproximações, algumas mais fortuitas, outras inevitáveis e obrigatórias.

Uma espécie de teste prático do método aqui defendido constituiu a aplicação da nossa pesquisa a um caso-tipo: a análise paralela da grande tela de Aurelio de Figueiredo conhecida como *O Último baile da Monarquia* — na verdade intitulada pelo autor *A Ilusão do Terceiro Reinado*, conforme se lê no catálogo da exposição individual do artista, inaugurada no *salão* do Teatro da Paz de Belém do Pará em março de 1907[2] —, tela pintada dois anos antes dessa data —, e o seu provável "modelo operativo", o capítulo "Terpsícore", que integra o penúltimo romance de Machado de Assis, *Esaú e Jacó*, publicado em 1904.

Dentro do conjunto da pesquisa que empreendemos, o curioso relacionamento do texto machadiano com a tela de Figueiredo constitui caso algo especial, talvez mesmo único. Nele parece configurar-se uma glosa indireta, livremente reconstruída pelo pintor a partir da sugestão daquele texto literário. Um fragmento narrativo extremamente fugidio, aliás, mais alusivo do que realmente descritivo, mas que, mesmo assim, iria instigar certa elaborada construção pictórica paralela do artista plástico — que uma análise mais exigente revelará ser, não obstante bem diversa, afim ao seu "modelo" escrito. Em suma, exemplo expressivo da dinâmica simpatias-diferenças surpreendida no interior mesmo de dois códigos, neste caso voltados para a função narrativa convencionalmente aceita, naquele momento histórico pelos respectivos meios expressivos, literatura e pintura.

Foi esse problema que tentamos abordar enquanto tema de curso de Teoria Literária do Instituto de Estudos da Linguagem da Unicamp, subordinado à disciplina *Teoria geral da narrativa*, no segundo semestre de 1980, debaixo do título *Narrador e narração no* Esaú e Jacó *machadiano: do romance à pintura*. Precedendo as leituras teóricas recomendadas no boletim informativo do Departamento (obras sobre teoria do romance, foco e ponto de vista narrativos, a figura do herói problemático, noções sobre a estrutura das grandes telas da Renascença), seis chamadas forneciam, de maneira algo sibilina, é verdade, o roteiro temático do curso, a saber:

1. Ambiguidade do foco narrativo: Ayres e Eu.
2. O jogador e seus "trebelhos": a colaboração Autor-Personagem.
3. Ironia, Paródia, Alegoria, Apoteose, Desilusão.
4. Terpsícore, ou o último baile: a Ilha Fiscal, "lugar ameno".
5. O cine-olho de Aurelio de Figueiredo, diretor de cena.

Partindo, como se vê, de uma abordagem do eu-narrador do romance (o qual — conforme já acontecera em *Quincas Borba* — não deve ser confundido com qualquer personagem da narrativa), ensaiava-se pormenorizada análise da estrutura da obra, com o fito de definir e apreender diferentes níveis de linguagem e representação que Machado aí utiliza. Com eles o romancista procurava significar uma complexidade já não apenas psicológica mas agora explicitamente simbólica. Construção que envolvia personagens e figurantes num conjunto narrativo no qual são pretexto os gêmeos Pedro e Paulo, mas o texto, a ser lido e decifrado, o assimétrico par Ayres e Flora. Toda a atenção nos mereceu, portanto, o roteiro que percorrem ironia, paródia e alegoria, usados no nível da linguagem e enquanto elementos propulsores do enredo, até desaguarem na acomodada desilusão que coroa toda a experiência romanesca machadiana. Aqui reiterada, durante as últimas linhas da novela — reforço esquemático dispensável — na evocação do determinismo constitutivo que comanda a oposição cíclica dos gêmeos: tema condutor que logo repercute no gesto, também automático, com que Ayres-o-epicurista defende, na botoeira da sobrecasaca, a flor *eterna* da sua serenidade filosófica, único bem que ambiciona preservar acima do tumulto do mundo.

Depois de percorridas, na primeira parte, as coordenadas centrais da obra, retornava-se, na segunda, à análise de certo fragmento muito característico desse todo, que nos interessava de modo especial: o capítulo XLVIII, "Terpsícore". Este, no contexto da estória que o narrador diz reproduzir enquanto mero cronista, trata do baile oferecido pelo Governo Imperial (entenda-se: o Gabinete em exercício) aos oficiais chilenos do encouraçado *Almirante Cochrane*, surto no Rio de Janeiro em visita de cordialidade, e que teve lugar no recém-construído Palácio da Guardamoria na Ilha Fiscal. Em vez de aproveitar a ocasião, como certamente o faria um partidário do Naturalismo (e o fez, vinte anos depois, Coelho Netto em *Fogo fátuo*, só que descrevendo a festa vista de fora, do Cais Pharoux), a fim de esboçar um quadro estonteante do acontecimento, com a Ilha transformada num cenário prestigioso, Machado de Assis contenta-se, num primeiro momento, em *supor* como esse acontecimento *seria* vivido pelas diversas personagens do livro. Estas, já então bem conhecidas do leitor, desfilam diante dele uma após a outra, entregues às respectivas fantasias e obsessões. Só depois de esgotadas tais hipóteses é que o narrador, num procedimento característico muito seu, confronta as suposições que aventara com a realidade e se permite afinal acompanhar efetivamente aquelas criaturas até o espaço do baile. Aí, de envolta com novas figurações retóricas, que retratam outros veleitarismos dos figurantes (feiticeiras cariocas perseguem um político adesista com apóstrofes semelhantes às que as colegas escocesas dirigiram a Macbeth; a mãe dos gêmeos entrega-se a divagações sonhadoras nas quais vê o filho situacionista inaugurar, com outro e não menos esplêndido baile, o novo século e o novo reinado), o Autor satisfaz-se em esboçar o ambiente com quatro ou cinco pinceladas — pinceladas de mestre, é bem verdade. Fala das "horas suntuosas" que seriam lembradas por todos os presentes, evoca, em uma linha, a sensação de irrealidade que provocava "aquela cesta de luzes no meio da escuridão tranquila do mar", e sintetiza, em três outras, o flutuar de Flora em meio ao turbilhão mágico: "A novidade da festa, a vizinhança do mar, os navios perdidos na sombra, a cidade defronte com seus lampiões de gás, embaixo e em cima, na praia e nos outeiros, eis aí aspectos novos que a encantaram durante aquelas horas rápidas". Volta então atrás do que dissera, corrigindo-se do que antes havia suposto; não, a esquiva Flora não se entediou na festa. A beleza do espetáculo e a alegria circunstante envolveram-na durante todo o tempo. E ela se deixa ficar admirando a figura da Princesa Imperial, que seria Imperatriz um dia, senhora de poder dispensar os ministros quando se sentisse enfarada dos afazeres de Estado, e indo imergir na contemplação e na música, num recanto solitário do Paço...[3] Como resposta à confidência que deixa escapar, instada por Ayres, ouve deste o epigrama que por um instante lhe insufla novo alento: "Toda alma livre é Imperatriz...".

Em todo esse fugidio episódio, composto sobre cambiantes psicológicas quase impalpáveis e que apenas poderiam interessar aos "quatro estômagos" ruminativos do leitor atento, para os quais apela o narrador de tanto em tanto — em todo o episódio na verdade só existem raras li-

De um capítulo do *Esaú e Jacó* ao painel d*O Último baile*

nhas de sugestão ambiental: traços concisos que procuram apenas inculcar o ambiente festivo dessa ilha encantada que um instante se iluminou como lugar falazmente mágico. No entanto esse breve toque foi decisivo para Aurelio de Figueiredo, que a ele responderia quase de imediato. Pintor que também escrevia ficção e versos, e, em 1899, havia publicado em volume o romance anticlerical *O Missionário* (quase homônimo, menos o artigo definido, da ficção naturalista de Inglez de Souza), a leitura da passagem machadiana deve ter falado fundo ao artista plástico, provocando nele um misto de emoções contraditórias. Havendo participado da festa (as crônicas sociais do tempo assinalaram o vestido de sua esposa, filha dos Barões de Capanema, pintado a mão por ele),[4] desejou torná-la o tema central de uma composição ambiciosa que tivesse ao mesmo tempo o caráter documentário de "coisa presenciada" e a grandiosidade do gênero histórico, em que já então havia produzido *Tiradentes no patíbulo*, *A Abdicação de Dom Pedro I*, *O Descobrimento do Brasil*, *A Assembleia Constituinte da República* —, embora as obras de mais alta qualidade que executou para a sensibilidade 1980 sejam as paisagens e as telas de caráter intimista.

Para atingir esse fim, Aurelio de Figueiredo, motivado de modo muito pessoal pelo capítulo machadiano, decidiu centrar as intenções conteudísticas que perseguia na figura da Princesa Isabel — naquela passagem do romance seguidamente visualizada como a futura soberana pelas personagens presentes à festa magna. Desejando moralizar sobre a inconsequência de uma classe social que "dançava em cima de um vulcão", conforme se disse na época,[5] o pintor alterou o caráter ora paródico, ora nostálgico das "visões" que os figurantes de *Esaú e Jacó* acalentavam na cena do baile machadiano, transformando-as, na sua tela, em explícitas abordagens alegóricas. Abandonava assim as insinuações de significado "auroral" das *grandes machines* pictóricas acima arroladas, todas elas vastas composições alusivas a tempos novos que se anunciavam, e retornou à representação alegórica. Alguns anos antes Aurelio havia adotado com convicção o partido da alegoria manifesta em *A Redempção do Amazonas*, tela em que celebrou, em 1886, o extinguir-se do cativeiro na grande província do Norte. O agressivo comentário do jovem Gonzaga Duque a esse vasto quadro, encomendado pelo governo provincial do Amazonas, deve ter, contudo, ajudado o pintor a se manter durante bastante tempo distante do gênero em si, enquanto tema central das suas composições mais ambiciosas.[6]

Detalhe da tela *O Último baile*, "A Família Imperial sob o pórtico do Palácio da Guardamoria".

Aurelio de Figueiredo,
*A Ilusão do Terceiro Reinado*
(*O Último baile da Monarquia*),
1905, óleo s/ tela, 3,035 x 7,080 m,
Museu Histórico Nacional,
Rio de Janeiro.

Detalhe superior direito de O *Último baile*, "Coroação da Princesa Isabel".

Detalhe superior esquerdo de O *Último baile*, "A marcha da história".

Detalhe central esquerdo de O Último baile, "Discurso do Visconde de Ouro-Preto".

Detalhe central direito de O Último baile, "Chegada das barcas".

Na obra de 1905 reservou Aurelio de Figueiredo o primeiro plano para a esplanada onde se espalham os convidados diante do pavilhão pseudogótico, edifício que foge para o fundo da tela numa perspectiva vertiginosa. O vasto terraço abre-se para larga visão da baía e da cidade do Rio de Janeiro, aí descortinadas, uma e outra, desde a entrada da barra, junto ao Pão de Açúcar, até o Corcovado e a Serra da Tijuca. Os navios iluminados, a barca-Ferry que se aproxima, reluzente de arandelas e lanternas coloridas, os longos mastros das embarcações que se alçam fantasmalmente para o céu — simbolicamente iluminado com o anúncio de uma madrugada que os participantes da festa não perceberam estar prestes a se levantar —, possuem emoção do real e riqueza cromática que muito enriquecem a intenção discursiva da obra com o contrapeso de emoção sentida e pictoricamente expressa; aliás seguem de perto, como nem poderia deixar de ser, as indicações visuais apontadas no romance ("... os navios perdidos na sombra, a cidade defronte com seus lampiões..."), a que o pintor acrescentou o fundo que alvorece.

Mas é no canto esquerdo inferior da tela, diante da ogiva fortemente iluminada da entrada nobre do Palácio da Guardamoria, que tem lugar o fulcro dramático do quadro que Aurelio resolveu representar. Numa das curvas que desenham os convidados na esplanada-cais, consparsa de ramos verdes e flores, conforme se usava na época (tais curvas, na estrutura da tela, mantém o ritmo dos *estalos de chicote* — os sinuosos *coups de fouet*, ou *colpi di frusta*, do gosto *Jugendstil* — e garantem o moderado compromisso "1900" da composição), numa dessas curvas, dizia, encontram-se agrupados os protagonistas do "episódio" histórico abordado pelo pintor: a Família Imperial com o seu séquito, o comandante chileno Constantino Bannen homenageado na ocasião, e os membros do Gabinete Ouro-Preto, chefiados pelo Visconde desse título; este, num gesto largo, ali se dirige menos ao monarca (que aparece algo macambúzio ao lado da Imperatriz, distraída) do que à Princesa Isabel e ao seu consorte, Gastão de Orleans — o qual, numa atitude muito dele, avança a cabeça para avidamente ouvir melhor. Os demais convidados, vistos todos de um ponto alto, estão incorporados na perspectiva aérea que encadeia o espaço até a linha do horizonte, e depois retoma a narração ao nível do céu. Uns e outros compõem sugestivo conjunto de sinuosas que mantém numa frouxa harmonia o primeiro plano da tela, valorizado ainda pelo contraste luminoso dos fanais elétricos da festa e a ambiência noturna, constelada de luzes distantes.

De um capítulo do *Esaú e Jacó* ao painel d*O Último baile*

Para a parte superior do quadro reservou Aurelio de Figueiredo a representação da parte alegórica da obra: à direita, cena espectral, matizada com álgidas cores em tons deliquescentes, onde se destacam o rosa, o lilás, o verde piscina, o cinza e o ouro, sobre nuvens crepusculares, entre alas de bispos mitrados que compassam turíbulos fumegantes de incenso e de frades violinistas que executam, em uníssono, os agudos mais patéticos de uma melodia infinita tudo indica que wagneriana, Isabel I, ajoelhada e de mãos postas, é coroada Imperatriz pelo Primaz do Brasil. O dossel sob o qual a nova soberana está sendo sagrada vai dar aos pés do trono papal, quase fosse a passadeira do sólio dele, de onde, entre flabelos, junto ao colégio dos cardeais, o Sumo Pontífice idealmente preside e abençoa a cerimônia. Do lado oposto, sempre entre nuvens, só que da parte do nascente, às primeiras luzes da manhã, cavalgam lado a lado chefes republicanos e comandantes militares dos batalhões levantados na primeira hora do 15 de Novembro; seguem uma emblemática República, de veste cândida e barrete frígio, a qual sustém imane pavilhão do novo regime, desfraldado num céu que vai se manchando de púrpura, rosa, azul e verde. Ligeira névoa, que sempre entremostra o cabeço do Corcovado, separa o cenário terrestre das "célicas visões", cuja altitude só é atingida pelos mastaréus mais desempenados dos navios no porto. O posicionamento da cavalgada republicana no ponto estratégico em que pousa sempre o olhar de quem contempla um quadro é sublinhado ainda pela fuga vertiginosa em diagonal do grande elemento arquitetônico da composição; convergindo naquele sentido, o claro escuro encantatório do pavilhão neogótico, iluminado por dentro e envolvido pela folhagem decorativa de um bosque plantado em vasos, insiste na relevância simbólica desse segundo fulcro de significação histórica da composição. Pormenor que, no entanto, não se conjuga com a realidade presente dos figurantes do baile, os quais dão as costas à cena por vir — cena que deve ser descoberta apenas pelo observador, como num pressentimento; cena que se dirige apenas ao observador, como inúmeras vezes se dirige diretamente ao leitor o narrador machadiano. Já a hipotética coroação da futura soberana, visualizada num segundo momento, vem indicada — no desdobrar dos significados que o público irá aos poucos desvendando — seja pelo gesto largo de Ouro-Preto, seja pela direção absorta do olhar confiante de Isabel do Brasil: olhar seguro, perdido no alto, num momento de visionária euforia.

Não será necessário insistir no caráter de velado sarcasmo, ao mesmo tempo crítico e paródico, da concepção espectral da cena da coroação. Pictoricamente realizada com notável mestria, num toque de pincel desejadamente impressionista, bem diverso da definição de contornos do restante do quadro (mais condizente com a formação acadêmica do artista), tal representação, literalmente nefelibata, adotava o partido de certa iconografia codificada que então oscila entre a ousadia e mistificação, experimentalismo e *kitsch*, e vinha sendo praticada por algumas das estrelas dos salões esotéricos fim de século, protagonistas de uma arte de teor simbólico afim à espiritualidade rosacruz, em plena difusão nos decênios de 1880 e 1890, como Aman-Jean, Jean Delville, Lévy-Dhurmer e em especial Carloz Schwabe, que possuía ardorosos admiradores no Rio de Janeiro. Entre estes cumpre citar o joalheiro e colecionador Luiz de Rezende, esteta requintado, que por ocasião de sua morte, ao fim dos anos 1920, legou ao Museu Nacional de Belas-Artes os melhores exemplos dessa tendência que existem em coleções públicas no Brasil.

A fim de não prolongar por mais tempo, nesta mera exemplificação de método, os inúmeros pormenores que enriquecem a complexa intencionalidade da tela em questão, vamos procurar abordar, em tal contexto, o correlacionamento de comportamentos de ficcionista e pintor em função dos seus respectivos meios de expressão. Ao assumir a ideia de representar a "festa magna" e as "horas suntuosas" propostas no texto machadiano com tanta sutileza, foi impossível ao artista plástico evitar certa banalização, em sentido explicativo e mesmo didático, do sistema de negações táticas que está na base da narrativa machadiana e do discurso ficticiamente titubeante da Voz-que-diz-eu, todo idas e vindas, retomadas e dúvidas; autêntico *contraponto fugato* da composição romanesca, constitui, ao mesmo tempo, força e sistema defensivo do ficcionista. Impossível, portanto, supor que todos esses elementos da estratégia do sucessivo, legítimos numa arte do tempo como o romance, pudessem encontrar função numa arte do espaço como a pintura. As evanescentes "visões" das personagens no raconto, ensejadas pela atmosfera mágica do baile, tratados com o necessário distanciamento pelo tom sardônico do Narrador do romance, tornar-se-ão aqui pesados elementos da moral da fábula (o aproximar-se silencioso do golpe de Estado enquanto alienados sonham a continuação do *status quo*, e não conseguem perder certo sabor óbvio de sermão dominical. Contudo, transferiram-se ao Pintor, enquanto narrador visual, algumas atribuições do romancista. Participando da mesma onisciência criadora, coube a ele "definir" e "dispor"

De um capítulo do *Esaú e Jacó* ao painel d*O Último baile*

o sentido, o alcance e o momento da cena que decidiu imobilizar, a fim de nela fixar a figuração. Coube-lhe ainda consolidar os nexos narrativos e o complexo encadear da ação através dos espaços pictóricos que dispôs e definiu na ordem ideal que o espectador deveria seguir. E a ele coube ainda recriar a multiplicidade de tempos emblematicamente sugerida e devidamente alegorizada, em nosso caso específico, na expressiva topografia desse céu significante.

Também a ambiguidade narrativa não se perderia de todo no contexto do quadro; dentro do mesmo persiste a oscilação da leitura e uma relativa manipulação de personagens e leitor, inseparável do espírito machadiano. A "Coroação de Isabel I" pode assim ser "lida" como narrativa áulico-triunfalista que enfuna o gesto largo do Presidente do Conselho postado diante do Pavilhão da Guardamoria, aí realmente estendendo o braço para o longe com ênfase quase operística (o que criaria um subnúcleo anedótico suplementar, na expressão sombria do Imperador, que de corpo presente ouve falar do reinado que há de suceder ao seu), bem como pode ser apenas uma "imaginação" mítico-apoteótica da Princesa Imperial, "enxergando" fantasiosamente esse momento excelso da sua vida, conforme a visão devota e clerical que lhe era atribuída pelos contrários.

O tratamento da figura da filha e herdeira de Pedro II na tela é cheio de imponência e altivez. A luz dura que cai do pórtico orla o decote do seu vestido de gala como um colar luminoso e se reflete na tiara que a coroa com imponência régia. Bem diferente, a seu lado, o Conde d'Eu, consorte da futura soberana, fixado numa posição mesquinha, como que de voraz rapacidade, e que, pretendendo reproduzir apenas um cacoete da sua surdez, já então avançada, alude antes à fama de ambição e avareza que os inimigos do regime espalhavam com êxito entre o público — tratamento que nos relembra a atividade de caricaturista que Aurelio de Figueiredo exerceu, a partir dos anos 1870, seja no Recife, seja na Corte.[7]

Participa ainda da técnica do narrador machadiano a maneira em que o pintor tratou de situar nesse contexto espacial, em posição ao mesmo tempo discreta e relevante, a inexorável "marcha da República", que abre caminho no céu, indiferente às pompas e sonhos espectrais da Monarquia; ignorando os demais figurantes, ela se dirige apenas para o público. Voltada tão somente para o espectador, esta visão ("... coisas futuras..."), do espectador apenas exige a resposta de adesão — ou repulsa — ao seu recado.

Colocando nos dois pratos da alegórica balança celeste a apoteose da Monarquia (fatia de sonho, ilusão) e a apoteose da República (fatia de vida, realidade) — alegorias conflitantes, opostas mas complementares — o artista criava um movimento ternário, em que o presente presago da "comédia humana" levava naturalmente à "comédia dos deuses" simbolizada no céu, enquanto concomitantes pôr do sol e aurora. Uma silenciosa viagem do presente ao condicional e ao futuro: o que estava sendo disposto entre aquilo que poderia ter sido e o que viria a ser. De ambos participam prosopopeia e alegoria: a República personificada na imagem tradicional da matrona severa, com a coifa encarnada do país frígio, a sustentar o imenso pálio estrelado do novo regime; o Império, festa baça de luz e som de certa coroação imponderável. Em tudo isso, ainda que banalizado, permaneceria o tema machadiano da desilusão, da miragem de um momento, no qual deve ser colhido, contudo, o que nele existe de fugitivo consolo. E a tela efetivamente conserva, num véu de melancolia impalpável, a atmosfera mágica, as horas fascinantes e breves, o sonho veneziano, a cesta de luzes perdida na imensidão tranquila do mar. E se no romance o que importava era a verbalização do movimento alegórico, no quadro tentou-se, não importa se com as inevitáveis limitações, a visualização do mesmo movimento, que também procurou não abdicar de complexidade e da ambiguidade do seu próprio código.

APÊNDICES

1.

Apesar da sua relativa extensão, transcrevemos aqui, na íntegra, enquanto possível peça comprobatória das nossas afirmações anteriores, o capítulo de *Esaú e Jacó* a que se refere o texto anterior. Nele mais uma vez se pode verificar a técnica de esbatimento de planos perseguida pela escrita machadiana e o caráter nuclear da função digressiva do narrador, enquanto livre meio de passagem do cotidiano ao fantástico e vice--versa. Uma espécie de composição divisionista do andamento narrativo, que já nos levou a aproximar, em outro trabalho,[8] a palpitação contrastante dos elementos constitutivos do texto ficcional do nosso autor com o frêmito cromático da tela de Seurat, cuja construção atomística acompanha rigorosos pressupostos. A digressão do narrador em Machado é assim quase sempre simétrica e complementar ao devaneio das personagens: embora parecendo tender antes à dispersão, por assumir os mais diversos viezes, um e outra, digressão e devaneio, conduzem com mal dissimulado rigor o andamento da narrativa para onde o deseja o romancista.

No trecho que aqui nos interessa, imantadas pela embriaguez de sensações que irradiam luz, cores, sons da festa, as personagens liberam o desejo que se configura nas egocêntricas "visões" de uns e no ansioso "vago n'alma" da moça Flora. Tudo consciensciosamente condimentado pela ironia do autor, que expõe e descreve a fragilidade dessas recônditas fantasias destinadas a se diluírem em nada. O fio histórico que tece tela tão impalpável é coerente com o conformismo social dos figurantes aqui postos em cena. De acordo com o lugar e o momento de tão frágil euforia — o homem põe, Clio dispõe —, trata-se da "ilusão do Terceiro Reinado". Um título preciso que o pintor iria desentranhar do significado objetivo da cena para denominar o seu painel. Miragem que, na festa prestigiosa, com a serena presença da herdeira da Coroa, propiciava as demais ilusões que ali embalavam as personagens machadianas.

Nesse contexto narrativo a figura da Princesa Imperial, embora de modo fugidio e quase apenas alusivo, torna-se o fulcro que coordena e objetiva as intenções do autor, segundo as sutis linhas de fuga características do discurso simbólico machadiano —, sempre coerente e cerrado. Assim, ao se inspirar Aurelio de Figueiredo nesta "cena de romance" *sui generis* para um suposíticio "quadro histórico", de claras intenções políticas e moralizantes, embora simplificasse a elaborada concepção do escritor, conseguiria sempre colher o núcleo significante da mesma. O artista plástico definiria então o "episódio central" do painel, fixando-o nas *dramatis personæ* decisivas da Princesa Imperial e do Presidente do Conselho de Ministros. Embora cercados de incontáveis comparsas, são estes que na... cena muda em que defrontam, hão de encaminhar o desdobramento dos significados que a pintura desejava comunicar. O braço estendido de Ouro-Preto, o olhar alto de Isabel, encaminham a leitura do observador para a cena "imaginária" da coroação celeste — à qual, por sua vez, responde, em simetria, a cavalgada que uma emblemática República vestida de branco encabeça.

Aurelio, é certo, reduziu as irônicas, ambíguas "visões" do romance a alegorias de função perfeitamente definida: fantasmagoria veiada de sarcasmo, uma; fatia de vida acrescida de sublime, a outra. Debaixo da luz incerta dessas miragens de crepúsculo, fim de tarde que é também madrugadinha, além da galeria político-social da hora, minuciosamente efigiada em todas as variantes da pose de retrato,[9] o nosso pintor desdobraria nos apontamentos paisagísticos do texto, ora literais, ora metafóricos, a parte melhor e mais perfeitamente realizada da sua ambiciosa criação.

Lembre-se de passagem que também Sousândrade tratou, de maneira crescentemente mítica e abstratizante, a figura da Princesa Isabel no seu frustro poema "Harpa de oiro", composto de modo saltuário entre 1889 e 1899. O baile da Ilha Fiscal é evocado logo no princípio do texto. O autor nele glosa certo episódio, reiterado como um tema musical, a que pretende atribuir força de presságio: o leque, em meio à festa, que escapa por entre os dedos da Condessa d'Eu e cai — cifra do cetro que, dentro de poucos dias, havia de lhe fugir da mão.

Machado de Assis, *Esaú e Jacó*,
capítulo XLVIII, "Terpsícore":

Nenhuma dessas cousas preocupava Natividade. Mais depressa cuidaria do baile da Ilha Fiscal, que se realizou em novembro para honrar os oficiais chilenos. Não é que ainda dançasse, mas sabia-lhe bem ver dançar os outros, e tinha agora a opinião de que a dança é um prazer dos olhos. Esta opinião é um dos efeitos daquele mau costume de envelhecer. Não pegues tal costume, leitora. Há outros também ruins, nenhum pior, este é o péssimo. Deixa lá dizerem filósofos que a velhice é um estado útil pela experiência e outras vantagens. Não envelheças, amiga minha, por mais que os anos te convidem a deixar a primavera; quando muito, aceita o estio. O estio é bom, cálido, as noites são breves, é certo, mas as madrugadas não trazem neblina, e o céu aparece logo azul. Assim dançarás sempre.

Bem sei que há gente para quem a dança é antes um prazer dos olhos. Nem as bailadeiras são outra cousa mais que mulheres de ofício. Também eu, se é lícito citar alguém a si mesmo, também eu acho que a dança é antes prazer dos olhos que dos pés, e a razão não é só dos anos longos e grisalhos, mas também outra que não digo, por não valer a pena. Ao cabo, não estou contando a minha vida, nem as minhas opiniões, nem nada que não seja das pessoas que entram no livro.

De um capítulo do *Esaú e Jacó* ao painel dO *Último baile*

Estas é que preciso pôr aqui integralmente com as suas virtudes e imperfeições, se as têm. Entende-se isto, sem ser preciso notá-lo, mas não se perde nada em repeti-lo.

Por exemplo, Dona Cláudia. Também ela pensava no baile da Ilha Fiscal, sem a menor ideia de dançar, nem a razão estética da outra. Para ela, o baile da ilha era um fato político, era o baile do Ministério, uma festa Liberal, que podia abrir ao marido as portas de alguma presidência. Via-se já com a Família Imperial. Ouvia a Princesa:

— Como vai, Dona Cláudia?

— Perfeitamente bem, Sereníssima Senhora.

E Baptista conversaria com o Imperador, a um canto, diante dos olhos invejosos que tentariam ouvir o diálogo, à força de os fitarem de longe. O marido é que... Não sei que diga do marido relativamente ao baile da Ilha. Contava lá ir, mas não se acharia a gosto; pode ser que traduzissem esse ato por meia conversão. Não é que só fossem Liberais ao baile, também iriam Conservadores, e aqui cabia bem o aforismo de Dona Cláudia que não é preciso ter as mesmas ideias para dançar a mesma quadrilha.

Santos é que não precisava de ideias para dançar. Não dançaria sequer. Em moço dançou muito, quadrilhas, polcas, valsas, a valsa arrastada e a valsa pulada, como diziam então, sem que eu possa definir melhor a diferença; presumo que na primeira os pés não saíam do chão, e na segunda não caíam do ar. Tudo isso até os vinte e cinco anos. Então os negócios pegaram dele e o meteram naquela outra contradança, em que nem sempre se volta ao mesmo lugar ou nunca se sai dele. Santos saiu e já sabemos onde está. Ultimamente teve a fantasia de ser deputado. Natividade abanou a cabeça, por mais que ele explicasse que não queria ser orador nem ministro, mas tão somente fazer da Câmara um degrau para o Senado, onde possuía amigos, pessoas de merecimento, e que era eterno.

— Eterno? interrompeu ela com um sorriso fino e descorado.

— Vitalício, quero dizer.

Natividade teimou que não, que a posição dele era comercial e bancária. Acrescentou que política era uma cousa e indústria outra. Santos replicou, citando o Barão de Mauá, que as fundiu ambas. Então a mulher declarou por um modo seco e duro que aos sessenta anos ninguém começa a ser deputado.

— Mas é de passagem; os senadores são idosos.

— Não, Agostinho, concluiu a baronesa com um gesto definitivo.

Não conto Ayres, que provavelmente dançaria, a despeito dos anos; também não falo de Dona Perpétua, que nem iria lá. Pedro iria, e é natural que dançasse, e muito, não obstante o afinco e paixão dos seus estudos. Vivia enfeitiçado pela Medicina. No quarto de dormir, além do busto de Hipócrates, tinha os retratos de algumas sumidades médicas da Europa, muito esqueleto gravado, muita moléstia pintada, peitos cortados verticalmente para se lhes verem os vasos, cérebros descobertos, um cancro de língua, alguns aleijões, cousas todas que a mãe, por seu gosto, mandaria deitar fora, mas era a ciência do filho, e bastava. Contentava-se de não olhar para os quadros.

Quanto a Flora, ainda verde para os meneios de Terpsícore, era acanhada ou arrepiada, como dizia a mãe. E isto era o menos; o mais era que com pouco se enfadaria, e, se não pudesse vir logo para casa, ficaria adoentada o resto do tempo. Note-se que, estando na Ilha, teria o mar em volta, e o mar era um dos seus encantos; mas, se lhe lembrasse o mar, e se consolasse com a esperança de o mirar, advertiria também que a noite escura tolheria a consolação. Que multidão de dependências na vida, leitor! Umas cousas nascem de outras, enroscam-se, desatam-se, confundem-se, perdem-se, e o tempo vai andando sem se perder a si.

Mas donde viria o tédio a Flora, se viesse? Com Pedro no baile, não; este era, como sabes, um dos dous que lhe queriam bem. Salvo se ela queria principalmente ao que estava em São Paulo. Conclusão duvidosa, pois não é certo que preferisse um a outro. Se já a vimos falar a ambos com a mesma simpatia, o que fazia agora a Pedro na ausência de Paulo, e faria a Paulo na ausência de Pedro, não me faltará leitora que presuma um terceiro... Um terceiro explicaria tudo, um terceiro que não fosse ao baile, algum estudante pobre, sem outro amigo nem mais casaca que o coração verde e quente. Pois nem esse, leitora curiosa, nem terceiro, nem quarto, nem quinto, ninguém mais. Uma esquisitona, como lhe chamava a mãe.

Não importa; a esquisitona foi ao baile da Ilha Fiscal com a mãe e o pai. Assim também Natividade, o marido e Pedro, assim Ayres, assim a demais gente convidada para a grande festa. Foi uma bela ideia do Governo, leitor. Dentro e fora, do mar e de terra, era como um sonho veneziano; toda aquela sociedade viveu algumas horas suntuosas, novas para uns, saudosas para outros, e de futuro para todos,

De um capítulo do *Esaú e Jacó* ao painel d*O Último baile*                                    153

— ou, quando menos, para a nossa amiga Natividade — e para o conservador Baptista.

Aquela considerava o destino dos filhos, — cousas futuras! Pedro bem podia inaugurar, como ministro, o Século XX e o Terceiro Reinado. Natividade imaginava outro e maior baile naquela mesma Ilha. Compunha a ornamentação, via as pessoas e as danças, toda uma festa magna que entraria na História. Também ela ali estaria, sentada a um canto, sem se lhe dar do peso dos anos, uma vez que visse a grandeza e a prosperidade dos filhos. Era assim que enfiara os olhos pelo tempo adiante, descontando no presente a felicidade futura, caso viesse a morrer antes das profecias. Tinha a mesma sensação que ora lhe dava aquela cesta de luzes no meio da escuridão tranquila do mar.

A imaginação de Baptista era menos longa que a de Natividade. Quero dizer que ia antes do princípio do Século, Deus sabe se antes do fim do ano. Ao som da música, à vista das galas, ouvia umas feiticeiras cariocas, que se pareciam com as escocesas; pelo menos, as palavras eram análogas às que saudaram Macbeth: — "Salve, Baptista, ex-Presidente de Província!" — "Salve, Baptista, próximo Presidente de Província!" — "Salve, Baptista, tu serás ministro um dia!" A linguagem dessas profecias era Liberal, sem sombra de solecismo. Verdade é que ele se arrependia de as escutar, e forcejava por traduzi-las no velho idioma Conservador, mas já lhe iam faltando dicionários. A primeira palavra ainda trazia o sotaque antigo: "Salve, Baptista, ex-Presidente de Província!" mas a segunda e a última eram ambas daquela outra língua Liberal, que sempre lhe pareceu língua de preto. Enfim, a mulher, como *lady* Macbeth, dizia nos olhos o que esta dizia pela boca, isto é, que já sentia em si aquelas futurações. O mesmo lhe repetiu na manhã seguinte, em casa. Baptista, com um sorriso disfarçado, descria das feiticeiras, mas a memória guardava as palavras da ilha: "Salve, Baptista, próximo Presidente!" Ao que ele respondia com um suspiro: Não, não, filhas do Diabo...

Ao contrário do que ficou dito atrás, Flora não se aborreceu na Ilha. Conjeturei mal, emendo-me a tempo. Podia aborrecer-se pelas razões que lá ficam, e ainda outras que poupei ao leitor apressado; mas, em verdade, passou bem a noite. A novidade da festa, a vizinhança do mar, os navios perdidos na sombra, a cidade defronte com os seus lampiões de gás, embaixo e em cima, na praia e nos outeiros, eis aí aspectos novos que a encantaram durante aquelas horas rápidas.

Não lhe faltavam pares, nem conversação, nem alegria alheia e própria. Toda ela compartia da felicidade dos outros. Via, ouvia, sorria, esquecia-se do resto para se meter consigo. Também invejava a Princesa Imperial, que viria a ser Imperatriz um dia, com o absoluto poder de despedir ministros e damas, visitas e requerentes, e ficar só, no mais recôndito do Paço, fartando-se de contemplação ou de música. Era assim que Flora definia o ofício de governar. Tais ideias passavam e tornavam. De uma vez alguém lhe disse, como para lhe dar força: "Toda alma livre é Imperatriz!".

Não foi outra voz, semelhante à das feiticeiras do pai nem às que falavam interiormente a Natividade, acerca dos filhos. Não; seria pôr aqui muitas vozes de mistério, cousa que, além do fastio da repetição, mentiria à realidade dos factos. A voz que falou a Flora saiu da boca do velho Ayres, que se fora sentar ao pé dela e lhe perguntara:

— Em que é que está pensando?

— Em nada, respondeu Flora.

Ora, o Conselheiro tinha visto no rosto da moça a expressão de alguma cousa e insistia por ela. Flora disse como pôde a inveja que lhe metia a vista da Princesa, não para brilhar um dia, mas para fugir ao brilho e ao mando, sempre que quisesse ficar súbdita de si mesma. Foi então que ele lhe murmurou, como acima:

— Toda alma livre é Imperatriz.

A frase era boa, sonora, parecia conter a maior soma de verdade que há na terra e nos planetas. Valia por uma página de Plutarco. Se algum político a ouvisse poderia guardá-la para os seus dias de oposição ao governo, quando viesse o Terceiro Reinado. Foi o que ele mesmo escreveu no *Memorial*. Com esta nota: "A meiga criatura agradeceu-me estas cinco palavras".


2.

No último romance que viria a publicar — *Fogo fátuo* (Porto, Lello, 1929) — Coelho Netto esboçou, com todas as minúcias enumerativas da técnica naturalista, elaborada descrição do baile da Ilha Fiscal, do ponto de vista de quem dele não participou e foi espiar a "festa magna" de longe, olhando o mar das amuradas do Cais Pharoux, no Largo do Paço. O mesmo ponto de vista, aliás, do desenho a pastel de autoria do Professor Honório Esteves do Sacramento, da Academia Imperial de

Belas-Artes, que, na edição de 13 de novembro de 1889, noticiava *O Paiz* encontrar-se exposto no salão daquela folha. Pastel de proporções avantajadas e belo efeito colorístico, representava "a Ilha Fiscal na noite de 9 de novembro último, com todos os efeitos de luz não só nos edifícios mas em toda a baía e vasos de guerra fundeados no poço" (*apud* F. Marques dos Santos, *op. cit.*, p. 81, nota).

Terá essa frágil composição sobre papel sobrevivido à mudança de regime que aconteceu três dias depois? O zelo iconoclasta, menos do partido triunfante do que dos adesistas mais ansiosos de provas de dedicação vistosas ao novo estado de coisas, não hesitou lancear, através do vasto território do ex-Império, os retratos oficiais a óleo do soberano deposto, estadeados em repartições públicas e câmaras municipais; teria ele poupado, em ponto tão central da cidade onde se dera a "revolução", essa pintura que documentava um momento de brilhante euforia do governo exilado? Ou seria o mesmo autor da obra o primeiro a fazer desaparecer a pintura, que talvez pudesse revelar apego e/ou admiração pelo regime decaído? Tanto mais da parte de um membro docente da Academia Imperial, considerada pelas novas gerações de artistas, inamovível ninho de áulicos.

Ao contrário da tela de Aurelio, que parece acompanhar estruturalmente, nos seus significados últimos, o capítulo de Machado em *Esaú e Jacó*, a cena de *Fogo fátuo* parece coincidir antes com a intenção meramente descritiva e documentária do "desenho a pastel" de Honório Esteves, mineiro nostálgico do mar, para quem a fantasmagoria luminista da "festa veneziana" do Gabinete Ouro-Preto (outro mineiro) apresentaria singular aura prestigiosa.

*Fogo fátuo* procura recuperar, ao fim da vida do seu autor, o tom e o espírito de *A conquista*, narrativa autobiográfica que Coelho Netto havia publicado em 1897 — primeiro no jornal *A Republica*, de Alcindo Guanabara, dois anos depois em volume, pela Casa Laemmert, com o subtítulo *Cenas da vida literária*: uma espécie de testamento romanesco da geração que havia *conquistado* além do próprio lugar ao sol nas Artes, ainda a Abolição e a República. Ao abordar, quase trinta anos depois, a mesma ambiência daquela obra, retomando até a maioria de comparsas que ali aparecem, *Fogo fátuo* não possui mais, no entanto, o tom eufórico do primeiro livro. Trata-se antes de um balanço do tempo passado, saudoso, comovido, sem dúvida, mas revisto com certo travo amargo, que o próprio título confirma na dedicatória melancólica "À memória de

Paula Ney, o dissipador de gênio". Já a chamada da página seguinte — "Quem o conheceu, reconhecê-lo-á", pretende conferir ao texto o caráter de *chose vue et vécue*, provavelmente sem vantagem, seja literária seja documental, para os dois gêneros aí confundidos, ficção e reminiscências.

Embora publicado em data tardia — no ano seguinte a *Macunaíma* e *A Bagaceira*, quando a *Revista de Antropofagia* entrava na "segunda dentição" — o romance deve ter sido iniciado num dos dois primeiros decênios do século, talvez após a conclusão de *Rei Negro* (publicado em 1914), pois o Capítulo III da obra seria divulgado, em maio de 1920, na revista carioca *Athletica*.[10] Dividido entre pesadíssimos encargos jornalísticos e lexicográficos, Coelho Netto não teria conseguido completar o texto da obra antes de 1927, quando o teria revisto e enviado ao editor portuense.

Sem apresentar nenhuma inovação de monta relativamente à escrita ou à técnica narrativa de obras anteriores, *Fogo fátuo* é contudo um livro poderoso. Dividindo a ação em unidades cronologicamente escandidas (capítulos sucessivos e independentes perfazem o itinerário do personagem central, que o amigo Anselmo de tanto em tanto perde de vista), constitui uma das melhores realizações do novelista de *Inverno em flor* (1894) e *Turbilhão* (1906), além de incomparável documentário de teor naturalista sobre a vida fluminense nos últimos anos do século XIX (a ação transcorre aproximadamente entre 1875 e 1895).

O episódio aqui transcrito dá bem ideia das qualidades e defeitos da obra: poder de recriação de cenas com grandes grupos humanos, indiscutível *brio* no conduzir a narrativa, certo sentido humorístico bastante pessoal, sincera emoção criadora, vigor dramático, viciados muitas vezes, no entanto, pela busca afinal ingênua de efeitos vistosos, seja ao nível da representação ficcional seja ao nível da escrita. Um vocabulário farto, utilizado de maneira exteriorizante, quase mecânica, que mais parece vezo abrangente de dicionarista, escassamente controlado pela necessidade inventiva, faz o estilo tropeçar com frequência, acumulando achados ao mesmo tempo toscos e preciosistas, que empecem a frase com afetação alheia ao contexto e logo alcançam o *kitsch*. Ao se apoiar, sem maior rigor, nas muletas de uma enumeração exaustiva, Netto transforma-se num pintor de gênero abaixo do seu legítimo talento, mesmo ao se reafirmar herdeiro tardio do Naturalismo de escola que, nesta obra, publicada em plena inquietação modernista, permanece fiel aos postulados estéticos da juventude dele.

Coelho Netto, *Fogo fátuo*, capítulo XIX:[11]

[...] E eis porque os parnásides deixaram de comparecer ao grande baile oferecido pelo Governo à oficialidade do couraçado chileno *Almirante Cochrane*, então surto na baía.

A cidade vibrava em aforçurado borborinho. O movimento na Rua do Ouvidor começara cedo. Eram os alfaiates, as costureiras, os sapateiros, os armarinhos e perfumistas expedindo encomendas; eram os cabeleireiros em azáfama: eram caixeiros e negros de ganho com embrulhos e pacotes. A Chapelaria Watson regorgitava de políticos. Do *Paschoal* saíam caixas sobre caixas, latas enormes, taboleiros espalhando aroma adocicado de pudins e folheados e massas de pastelaria, num desfile pantagruélico de victualhas e bebidas. E não se falava senão no baile — nas casas, nos bondes, nas ruas, em volta dos quiosques, nos engraxates, desde os mais remotos subúrbios até o cais onde se ajuntavam para embarque as comedorias, pilhas de balões venezianos, camadas de escudos alegóricos, feixes de mastros sarapintados e, espadejando o mar espumarado, bufando, apitando, num atravancamento de abalroos, por entre gritos dos tripulantes que empunhavam croques, lanchas que chegavam ou partiam para carregar ou já abarrotadas. Além da festa, que alvoroçava a cidade, era sábado, um lindo sábado de sol, dia elegante, e os que não iam ao baile queriam, ao menos, sentir-lhe os aprestos, ver a cidade, ouvir os comentários, informar-se do que seria essa festa, como jamais houvera nem mesmo depois da guerra, à chegada das tropas do Paraguai. [...]

Vencer a multidão que entupia a Rua do Ouvidor, só a aríete. Resolveram varar pela Rua do Carmo e tomar Sete-de-Setembro até o Largo do Paço. Ao passarem sob o passadiço que ligava o Paço à Capela Imperial, o Alazão esputou uma heresia a propósito da união da Igreja e do Estado. Neiva protestou:

— Perdão, meu caro: respeito à crença. Eu sou católico e não admito pilhérias com a Religião.

O céu, para os lados do mar, alvejava como aos primeiros albores da madrugada e, de quando em quando, irradiavam alfanjes luminosos, como em combates titânicos nas alturas. E a lua, tímida, encolhia-se, enrolada em nuvens.

Ao chegarem ao cais deteve-os em êxtase o espetáculo maravilhoso da Ilha Fiscal toda incendida, cercada dos couraçados *Almirante Cochrane*, chileno, *Riachuelo*, *Aquidabã* e outros navios de guerra delineados a luminárias, desde a ponta dos mastros, até a linha de flutuação, varrendo o espaço e o mar a projeções de holofotes ou focalizando os mesmos sobre a Ilha que, por sua vez, com aparelhos idênticos, instalados nas torres, alumiava tudo em volta, ora em barragem, ora por elevação, revelando os montes de Niterói dentro de uma neblina tênue.

Barcas Ferry, faluas, botes iam e vinham orlados de lanternas venezianas e fieiras de luzes que se reflectiam nas águas em piscas e tremulinas. Era um sulfurear de fogaréus, um lagartear incessante de luminárias e, apesar da distância, na serenidade tépida do ar, chegavam sons festivos de músicas e uma zoeira contínua como quebrança do mar.

Na ponte das barcas, armada em bosque iluminado a lanternas chinesas e tigelinhas, uma banda da Polícia, em grande gala, estrondava em fandangos carnavalescos e em lundus dengosos. E a turba, engrossada a mais e mais, murmurejava. Por vezes rompiam cantorias, estalavam gargalhadas, arreliavam-se disputas. Chegavam carros: *landaus*, *coupés*, *victorias*, traquitanas arcaicas, almanjarras desconjuntadas, *tilburys* e despejavam *toilettes* de Corte, fardões de gala, casacas muito condecoradas. Ferviam os comentários maldizentes, grandes nomes corriam de boca em boca.

Clangores e clarins anunciaram Suas Majestades. Houve um refluxo na multidão oprimida, protestos, gritos. Policiais empurravam o povo abrindo passagem para a berlinda, precedida dos batedores, que, propositadamente, faziam os ginetes caracolar.

Pardal não se conteve:

— Aí têm vocês o grande brasileiro, o Pai da Pátria, o neto de Marco Aurelio, o Salomão de papos de tucano. É isto! Olhem o que fazem os seus janízaros: em vez de pedirem licença, atiram os cavalos sobre o povo, pisando a torto e a direito.

[...] O Alazão e Fortúnio despediram-se. Os demais, rompendo dificilmente a multidão, cada vez mais densa, avançaram até o meio do Largo, onde fizeram alto para respirar. Voltando-se, então, para o lado do mar, admiraram a Ilha Fiscal, toda em fogo, relumbrando como uma coroa imensa, cujo reflexo nimbava o ouro do céu.

— Heim!? Deixem lá. Um pouco pulha, mas de efeito.

De um capítulo do *Esaú e Jacó* ao painel d*O Último baile*

— Muito espalhafatoso, criticou Anselmo. Um grande fogo de artifício.

— Não. Tem paciência. Sejamos justos. Eu vou atacar, mas que está belo, que tem gosto... isso... Parece uma grande vitrina, como a do Farani ou a do Rezende, mas colossal! Vitrina como deviam ser as dos joalheiros de Brobdignag, a terra dos gigantes, onde se perdeu Gulliver [...].


3.

O único texto de ensaísta não brasileiro que conhecemos sobre o painel de Aurelio de Figueiredo é o breve comentário de Mario Praz (1896-1982), que reproduzimos a seguir na língua original em que foi escrito. Faz parte de um dos artigos enviados pelo autor de *La Casa della fama* em 1960 para o *Corriere della Sera* milanês, em que Praz comentava, passo a passo, a viagem que empreendera ao Brasil durante a construção da nova capital. Artigo que ele intitulou, aliás, "L'ultimo ballo dell'Impero" e foi posteriormente inserido em *I volti del tempo*, volume de 1964, onde se reproduz, sangrada de fora a fora na página, uma foto da composição de Aurelio.

Apesar do sumário juízo valorativo final sobre a obra, "realmente muito feia", a cuidadosa descrição que da mesma empreende o intérprete de *Bellezza e bizzarria* afirma o interesse do historiador da cultura por esse documento eloquente de certo gosto e de certa época, sobre o qual ele foi se informar e documentar. Note-se aliás o errôneo esclarecimento que lhe foi passado sobre a alegoria da coroação de Isabel I, identificada — em leitura redutiva, de corte naturalista, corrente entre os nossos observadores "eruditos" do quadro — como sendo a entrega da pontifícia Rosa de Ouro à Princesa Imperial do Brasil: a consagradora homenagem do Santo Padre a uma ardorosa católica que, na qualidade de Regente do Império e futura soberana, havia tomado decisiva responsabilidade no difícil processo da Abolição do Cativeiro em curso num estado escravista.

Em fevereiro de 1974, levado por Luciana Stegagno Picchio (antiga aluna dele na Universidade de Roma), tive o privilégio de passar toda uma tarde conversando com Mario Praz, no inverossímil apartamento "neoclássico" que ocupava em Palazzo Prímoli, sede do Museo Napoleonico, de que era diretor. Apartamento forrado com os inumeráveis pertences dele, móveis e objetos de arte de época, recolhidos ao longo de uma vasta vida de colecionador e *connoisseur* que era ao mesmo tempo intérprete e decifrador daquilo que recolhia. Nessa ocasião falou-se detidamente sobre a concepção icônica e narrativa da obra de Aurelio, tendo o mestre de *La Carne, la morte e il diavolo nella letteratura romantica* ouvido com benevolência e atenção muito europeias o esboço de leitura que o visitante propunha desse quadro apenas sul-americano. Valha portanto a presente transcrição como homenagem ao sutil e desencantado intérprete de superestruturas que perdemos no correr de 1982, aos 86 anos da sua idade.

Mario Praz, *I volti del tempo*,[12]
capítulo "L'ultimo ballo dell'Impero":

[...] Ma al Museo di Rio [leia-se: Museu Histórico Nacional] domina veramente la malinconia delle cose morte: servizi di porcellana di Serraguemines, con ritratti di Pedro e Teresa Cristina, che non serviranno più ad alcun convito, la goffa pistola cesellata d'oro del presidente Washington Luiz che non sparerà più, se mai abbia un tempo sparato, un braccialetto fatto dei capelli di tutti i membri della famiglia di Donna Rita Bandeira de Mello Franco, piccoli altari domestici rococò (*oratorios*) dinanzi a cui nessuno più pregherrà, goffi lampadari di bronzo e opaline che non illumineranno più nessun palazzo, vestito e manto d'una dama della Principessa Imperiale, con la seta bianca sfilacciata intorno agl'intatti ricami d'argento, sgraziati troni sostenuti da sfingi dorate o da leoni dall'aspetto imbronciato, un dagherrotipo di Pedro II in cui il fotografo ha dimenticato d'occultare il sostegno del capo del personaggio in posa, calchi delle mani sensitive, un po' effeminate, dell'imperatore, un'estatico ritratto della famiglia imperiale dove dominano il nero, il bianco e l'azzurro, simile a un Renoir provinciale, un quadro allegorico del matrimonio di Pedro I e Leopoldina in cui il sovrano prende un gioiello da un vassoio presentato da un angelo, ventagli allegorici con scene idilliche e simboli massonici, ombrellini decorati di cineserie della marchesa di Santos e, a patetico coronamento della visita, *L'ultimo ballo della Monarchia*, enorme quadro di Aurélio de Figueiredo ispirato dal ballo che ebbe luogo il 9 novembre 1889 nella Ilha Fiscal a Rio in onore dell'equipaggio d'una nave cilena.

Sotto un cielo occupato dagli ultimi bagliori del crepuscolo, al lume di lampioni, una folla di uomini barbuti e di dame in *décolleté* di fronte a un padiglione illuminato s'intrattiene sulla riva d'un braccio di mare in cui sostano battelli pure illuminati a festa: nello sfondo il Pan di Zucchero. Tra le nuvole, come nel famoso *Entierro* del conte d'Orgaz del Greco, si svolge una scena celeste: una dama s'inginocchia dinanzi a un trono su cui siede un personaggio, il baldacchino del trono ha un'immenso strascico, coorti di figure religiose fanno ala. È Isabella che riceve da papa Leone XIII la rosa d'oro per aver liberato gli schiavi. Benchè il titolo del quadro parli di ballo, i grigi personaggi della scena terrestre sotto quella torbida luce rosiccia, non ballano ma sembrano raccolti come per un funerale: uno di essi, sulla sinistra, s'accosta al barbuto imperatore dicendogli qualcosa. È il visconte di Ouro Preto che assicura Sua Maestà che le cose van per il meglio. Una settimana dopo, il 15 novembro 1889, Pedro II doveva abdicare.

Il quadro è veramente assai brutto, ma vi spira lo stesso opprimente senso di fatalità storica che ispirò certe famose opere del Carducci: è dunque uno dei più parlanti documenti del gusto d'un epoca.

[...] Mas no Museu do Rio [leia-se: Museu Histórico Nacional do Rio de Janeiro] predomina verdadeiramente a melancolia das coisas mortas: serviços de porcelana de Serraguemines, com retratos de Pedro e Teresa Cristina, que não servirão mais nenhum banquete, a acanhada pistola, cinzelada em ouro, do presidente Washington Luiz que nunca mais dará um tiro, se é que alguma vez disparou, um bracelete feito com os cabelos de todos os membros da família de Dona Rita Bandeira de Mello Franco, pequenos altares caseiros de estilo rococó (*oratórios*) diante dos quais ninguém mais rezará, desajeitados lampadários de bronze e opalina que não iluminarão mais nenhum palácio, vestido e manto de uma dama de companhia da Princesa Imperial, com a seda branca desfiada em torno dos bordados de prata intactos, desgraciosos tronos sustentados por esfinges douradas ou leões de brônzea aparência, um daguerreótipo de Pedro II no qual o fotógrafo esqueceu de ocultar o apoio que sustenta a cabeça do personagem durante a pose, gravuras das mãos sensíveis, um pouco efeminadas, do imperador, um estático retrato da família imperial em que predominam o negro, o branco e o azul, semelhante a um Renoir provinciano, um quadro alegórico do matrimônio de Pedro I e Leopoldina no qual o soberano toma uma joia de uma bandeja oferecida por um anjo, leques alegóricos com cenas idílicas e símbolos maçônicos, sombrinhas decoradas de *chinoiseries*, pertencentes à Marquesa de Santos e, como patético coroamento da visita, *O Último baile da Monarquia*, enorme tela de Aurelio de Figueiredo inspirada pelo baile que ocorreu a 9 de novembro de 1889 na Ilha Fiscal, no Rio, em homenagem à tripulação de um navio chileno.

Sob um céu invadido pelos últimos esplendores do crepúsculo, à luz dos lampiões, uma multidão de homens barbados e damas em *décolleté* diante de um pavilhão iluminado entretêm-se na beira de um braço de mar no qual se representam barcos iluminados para a festa: ao fundo o Pão de Açúcar. Entre as nuvens, como no famoso *Entierro* do conde de Orgaz, de El Greco, evolui uma cena celeste: uma senhora se ajoelha diante de um trono sobre o qual se senta um personagem, o baldaquim do trono tem uma imensa cauda, coortes de figuras religiosas o ladeiam. É Isabel que recebe do papa Leão XIII a rosa de ouro por haver libertado os escravos. Embora o título da tela mencione um baile, os personagens cinzentos da cena terrestre, sob a turva luz rosada, não dançam, mas parecem estar reunidos para um funeral: um dentre esses, à esquerda, se aproxima do barbudo imperador dizendo-lhe alguma coisa. É o visconde de Ouro Preto que assegura Sua Majestade de que tudo vai bem. Uma semana depois, no dia 15 de novembro de 1889, Pedro II era obrigado a abdicar.

O quadro é realmente muito feio, mas exala o mesmo senso opressivo de fatalidade histórica que inspirou certas obras famosas de Carducci: é, portanto, um dos mais eloquentes documentos do gosto de uma época.

## Notas

[1] Estavam esses apontamentos escritos fazia tempo quando apareceu o livro de contos de Ivan Ângelo *A Casa de vidro* (São Paulo, Livraria Cultura, 1979) trazendo na capa um belo guache de Gregório Corrêa. [Luís *Gregório Gruber* Novais Corrêa (1951) ainda não havia fixado seu nome artístico (N. do O.)]

[2] "Exposição de pintura/ de/ Aurelio de Figueiredo./ Inaugurada em Belém do Pará/ no dia 12 de março de 1907 — no salão do/ Theatro da Paz." "Nº 41. Esboceto do grande quadro histórico — *A Illusão do Terceiro Reinado*, feito por auctorização do

Congresso Federal e adquirido pelo governo do Dr. Rodrigues Alves." Não estava à venda, como, assim também, o de nº 13, "*Garibaldi apresentando-se á Bento Gonçalves* (Esboceto para grande quadro)"; o de nº 21, "*Ractcliff no Aljube* (Esboceto para grande quadro)", o de nº 25, "*Sagração do bispo de Olinda* (Esboceto para grande quadro)", e o de nº 30, "*Dr. Affonso Penna no seu gabinete de Ouro Preto* (Esboceto)". Já o de nº 38, "*Descobrimento do Brazil* (Esboceto que obteve o 1º prêmio do concurso do 4º Centenário. O quadro está no Palácio do Cattete.)", havia sido apreçado em um conto de réis: deve tratar-se da pequena tela hoje integrada ao acervo do Museu Histórico Nacional do Rio de Janeiro. Já o de nº 59, "*Francesca di Rimini* [sic] (Esboceto do quadro existente na Escola de Bellas Artes, do Rio)" valia 500$. Agradeço a José Roberto Teixeira Leite a generosa comunicação deste e de ainda outros documentos sobre Aurelio de Figueiredo, que constituíram contribuições valiosíssimas para as nossas pesquisas: os *programas* do quadro *A Abdicação de Dom Pedro I* e de um monumento ao Marechal Floriano, além dos catálogos das exposições individuais de Aurelio em Belém do Pará, acima citada, no Rio de Janeiro (em 1907 e 1924, esta última póstuma) e em São Paulo (1912 e *c.* 1915). Ainda não consegui ter em mãos o *programa* de *A Ilusão do Terceiro Reinado*, que provavelmente existe e constituirá arriscada prova de fogo às nossas considerações do presente texto.

[3] Ao escrever estas linhas, entre 1899 e 1903 — período provável da redação do seu penúltimo romance —, teria Machado de Assis tido acesso aos belíssimos estudos fotográficos que Marc Ferrez "apanhara", em 1886, no interior do Paço Isabel — a residência oficial do Conde e da Condessa d'Eu, na Corte? Aí aparecem, fixadas num momento de lazer, a Princesa Imperial e a Baronesa de Muritiba no salão íntimo da Princesa; o fotógrafo paginou essas poses cuidadosamente estudadas em formato oval deitado, que delimita, com elegância suplementar, o campo da imagem. Numa delas — pequena obra-prima intimista em que intenso jogo claro-escuro define o ambiente com absoluto requinte figurativo — as duas senhoras aparecem sentadas ao piano, a executar uma peça a quatro mãos; noutra, de angulação mais abrangente e diafragma muito exposto, vemos a mesma sala de outro ponto de vista: a Muritiba lê junto a uma mesa redonda, dobrada em quatro, uma folha do dia, enquanto que Dona Isabel, em pé, de perfil, apoia-se absorta ao piano-armário, o olhar perdido através da ampla porta-janela, cujos reposteiros e cortina contêm mal e mal a exuberante luminosidade exterior. A poderosa atmosfera "proustiana" dessas imagens, evidentemente executadas por um mestre da câmara fixa, recupera, com pungência toda especial, dois momentos sucessivos de um tempo perdido. Momentos que parecem ter sido evocados com inteira fidelidade no romance quando a moça Flora, no baile da Ilha, sonha para si a suprema liberdade da futura soberana: decidir quando e como "poder ficar só, no mais recôndito do Paço, fartando-se de contemplação e de música".

As duas fotos a que nos referimos estão reproduzidas, com a inteira qualidade dos originais, em Gilberto Ferrez & Weston J. Naef. "Pioneer Photographers of Brazil", Washington, The Center for Inter-American Relations, 1976, pp. 132-3. Os originais pertencem à coleção do Príncipe Dom Pedro Gastão de Orleans e Bragança, integrando o precioso arquivo do Palácio Grão-Pará, em Petrópolis.

[4] Conforme registou o cronista social da Corte (*apud* Francisco Marques dos Santos, "O Baile da Ilha Fiscal", *Anuário do Museu Imperial*, Petrópolis, vol. II, 1941, p. 86): "[...] Dona Alexandrina Pereira Guimarães: vestido de *faille* francês azul-claro, cor-

po e cauda de *broché* azul-claro, bordados à Pompadour./ *Dona Paulina de Figueiredo: vestido à* Empire *em seda* armure *azul celeste, com pinturas a óleo feitas por Aurelio de Figueiredo, guarnecido de rendas de Bruxelas verdadeiras.*/ Senhorinha Henriqueta Capanema: *toilette* em *surah crème* e rendas Mâlines verdadeiras, guarnecido de flores miosótis. Faixa de chamatole creme. [...]" etc. Agradeço a minha aluna Katia de Almeida Rossini haver-me assinalado esse pormenor. Consultei ainda com proveito o artigo de Octavia Corrêa dos Santos Oliveira, "O Baile da Ilha Fiscal", publicado nos *Anais do Museu Histórico Nacional*, Rio de Janeiro, vol. II, 1941, pp. 253-67.

[5] Alusão fantasista que pretendeu aproximar, com pernóstica ênfase parnasoide, o "sonho veneziano" da Ilha Fiscal à "festa napolitana" com que Carlos X encerrara o seu reinado em 1830: o faustoso baile que Luís Filipe, ainda por uns dias Duque de Orleans, ofereceu, em sua residência do Palais Royal, a Francisco I das Duas Sicílias e ao Rei seu primo pouco antes da Revolução de Julho. E que mereceria o epigrama do Conde de Salvandy: "*C'est une fête toute napolitaine. Monseigneur; nous dansons sur un volcan*" — frase que tanto Stendhal como Balzac terão devidamente apreciado como digna de ser dita por alguns de seus personagens. Cf. Wanderley Pinho, *Salões e damas do Segundo Reinado* (1942). Na terceira edição (São Paulo, Martins, 1959), p. 129. Narcisse-Achille de Salvandy (1795-1856), intelectual e político francês, havia publicado em 1824, durante a maré alta do entusiasmo romântico, a novela histórica *Don Alonzo*. Conselheiro de Estado e membro da Câmara dos Pares ao final do reinado de Carlos X — quando empreendeu viva oposição ao Gabinete Polignac e insistia em assumir uma posição liberalizante —, teria dirigido a frase famosa durante o baile que o Orleans oferecia ao seu cunhado, o Rei das Duas Sicílias. (Completo com estas informações colhidas no verbete que Pierre Larousse dedicou a Salvandy no volume XIV do *Dictionnaire Universel du XIXe Siècle* a nota de Wanderley Pinho em *Salões e damas*.)

[6] Gonzaga Duque, "A Redempção do Amazonas por Aurelio de Figueiredo", em *Contemporaneos (Pintores e Escultores)*, Rio de Janeiro, Typographia Benedicto de Souza, 1929, pp. 79-86. O artigo em questão, publicado n*O Paiz*, folha da Corte, em 1886, consta da segunda parte do volume, "Exposições"; no índice final, contudo, aparece arrolado como "Exposição Aurelio de Figueiredo". Composto segundo a mais exuberante *escrita artística*, em que o jovem Gonzaga Duque disputava a palma com Raul Pompeia e outros *raros*, que não faziam concessão alguma ao estilo coloquial, este texto é extremamente expressivo seja da vanguardista vontade-de-forma do autor, que aí se entrega, com inteiro abandono, a prolongadas impressões sinestésicas, seja pela agressividade da crítica conteudística, que acompanha, com autoritarismo professo, a tradicional discussão temática das obras expostas, conforme era a regra nos *Salons* redigidos por ficcionistas e homens de letras oitocentistas.

[7] Herman Lima tratou de recuperar, com a proficiência e o cuidado de sempre, a importância do caricaturista Aurelio de Figueiredo no terceiro tomo da sua prodigiosa *História da caricatura no Brasil* (Rio de Janeiro, José Olympio, 1963, pp. 850-64). Além de um autorretrato de Aurelio litografiado em 1878, Herman Lima reproduz sete dos trabalhos do artista aparecidos n*A Comédia Social* (1870-1871), *Semana Illustrada* (1873-1875), revistas da Corte, e n*O Diabo a Quatro* (1878-1879), do Recife.

[8] "*Esaú e Jacó* di Machado de Assis: narratore e personaggi davanti allo specchio", *Annali di Ca' Foscari*, Veneza, vol. X, fasc. 1-2, 1971, p. 63. Vale sempre, para estes

De um capítulo do *Esaú e Jacó* ao painel d*O Último baile*

apontamentos sobre a arte da ficção machadiana, a citação de Félix Fénéon (de *Les impressionistes en 1886*) que abre aquele artigo em forma de epígrafe: "*Tout cela: trop évidemment, en cette écriture — indications brutales; mais dans le cadre —, dosages complexes et délicats*".

[9] "À luz das lâmpadas elétricas, no cais da Ilha, [...] destaca-se a multidão de convivas, que, aos grupos, conversam: senadores, deputados, conselheiros, vereadores, senhoras [...] Entre as pessoas reproduzidas pelo pintor facilmente se identificam, tal a fidelidade dos traços: o Marquês de Paranaguá, o Visconde e a Viscondessa de Saldanha da Gama, o Barão de Capanema, o Barão de Paranapiacaba, o Conselheiro Ferreira Viana, o Conselheiro Saraiva, Arsenio Cintra da Silva e exma. sra. Paulo de Frontin, Simoens da Silva, Maestro Bevilacqua, Arthur Napoleão, Gumarães Passos, Ferreira de Araujo, da *Gazeta de Notícias*, e muitos outros [...]". Octavia Corrêa dos Santos Oliveira, "O Baile da Ilha Fiscal", *Anais do Museu Histórico Nacional*, Rio de Janeiro, vol. II, 1941, pp. 253-4.

[10] Paulo Coelho Netto, *Bibliografia de Coelho Netto*. Com a colaboração de Neuza do Nascimento Kuhn, Brasília, INL, n° 447, 1972, p. 80.

[11] Porto, Lello & Irmãos, 1929.

[12] Nápoles, Edizioni Scientifiche Italiane, 1964.

# 7.

# Ainda reflexos do Baile:
## visão e memória da Ilha Fiscal
## em Raul Pompeia e Aurelio de Figueiredo

"Tem festas do Tejuco pelo céu."

Mário de Andrade,
"Noturno de Belo Horizonte" (1924)

Ainda recentemente procuramos justificar certa hipótese que nos seduzia faz tempo: a possibilidade de que a tela monumental (3,035 m x 7,08 m) de Francisco Aurelio de Figueiredo e Mello, *A Ilusão do Terceiro Reinado*, pintada em 1905, se originasse de sugestões ficcionais do capítulo XLVIII de *Esaú e Jacó*, o nada rotineiro romance de Joaquim Maria Machado de Assis saído do prelo no ano anterior.[1] Isto, a propósito de se analisar, segundo certo critério comparativo aberto, manifestações contemporâneas de artes visuais e arte literária no Brasil. Com o fito de se conseguir visão ao mesmo tempo mais abrangente e mais precisa de aspectos significantes da história intelectual do país.

Dois documentos diversamente relacionados com esse tema nos chegaram às mãos depois disso. São eles que provocam a presente nótula, por nos parecer que reabrem a discussão anterior de modo bastante curioso e inesperado. O primeiro deles: um texto de Raul Pompeia escrito ainda — literalmente — ao calor da "festa magna" (mas só agora recolhido em volume). O segundo: a "explicação" sucinta que do seu painel esboçou o artista visual a pedido de uma das elegantes revistas ilustradas do nosso "1900", então editadas na Capital Federal.[2]

Insinuando nova perspectiva àquele problema, um e outro parecem denunciar ainda maior complexidade intertextual do tema abordado no painel pictórico e no capítulo da narrativa machadiana. Talvez ajudem mesmo a compreender melhor a aura mítica que acabou por fixar de modo definitivo o famigerado baile da Ilha Fiscal no imaginário finissecular caboclo, cujos herdeiros somos nós. Pois aquele episódio de crônica mundana inesperadamente guindado a fator de significação histórica pelas circunstâncias que conhecemos, começou a ser reelaborado por sucessivas visualizações e representações artísticas, as quais trataram de acompanhar, na contrapartida simbólica, o vertiginoso precipitar de acontecimentos e situações que se sucederam nos idos daquele novembro de 1889.

O texto do pintor foi estampado no número 37 da revista carioca *Renascença*, correspondente a março de 1907; aparecia ao lado de uma foto em formato grande da obra, em viragem lilás, que ocupava página inteira — decerto a primeira reprodução da tela divulgada em grande escala. Tal escrito é bem expressivo, embora não constitua propriamente o *programa* do quadro — como aqueles que possuímos do mesmo artista descrevendo, nos pormenores, um projeto de monumento a Floriano Peixoto de 1897 previsto para Porto Alegre (finalmente não erigido), ou a tela que pouco antes dedicara à *Abdicação de Dom Pedro I*, cujo teor fora sugerido pelos historiadores e memorialistas João Manoel Pereira da Silva e José Vieira Fazenda.

Apesar da sua informalidade de notas esparsas para entrevista, como que alinhadas ao acaso, sem maior rigor, quase transcrição de depoimento oral, esse resumo da obra pintada em 1905 constitui autêntica radiografia ideológica do autor. Para não falar no interesse das informações de época que ele nos passa e no expressivo testemunho sobre o ambiente em que evoluía esse pintor desdobrado em homem de boa sociedade, que dessa última categoria não abria mão.[3] Redigidos por testemunha eloquente não apenas da época mas ainda do mesmo baile, tais apontamentos confirmam a situação privilegiada em que Aurelio de Figueiredo se encontrava — não importa os três lustros já agora decorridos entre o evento e a execução da tela — a fim de efigiar, *desde dentro*, ambiente e figurantes dos quais desejara se tornar cronista veraz e confiável do ponto de vista iconográfico.

Um cronista que buscaria reconstituir aquela atmosfera com verossimilhança mínima, sem prejuízo seja das ambiciosas intenções simbólicas que a composição chamou a si, seja dos anacronismos veristas-sentimentais que, de caso pensado, aí inseriu entre as presenças históricas da festa — em substituição de diversos participantes que (conforme ele regista) proibiram-no de os "citar" na tela, ou de quem não lhe fora mais possível obter a imagem contemporânea àquele momento, por morte de uns ou resistência e indiferença de outros.

Quanto ao vibrante engajamento republicano do pintor, não seria tal ao ponto de impedir a participação dele na festa promovida pelo Gabinete Ouro-Preto. Chegado a mundanidades, devia parecer a Francisco Aurelio de todo exata a frase "Não é preciso ter as mesmas ideias para dançar a mesma quadrilha". Conceito que a positiva Dona Cláudia, mãe de Flora-a-impalpável, no capítulo XLVIII de *Esaú e Jacó* dispara sobre o marido Conservador, vacilante se devia ou não prestigiar "festa" de Ministério Liberal. Passagem bem célebre daquela narrativa machadiana que, na cena subsequente, sugeriu ao pintor subordinar a recuperação apenas hedonista de brilhantes imagens do baile famoso a representações alegóricas precisas; imagens simbólicas eloquentes que atribuiriam sentido maior à composição dele. Tais "visões", não resta dúvida, foram inspiradas pelas fantasmagorias projetadas, no mesmo cenário, pelas personagens do romance no citado capítulo XLVIII. Pouco importa que no painel possuam elas rigidez de concepção e intencionalidade moralizante contrárias à desencantada ironia de Machado de Assis; nem por isso se originam menos daquelas. O mesmo fato de que tão complexa orquestração ideológica houvesse tentado Aurelio de Figueiredo apenas em 1904-5, quinze anos após o baile, reforça do modo suplementar a hipótese da subordinação decisiva da concepção dele ao impacto da criatividade machadiana.

Eis aqui o texto do artista:

"O *Advento da República*,
quadro de Aurelio de Figueiredo

Descripção feita pelo Auctor:
Tomei para assumpto do meu quadro o célebre baile da Ilha Fiscal, durante o qual devia ter-se realizado o Golpe que se operou na madrugada de 15 de novembro e a hora escolhida foi justamente: quatro e meia da manhã, quando terminou o baile.

A cena desenvolve-se no terraço da Ilha, vendo-se no fundo parte da cidade ainda iluminada e do lado da barra diversos navios entre os quais sobressai o couraçado *Almirante Cochrane*, da Marinha de Guerra chilena, em honra de cuja oficialidade foi dada a grandiosa festa. Junto à porta principal do edifício, donde vêm saindo, está a Família Imperial acompanhada dos membros do Ministério, grandes da Corte, damas de honor etc. Em frente ao Imperador, que traz pelo braço a Imperatriz e tem ao seu lado o Almirante Bannen, comandante do navio chileno, e o representante diplomático daquela Nação, Don Villamil Blanco, o Senhor Visconde de Ouro Preto, então chefe do Gabinete e promotor da festa, dirige a palavra ao velho monarca, a quem, num gesto de convicção satisfeita, mostra, entre nuvens, a corporização do seu sonho afagado: a coroação da Senhora Dona Isabel d'Eu.

Esse ato, que figuro presidido pelo Sumo Pontífice, acompanhado do seu Colégio de Cardeais, e celebrado entre músicas e cânticos, desenvolvi-o de propósito sobre a silhueta da Candelária, a qual surge vagamente embaixo, do centro da cidade adormecida. Tive em mira mostrar uma das feições provavelmente mais características que teria o Terceiro Reinado, exercido por uma Princesa apaixonada pela música de câmara e extremamente votada à Igreja, da qual pouco tempo antes havia recebido, enviada por Leão XIII como prêmio às suas virtudes católicas, a extraordinária a honrosíssima condecoração da Rosa de Ouro.

Vai-se aproximando do cais a fim de receber a Família Reinante a galeota imperial, hoje iate *Silva Jardim*.

Entre os convivas esparsos pelo grande terraço que circunda o edifício, há muitos retratos de pessoas conhecidas: notabilidades políticas e outras em evidência na época.

Finalmente, em cima, do lado do nascente e destacando-se sobre o clarão avermelhado do arrebol, avulta em penumbra a figura da República Brasileira desfraldando o pavilhão constelado do Cruzeiro e guiando aos novos destinos da Pátria os intemeratos factores da grande jornada, a cuja frente estão: Deodoro da Fonseca, Benjamim Constant, Aristides Lobo, Quintino Bocayuva, Floriano Peixoto etc. Seguindo um uso inveterado entre pintores, pus entre os convivas desta festa memorável, à qual tive o prazer de assistir em companhia de minha senhora, além dos nossos retratos, os de três filhas minhas, que lá não estiveram, pois as duas gêmeas tinham apenas um ano e a terceira não era ainda nascida. É um anacronismo muito comum nestes quadros de História. Deixei, porém, de retratar muitos cavalheiros e senhoras que vi no baile, por me haverem pedido com instância, quase ordenado formalmente, que não os pusesse na tela! Finalmente, não me foi possível representar muitos figurões que ali deveriam estar, pela falta absoluta de retratos, sobretudo tratando-se de pessoas já falecidas."

(*Renascença*, vol. IV, nº 37, Rio de Janeiro, maio 1907, pp. 132-3)

Entre as últimas observações acima apontadas, bem curiosas as que referem a proibição formal feita ao pintor por parte de diversos participantes da festa: não se desejarem ver efigiados no painel em curso de execução. Atitude algo insólita, que talvez se deva encarar menos como exemplar atitude de modéstia, ou, quiçá, aristocrático sentimento de discrição — defesa intransigente de intimidade, resguardada a preço da mesma vaidade —, do que um possível intuito de tornar esquecidas antigas ligações dessas personagens com o regime decaído, do qual haviam participado.

Empecilhos inesperados como esses, acrescidos à dificuldade de documentação iconográfica fidedigna de outras presenças no baile, registadas na memória do artista mas já agora fora de foco, devem ter levado Francisco Aurelio a buscar modelos mais flexíveis. Apelou assim, conforme assinala, para o carinhoso anacronismo de retratar, ao lado dele e da esposa, as filhas já moças ao tempo da execução do quadro. Realizou assim no primeiro plano, à esquerda do espectador, delicado estudo de luminiscência, em reflexos que se esbatem sobre tules, rendas, cetins e carnações das três jovens, que aí aparecem ligeiramente intimidadas com essa repentina viagem na máquina do tempo.

Já entre as observações de teor político do texto, merece especial reparo a referência às "virtudes católicas" da Princesa Isabel, em torno de quem repousa a intencionalidade profunda do quadro. Segundo o anticlericalismo frenético de Aurelio de Figueiredo,[4] tais supostas "virtudes" — não a promulgação da Lei Áurea — teriam sido o verdadeiro motivo da então Regente do Império merecer a pontifícia Rosa de Ouro, "extraordinária e honrosíssima", segundo o mesmo comentário.

Mais expressiva, ainda, a repugnância que lhe causa a ideia das "características" que teria tido um reinado presidido "por uma Princesa apaixonada pela música de câmara e extremamente devotada à Igreja", para não nos afastarmos do texto. Perfeitamente lícita, sem dúvida, a preferência do autor pela música de parada e de retreta das bandas militares bem mais vibrante e palpável do que harmonias, mais para o religioso e sentimental, de trios e quintetos para sopro e cordas. Contudo não deixa de surpreender, num artista do tope de Francisco Aurelio, a ausência de uma fímbria mínima de compreensão, que entrevisse, do ponto de vista do outro, as responsabilidades intelectuais e éticas que a efusão artística e/ou religiosa imprime na psicologia daqueles para quem tais valores são preponderantes. Conceber um chefe de Estado brasileiro com tais qualificações, ainda por cima de sexo feminino, não podia significar para tal mentalidade senão a perspectiva inevitável de ser este inteiramente conduzido e manipulado pelos "Jesuítas", na acepção própria como na figurada.

Concluindo: não parece necessário insistir no fato de Francisco Aurelio não se sentir minimamente obrigado a fazer qualquer referência ao texto de *Esaú e Jacó*, que pôs em movimento a elaborada construção icônica da tela que empreendeu. No entanto parece-nos inegável que o fulcro temático ilusão-realidade, que nela representa o contraponto *Coroação de Isabel I — A marcha da República*, decorre, de forma direta, das "visões" que o narrador atribui a Natividade e Baptista no capítulo antes referido do romance. Tal conflito é que confere ao painel significado bem mais complexo do que poderia aspirar uma reconstituição apenas documental da festa célebre.

O segundo texto que aqui nos interessa é o trecho final de um folhetim de Raul Pompeia, que este gizou com mão ágil e experimentada de jovem mestre impressionista, senhor de dois meios expressivos paralelos, pintura e letras. Um "documento", portanto, de importância decisiva seja pelo seu significado estético, seja pelo seu significado psicológico, trata-se além disso, da primeira abordagem temática do "Baile da Ilha", anterior até mesmo do sentido exemplar (bom exemplo de falácia histórico-sentimental) que a "festa chilena" assumiria daí a uma semana. Na impetuosidade dessa escrita o autor conseguiu imprimir certa veemência crepitante em que as singulares representações visuais de que se socorreu, acabam por fixar determinadas conotações metafóricas e simbólicas que não se separariam mais do tratamento literário de tal tema.

Pompeia redigia então (entre outras matérias que enviava para diferentes órgãos da imprensa, na Corte e nas Províncias) o rodapé *Aos Domingos*, semanalmente estampado pelo *Jornal do Commercio* fluminense; assinava-o com a inicial Y., que usou desde 18 de agosto de 1889 até meados do ano seguinte. O seu relato deve ter sido escrito em cima do acontecimento, quando talvez a mesma festa ainda não se tivesse encerrado, pois apareceu na edição do dia 10, cuja madrugada era aquela ("... às quatro e meia da manhã, quando terminou o baile." Cf. Aurelio de Figueiredo, *Descripção, cit. supra*). Credenciado pelo diário onde colaborava, Raul deve ter comparecido ao Palácio da Guardamoria na Ilha Fiscal, pois recupera com inteiro à-vontade até pormenores da decoração da festa (minuciosamente comentados pela imprensa nos dias precedentes, é bem verdade) na prodigiosa transposição do evento que realizou para os leitores — uma rebuscada girândola cromática e luminista de imagens--sensações.

O escritor terá deixado assim a Ilha, onde a festa ia adiantada, seguindo diretamente para a redação da grande folha. Aí tratou de recompor — num bergsonismo antecipado, que teria de desaguar mesmo em irisações de sentimento à maneira de Proust — o registo paralelo do fato em si e a absorção deste pela memória hipnotizada: daquilo que estava tendo lugar no momento ao lado da tensa fixação de uma vontade de lembrar todo-poderosa, que a si mesmo arquivava no ponto mais seguro da consciência. Registo paralelo que, nas sinestesias concertantes que o escritor foi executando nessa página, tratava de representar, para si e para o leitor, o itinerário perseguido pelos sentimentos em direção do futuro, onde esse passado, diversas vezes recuperado pelo rememorar, iria se desgastando pouco a pouco, até esvair, adormecido pelo esquecimento progressivo que desemboca na morte.

Mesmo não acompanhando as volutas sutis que tais implicações pressupunham, o leitor estremunhado, que deixou a festa alta madrugada, e, no princípio de tarde fluminense desse 10 de novembro, corria preguiçosamente os olhos pelo ocioso folhetim dominical do *Jornal do Commercio* (*ela* ou *ele*, conforme pressupunha o cronista), não pode ter deixado de se encantar com o brilho rodopiante do escritor, inclusive pelas maliciosas observações de psicologia miúda com que ele fechava a crônica. Será certo ainda afirmar que outros leitores de várias faixas — inclusive alguns oficiais do mesmo ofício —, terão conservado retalhos de texto tão profundamente impregnado de cor. Os acontecimentos políticos que seguiram tão de perto a "festa magna", e a ela atribuiriam, *a posteriori*, relevância inesperada, terão ajudado a firmar na lembrança de alguns contemporâneos, pelo menos, os flagrantes captados pela lanterna mágica do folhetinista, amiga de tonalidades ultravioleta e efeitos infravermelhos.

Ainda reflexos do Baile

Era o seguinte, o tópico final da crônica de Y., nessa edição de 10 de novembro de 1889 de *Aos Domingos*:

"Quando forem lidas estas linhas, não será mais que uma recordação o baile da Ilha Fiscal.

Dizem que o melhor das festas é esperar por elas. Parece que não, que muito mais agradável do que imaginar o que elas hão de ser, é recordar o que elas foram.

Antes das festas, a ansiedade é quase uma apreensão. O prazer, destinado a divertir, começa por preocupar. E só a incerteza do que a coisa nos pode trazer, de regozijo, ou de decepção, estraga a expectativa toda como um pequeno desgosto.

Durante as festas, o prazer não é lá grande coisa também. As impressões muito de perto, muito atuais, muito grosseiras, de realidade presente, não dão de si toda a ideia.

É depois, passado o atropelo do fato, que o prazer se nos representa completo à imaginação, como os perfumes que melhor se revelam pela última evaporação. Passada a festa, as impressões que ficam coordenam-se segundo a vivacidade maior ou menor de cada uma, instintivamente; e sem fadiga de atenção, vem o dia seguinte dar-nos a exata consciência da véspera e consumar a felicidade.

Que esplêndido dia seguinte — a lembrança do baile chileno no espírito dos que lá tiveram estado!

Um Éden de fogo, no meio das águas retintas pela escuridão da noite. Entre essa estranha ilha e o continente, um torvelinho de mil luzes em vaivém, com um barulho [marulho?] de gente invisível dos convidados que chegam ou dos que voltam, e os gritos dos marinheiros, à proa das lanchas, dos escaleres, prevenindo os abalroamentos. A terra firme, ao longe, é um horizonte de lanternas. Para o céu profundo e negro, as projeções da luz elétrica movem-se como o bracejamento doido de imensas asas fantásticas de um moinho, ou como os manejos de espada de um fabuloso troféu de aço animado. De repente, na direção de um destes golpes de raio elétrico, desenha-se a forma vacilante de um vaso de guerra ancorado nas trevas, que surge rútilo num momento como se fosse blindado de prata.

Do âmago da escuridão, por todos os lados, ao redor da Ilha rebentam focos brancos de deslumbramento solar, apoiados não se sabe onde, soltos no espaço, como astros rasteiros, que desceram do céu nublado para espiar o baile.

Na difusão de todas essas luzes sobre o espelhamento das águas, o edifício da Ilha Fiscal aparece mais luminoso, flamejando como um espantoso brolote. Do coração desse incêndio — maravilhosas chamas que ardem cantando — tumultuam turbilhões de música, que vão ecoar no continente, que se vão perder nas enseadas do litoral remoto, como a dispersão de uma tempestade.

Neste prodigioso centro, quantas outras recordações! As luzes, os rumores, o movimento exterior, cingem no espírito o quadro das infinitas sensações de um baile. O clangor das músicas, vibrando ainda no ouvido, revive os pares da véspera, que dançam outra vez; revolve-os na espiral de um compasso; levanta-os da terra um bailado aéreo de visões. Os elegantes, que conversam, passeando a mimosa dama, parecem elevar-se com o assunto que os entretêm e fogem num rapto de sonho.

Ao ressoar da música não somente os elegantes vaporizam-se na elegância, e as valsas rodopiam em flutuação de ciclose; a decoração do palácio marítimo desprende-se; constrói-se no espaço, e dança também com os seus festões de rosas, com seus escudos, com os seus troféus de âncoras, com os seus relâmpagos de espelho, com as imensas caudas de reposteiros e cortinas, como o trêmulo edifício dos sons que rodasse.

É o quadro todo da noite anterior revisto mais esplendoroso na alucinação da memória.

E as recordações morais?! Resolveram-se as intriguinhas todas do *carnet*. O lenitivo da boa vaidade suavizou os descontentamentos que possa ter havido. Os cumprimentos lisonjeiros voltam e murmuram como uma brisa amável. Quem (este quem é feminino) levou uma joia preciosa para espantar a reunião, está convencido de que venceu a luz elétrica com os seus brilhantes; quem (ainda feminino) levou a formosura de um olhar, está convencido de que por muitos anos um reflexo desse olhar ficará cravado na parede do edifício da Ilha Fiscal, perturbando com a sua sedução o serviço de vigilância do porto. Quem (ago-

Ainda reflexos do Baile

ra masculino) levou a audácia irresistível de dois bigodes está convencido de que apaixonou a sociedade em peso das belas convidadas...

Mais agradável do que essa lembrança, só talvez a consciência do êxito dos seus esforços, por parte dos inteligentes e ativíssimos organizadores do baile, ou a saudade que dele hão de levar aqueles a quem foi dedicado em homenagem."

(*Jornal do Commercio*, Corte, 10 de novembro de 1889)

A exemplaridade nervosa desse texto — variação sinfônica da melhor tessitura impressionista, em que a melodia elaborada da descrição se verticaliza no diálogo harmônico do mítico e do psicológico, politonalidade rascante de efeitos sutilmente humorísticos, encobrindo mal e mal o torvelinho emotivo comandado pela lucidez crítica — não poderia passar mesmo desapercebida dos profissionais da pena do tempo. Pois se tratava de escrito compósito, em que o ocasional do registo (crônica da hora que passava anotada ao vivo, antes mesmo da festa acabar) não prejudica em coisa alguma seja a sugestividade do traço seja o vigor da transfiguração seja ainda o recorte rigoroso da imagem.

Já as considerações iniciais a respeito da recuperação, através da memória, da vivência pregressa, possuem interesse em todos os seus desdobramentos. Constituem quase um esboço *ante litteram* da extraespacialidade da memória proustiana, da qual tanto se aproximam certos aspectos da sensibilidade criadora de Pompeia: o degustar da lembrança em todos os refolhos, agora perquiridos e *recollected in tranquillity* ("como os perfumes que melhor se revelam pela última evaporação"), por exemplo. Ou a "consumação da felicidade", a que se refere o cronista, que, "sem fadiga" — isto é, espontaneamente, *motu proprio*, obedecendo específico automatismo — filtra em impressões delicadas a grossaria da sensação, demasiado próxima, demasiado impositiva.

Estas preferências psicologistas não fazem Raul Pompeia abandonar, no entanto, as construções de um Imaginário esfusiante. À abordagem dos desvãos da consciência, à degustação atenta e ansiosa de sensações pregressas, alia-se uma visualização fantástica da paisagem no espaço da festa, liberada pela euforia da celebração, e entregue à inteira subjetividade de evocações sensuais e intelectuais. A brusca irrupção da imagem do "Éden de fogo no meio das águas retintas pela escuridão da noite" instaura, com a distensão máxima do oxímoro de abertura ("paraíso incendiado", "inferno aprazível de ver") um jogo intenso de contrários. A floresta em chamas em meio ao negrume da água ao mesmo tempo se alça no espaço e se reflete no mar que as suas labaredas acenderam. O escritor apela sem cerimônia para compacta cadeia de contrastes visuais, de contrastes de significado, num *fortissimo* cuja veemência de acordes e harpejados dissonantes constitui procurado confronto com o anterior sussurro psicologista. Cromatismo que ele vai perseguir não apenas na musicalidade da frase tensa mas ainda na visualização reforçada de modo progressivo por sinestesias embriagadoras. Aí estão convocadas todas as referências culturais do emissor, num torvelinho que lembra os ventos das cosmogonias, pesados de átomos disponíveis que podem compor os mais diversos conglomerados.

Luzes e vozes confundidas com restos de música e gritos inarticulados espalham-se num espaço pouco definido, onde fachos de luz fortíssima fatiam o breu da noite em movimentos de pás de moinho, lâmina viva desferindo ao acaso golpes de luz. Escaras fulminantes riscam, numa sucessão irregular, formas argênteas de navios um segundo surtas do mar e que se destacam na escuridão fosforescente. A multiplicidade de holofotes alimentados por geradores (num momento em que a iluminação pública era ainda a gás), cria a sugestão confusa de sóis em formação numa nova galáxia, o que permite à disponibilidade emotiva fingir uma cosmogonia de boas maneiras: "astros rasteiros que desceram do céu nublado para espiar o baile". Uma hipérbole cujo triunfante barroquismo floreal, na desproporção do seu esgar retrocede com ironia ao tom herói--cômico quando não ao lirismo meio incrédulo da narrativa infantil.

As inevitáveis conotações wagnerianas aparecerão assim que o texto se referir à "difusão de todas essas luzes sobre o espelhamento das águas", quando o Palácio da Guardamoria, sede do baile, chamejante "como um espantoso brolote", libera "maravilhosas chamas que ardem cantando"[5] e se espalham pela marinha do golfo tropical, "dispersão de uma tempestade". Tempestade sonora, tempestade de sensações: o plantador de chuva impressionista fazia a colheita dele.

Da transfiguração do cenário recriado pela lembrança em transe o escritor reincorpora "as infinitas sensações" da festa. Sons, luzes, precipitados na sucessão vertiginosa, levantam em espiral os pares enlaçados, "num bailado aéreo de visões", "num rapto de sonho". E tudo mais parece alçar-se: o mesmo "palácio marítimo desprende-se", "constrói-se no espaço", "dança também" "como o trêmulo edifício dos sons que rodasse". E o cronista relembra ao leitor que com ele se pôs na torre a sonhar: "É o quadro todo da noite anterior revisto mais esplendoroso na alucinação da memória". "Quadro" que se encerra, conforme vimos, com as fantasias bem mais mesquinhas da vaidade lisonjeada do leitor masculino e feminino, que ia lendo aquele escrito com um sorriso distraído nos lábios.

Depois do que ficou dito acima, talvez possamos afirmar, com alguma verossimilhança, que no texto literário de Raul Pompeia como no texto pictórico de Aurelio de Figueiredo — de que a *Descrição* antes transcrita é um resumo entorpecido — memória e visão, no sentido próprio como no figurado, aliam-se e se completam substituindo-se num complexo contraponto psicológico que se constrói por oposições complementares, à maneira de uma fuga musical. Testemunhas visuais de um evento que iriam reportar de modo transfigurado — Pompeia de imediato, antes mesmo que a festa se apagasse, Aurelio quase vinte anos depois, por instigação de um outro texto intermediário — painel e crônica no entanto se encontram no desejo de fixar um momento cujo interesse real repousa na luminosa fugacidade que o tornou único.

A página fundadora do singular poeta de *Canções sem metro*, estruturada conforme a oscilação gráfico-pictórica de Pompeia (que Eugenio Gomes perquiriu com tanta agudeza num estudo de 1956)[6] forneceria os elementos que enformam o compacto relato machadiano. Este acompanha-a de modo muito mais próximo do que pareceria a um primeiro momento: no "bailado aéreo de visões", no "rapto de sonho" referidos pelo cronista, mas ainda nas considerações do narrador de *Esaú e Jacó* sobre o antes e o depois da festa — Flora que visualiza a princípio com desinteresse e desagrado e por fim dela retira relativo consolo. Sugestões que aproveitadas por temperamentos artísticos exteriorizantes como Coelho Netto, resvalarão para um devaneio gratuitamente sensual. A partir de Pompeia, em *O Rajá do Pendjab* (novela improvisada em 1897 para rodapé de jornal) Netto procura recuperar o fausto do "castelo" da Xica da Silva; evoca o "sonho veneziano" e as galeras douradas vagando no lago que o último Contratador dos Diamantes ordenara se escavasse para o necessário navegar da amante ladina; em 1929, finalmente, no seu derradeiro romance, *Fogo fátuo*, o escritor de *A Conquista* retomará o tema do baile na Ilha; passagem breve mas significativa na qual reutiliza imagens muito próximas daquelas construídas pelo Y. de *Aos Domingos*.

A esplendorosa "festa do Tejuco" com que o Presidente do Conselho de Ministros do Império do Brasil resolvera homenagear a oficialidade chilena do encouraçado *Almirante Cochrane*, surto na baía do Rio de Janeiro em visita de cordialidade pan-americana, constituía curiosa revivescência inconsciente do triunfalismo cenográfico barroco.[7] Variante do gosto ancestral pelo espetáculo e pela pompa, tão presentes nos triunfos, entradas solenes e assembleias que tiveram lugar na Capitania das Minas setecentista — aqui eram levados à última consequência pela monumentalidade do cenário natural aliada à sugestiva ambiência marinha noturna e à intervenção dramática das mais recentes conquistas da técnica finissecular — a primeira das quais a luz elétrica. Com toda essa esfusiante teatralidade não podiam senão sintonizar as sinuosas através das quais esse cultor da Arte Nova que era Raul Pompeia tratava de captar a espiral harmônica da ideia-sensação, essência do humano para ele. Porque a perseguia incansavelmente — nas suas mesmas palavras: com "desenho e tinta" —, foi-lhe possível definir as coordenadas de um espetáculo impalpável, que ele tratou menos enquanto realidade do que como certa magnificação onírica da memória em transe. A literatura brasileira lucraria bastante com essa busca simultaneísta da complexidade.

Notas

[1] Quanto ao título definitivo do painel de Francisco Aurelio, o próprio autor parece haver titubeado sobre ele. *A Ilusão do Terceiro Reinado*, que aparece no catálogo da exposição individual do artista que se realizou, durante o mês de março de 1907, em Belém do Pará, é o mais consentâneo com a estrutura profunda do quadro. No entanto a mesma tela comparece intitulada *O advento da República* no nº 47 da revista *Renascença*, que corresponde àquele mesmo mês e ano: um título que terá parecido menos enigmático à redação do mensário ilustrado, que primeiro se interessou por divulgar a monumental composição entre o "grande" público. Entre os especialistas, e na mesma instituição que custodia a obra (o Museu Histórico Nacional do Rio de Janeiro) ainda hoje é indiferentemente citada como *O Último baile do Império* ou *da Monarquia*. Temos usado propositalmente o primeiro e o terceiro títulos, conforme as circunstâncias táticas dos nossos textos sobre o tema, embora consideremos fora de qualquer dúvida ser *A Ilusão do Terceiro Reinado* aquele que corresponde à autêntica sinalização simbólica da tela.

[2] A crônica de Raul Pompeia, cujo trecho final aqui nos interessa, agora integra o volume VII das obras do escritor, organizadas por Afranio Coutinho com assistência de Eduardo de Faria Coutinho, em curso de publicação (*Crônicas II*, Rio de Janeiro, Civili-

zação Brasileira/Olac/Fename, 1983, pp. 202-4); desses volumes retiramos as pormenorizadas informações bibliográficas que aparecem adiante.

Agradeço à generosidade habitual de José Roberto Teixeira Leite a comunicação do texto do pintor paraibano, aparecida em *Renascença*, a qual ele me fez chegar após leitura do artigo anterior, onde era levantada dúvida sobre a existência de uma nítida definição do conteúdo da tela por parte do seu autor. A José Roberto devia eu já o conhecimento dos *programas* de *A Abdicação de Dom Pedro I* e do *Projeto de Monumento ao Marechal Floriano Peixoto*, além de diversos catálogos de mostras individuais de Francisco Aurelio realizadas entre 1907 e 1924 (esta última, póstuma).

[3] Embora de origem modesta, Francisco Aurelio de Figueiredo e Mello (1856-1916) foi educado pelo irmão ilustre, Pedro Américo, de quem seria discípulo na Academia Imperial de Belas-Artes do Rio de Janeiro e a quem acompanhou à Europa no decênio de 1870. A experiência cultural nesses grandes centros desenvolveu-lhe a tendência nativa para toda espécie de requintes, intelectuais e pessoais, tornando-o, apesar do anticonformismo político e religioso que sempre professou, um razoável *leão* do tempo. Artista visual que logo alcançou nomeada, interessava-se ainda por literatura a ponto de publicar com certa frequência verso e prosa; a sua novela *O Missionário* (homônima da de Inglez de Souza) chegou mesmo a ser premiada em concurso promovido por uma folha paulistana. Algum tempo após o seu regresso ao Brasil, já possuindo livre trânsito nos salões da Corte, pintor adulado pela primeira sociedade fluminense, Francisco Aurelio casar-se-ia com uma filha dos Barões de Capanema, Dona Paulina. Ocuparia então de vez — talento e bom-tom pessoais somados à distinta aliança matrimonial — lugar de algum destaque nos ambientes elegantes do Rio de Janeiro. Os Figueiredos eram sociáveis e gostavam de receber com certa frequência. Isto sem prejuízo da intensa atividade profissional do artista, que enfrentou as costumeiras dificuldades do ofício, a fim de colocar condignamente os produtos dele junto a um público ainda bastante arredio em matéria de artes. Os catálogos das sucessivas mostras individuais que organizou através do Brasil, documentam as peregrinações de Francisco Aurelio, que se estenderam, literalmente, do Amazonas ao Prata (onde aliás expôs e executou obras — nomeadamente em Montevidéu e Buenos Aires).

[4] Aurelio publicou apenas em 1899 o romance-panfleto *O Missionário*, que parece ter sido escrito no decênio de 1880, senão mesmo antes. Nessa narrativa desejava demonstrar, a partir de um fato real, acontecido, o caráter deletério e corruptor dos frades pregadores de missões no interior do país — mais especificamente, nas Províncias do Norte. Aqueles, segundo o ficcionista, debaixo da capa ilusória de misticismo e religiosidade, organizavam para usufruto próprio, verdadeiros serralhos itinerantes, recrutados entre as ingênuas e devotas famílias da roça: as *beatas* que os acompanhavam com suspeito fanatismo sertão afora.

A ação da novela transcorre em Areia, Paraíba, terra natal do autor, no ano de 1862. O episódio central é canhestramente construído pelo ficcionista amador, que abusa de tons carregados e peripécias de dramalhão, não chegando a gizar o esboço de curioso romance de costumes sertanejos, na filiação romântico-realista. O livro (que traz a dedicatória "Ao meu prezado compadre, sogro e amigo/ o Ilmo. e Exmo. Sr./ Barão de Capanema/ afetuosa homenagem/ do/ autor") foi impresso em Leipzig por F. A. Brockhaus.

[5] O símile baile/incêndio já aparecia em *As Joias da Coroa*, romance-folhetim de intenções satíricas e apelo escandalístico que o jovem Raul Pompeia divulgou em 1882

na *Gazeta de Noticias* fluminense. A imagem comparece num trecho do Capítulo IV: "Muitas vezes, à noute, o palácio toma uma fisionomia fantástica; ostenta paredes de treva e janelas de fogo. Supõe-se que é um incêndio. É um baile. Ao clarão de mil bicos de lustre rodam nas valsas reputações e galanteios, marcham nas quadrilhas temeridades e finanças..." (folhetim de 3 de abril de 1882). Na edição das *Obras* de Pompeia, citada, volume I, *Novelas* (Rio de Janeiro, Civilização Brasileira/Olac/Fename, 1981) p. 170.

[6] *Raul Pompeia, in A literatura no Brasil*, vol. III, *Realismo naturalismo parnasianismo*, Rio de Janeiro, 1956. Na segunda edição (Rio de Janeiro, Sul Americana, 1969), pp. 159-67 do volume III.

[7] O lema de Ouro Preto — *nigrum sed pretiosum* —, que, sendo de Vila Rica, passou para o titular brasileiro que ostentava o nome ilustre da capital das Minas, aludia, com flauta e violão, ao *nigra sum sed formosa* do *Cântico dos cânticos*: nas terras das Gerais em meados do século XVIII parece menção à Xica da Silva — "a dona do dono/ do Serro do Frio", "cara cor da noite/ olhos cor de estrela" — conforme os versos de Cecília Meireles no *Romanceiro da Inconfidência*.

# 8.

## Henrique Alvim Corrêa: *Guerra & Paz*

Cotidiano e imaginário na obra
de um pintor brasileiro no 1900 europeu

"438. Il faut utiliser tous les moyens pour donner ou ajouter l'impression de vie.
439. Une facture libre, alerte, adroite et sauvage, énergique, plaît mieux et émotienne donc plus qu'un morceau construit logiquement mais exécuté avec calme.
Du mensonge, des inexactitudes, voire des impossibilités mais exécutées avec brio et crânerie.
440. Une facture hardie, crâne, alerte, intelligente vaut mieux qu'une facture pondérée, sage, classique.
441. Il faut faire comme celà amuse les mieux de faire.
442. La facture doit s'harmoniser avec le sujet. Si l'emploi de certaines matières contribue à la plus grande intensité du tableau (ex. les fusains pour les masures misérables) la facture contribue dans ce même sens.
Une facture lourde, une facture légère, délicate, primesautière, autant d'éléments corroborants qu'on ajoute au sens même de l'œuvre.
Donc, n'ayons pas une seule façon de faire mais, au contraire, changeons-en suivant la nature de ce que nous voulons faire."

Alvim Corrêa, *Art*, Cap. X ("Facture"), § 438-42, *in fine*[1]

A obra visual de Alvim Corrêa (Rio de Janeiro, 1876-Bruxelas, 1910), sob todos os aspectos pelos quais possa vir a ser considerada, apresenta caráter singular e, diria mesmo, único dentro da experiência cultural brasileira sua contemporânea. A circunstância biográfica do pintor, que na Europa se formou e amadureceu enquanto homem e artista; a existência breve, intensamente vivida numa ardente interioridade; a obra complexa, que se encaminha em diversas direções e em todas elas soube se afirmar; o insulamento cultural do criador, situação que jamais chegaria a superar de todo, nos diversos ambientes por onde passou; a sólida vocação intelectual, que lhe permitiu discutir, por escrito, com lucidez e paixão surpreendentes, os problemas que a sua arte ia enfrentando; a necessidade de experimentação formal a que chega, por assim dizer, tateando, sozinho; a mesma perplexidade criadora que há de deixar em suspenso as diversas trilhas que tentou abrir para a sua obra — fazem do visionário ilustrador de *A Guerra dos mundos*, de Wells, uma figura sem paralelo entre nós.

De algum modo consciente desse fato, o "desenraizado" esboçou de certa feita uma caricatura em que, sobre um canhão de campanha, pedestal algo instável, colocou o próprio busto com a inscrição sardônica *A Alvim Corrêa/ le Peuple Brésilien*. O sorriso escondia, pungente, a mal disfarçada esperança de que não caísse no vazio o seu esforço criador — esforço frustro, partido ao meio, conforme devia lhe aparecer nas horas de desânimo, que não podia interessar tanto assim à Bélgica de "La Libre Esthétique". Talvez acabassem recolhidos, um dia, pelo país de origem dele. Ao Brasil, na época, prendiam-no apenas vagas relações familiares. Exceção quase única constituía o querido tio Artur Alvim, engenheiro ilustre, muito ativo na expansão ferroviária nacional, agora funcionando no projeto ambicioso da Vitória-Minas; *oncle* acompanhara-o carinhosamente em longas curas pelas estações de água germânicas. Relações, no mais, remotas, que talvez tivessem sido reavivadas, nos dois últimos anos de vida, com o contato estimulante que manteve com um outro brasileiro de escol, homem de cultura humanística, colecionador avisado, este — Oliveira Lima, nosso Ministro em Bruxelas. O ensaísta de *Dom Pedro e Dom Miguel* havia sabido apreciar os seus trabalhos e lhe deu o apoio intelectual mais importante recebido de qualquer conterrâneo nessa época. Coincidência ou não, o último desenho que o artista gizou — uma cabeça de mulher a lápis de cor — acabou sendo feito sobre um retalho de jornal brasileiro de maio de 1910, que noticiava o agravamento da saúde de Tolstói na estaçãozinha de Astápovo, perdida nas estepes da Santa Rússia.

Falecendo aos 34 anos apenas, Henrique Alvim Corrêa deixava naturalmente uma obra fragmentária, mas sempre sutil, na afoita variedade e complexidade que a caracteriza. Iniciara o aprendizado profissional, em 1894, com Edouard Detaille (1848-1912). A tradição familiar conservava a expressão de lisonjeiro apreço que o autor de *Rêve de gloire* e *L'Attaque du moulin* teria demonstrado pelo candidato à arte da pintura, dizendo, ao mundano padrasto do jovem e fino meteco, que gostaria de possuir, ele, mestre, o talento do discípulo. Até 1898, quando se retira bruscamente para Bruxelas, rompendo com o meio que até então havia

Henrique Alvim Corrêa, frontispício do livro primeiro de *A Guerra dos mundos*, de H. G. Wells, edição publicada na Bélgica (Bruxelas, L. Vandamme, 1906).

sido o seu, Henrique já expôs duas vezes no *Salon* parisiense — em 1895 e 1896. Nesta segunda vez com uma vasta composição, sempre de tema guerreiro (especialidade do seu mestre), que se impôs ao público e à crítica tradicional. Mesmo considerando com o necessário distanciamento o critério e as exigências (e qualidade desse ambiente, é sem dúvida significativo o fato de o jovem Alvim Corrêa, aos dezenove, vinte anos, ser considerado um dos melhores e mais promissores alunos de Detaille. Este havia feito ainda mais jovem a sua entrada no *Salon*: aos dezessete anos, em 1865. Tendo tido a honra suplementar de ver a sua primeira tela exposta, *Bande de tambours*, ser adquirida pela Princesa Mathilde Bonaparte, notória incentivadora de talentos.

Ao romper com o meio onde até então havia circulado (a jovem esposa que ele passionalmente arrebata do seio da família é filha de um gravador de certo prestígio, Charles Barbant — que Roberto Teixeira Leite me lembra, a tempo, ser quem transpôs para a chapa as ilustrações de Férat para *L'Île mysterieuse*, de Verne), não serão poucas as dificuldades que Alvim Corrêa terá de enfrentar na Bélgica para onde se dirige ao lado da mulher adolescente. Com o nascimento do primeiro filho, em fins de 1898, a luta pela existência torna-se pesada. A afirmação profissional do recém-chegado em uma série de trabalhos subalternos (decoração mural, desenhos publicitários) é lenta; apenas dois anos mais tarde tem lugar a transferência da família da morada provisória da *Rue du Commerce*, centro de Bruxelas, para o ainda remoto arrabalde de Boitsfort. Aí nasce, na entrada do século, o segundo e último filho do casal.

Dez anos transcorrem depressa, e apenas mais dez anos havia de viver o moço pintor, que a partir de 1905, minado por uma tuberculose fatal, tornar-se-ia quase um inválido. Mas dez anos para um artista cheio de talento, que sente em si reunidas, apesar da saúde frágil, as forças da idade e do talento, pode significar muito. Nos seus dez anos bruxeleses Alvim Corrêa vai realizar uma obra notável pela força e pela originalidade. Ilustra *A Guerra dos mundos*, de Wells, organiza uma exposição individual, em 1905, e uma coletiva, em 1910, torna-se gravador muito competente, escreve com frequência observações sobre o seu ofício, e pinta e desenha sem descanso.

Nas páginas em que reuniria as reflexões nas quais abordou temas como o fazer e o representar na pintura, aparecem nítidas não só as dúvidas que assaltaram o artista no ambiente belga, durante o seu processo de amadurecimento, mas ainda a insistente fidelidade não tanto à dou-

Henrique Alvim Corrêa, *Moradia do artista em Boitsfort*,
pastel s/ papel, 34 x 55,7 cm.

Henrique Alvim Corrêa,
*Autorretrato*, 1910.

trina mas aos ensinamentos práticos do seu primeiro aprendizado; o pintor insiste em aproveitá-los, torná-los mais flexíveis, adaptando-os, da melhor maneira que podia, ao novo sistema criativo a que aderiu. Nesses escritos teóricos surpreende a densidade do questionamento íntimo. Sem pretenderem maior transcendência, enfrentam eles, com simplicidade, dilemas e hesitações das artes visuais. A medida da coordenação do discurso reflexivo de Alvim Corrêa e a continuidade do seu meditar, no nível problemático de teoria e prática, aparecem inequívocos nessas notas. A intensidade quase passional da crítica e da observação do artista possui uma qualidade stendhaliana; uma e outra, observação e crítica, aí comparecem expostas, contudo, com espírito pedagógico e sereno tom didático. Entre os muitos textos que viria a redigir — diversos de caráter literário, incluindo peças de teatro em que discute problemas sociais — possuem relevância especial os quase-aforismas reunidos em *Recueil de verités et observations sur l'art, le dessin et la peinture*, que o autor dividiu em dez capítulos e 442 entradas de extensão irregular. Um documento que constitui, ao mesmo tempo, suma e fé de ofício do seu próprio pensamento, e que ele fora redigindo ao longo dos primeiros anos do século.

No campo da produção artística propriamente dita, apesar da brevidade do tempo que dispôs para a compor, e das condições adversas em que a concebeu, Alvim Corrêa deixou obra que se abre num leque multiforme de direções, sem prejuízo da coerência íntima do conjunto. Além dos vários estudos de tema militar, gênero que não há de abandonar de todo até o fim da vida, trabalha nesses anos em desenhos e óleos de fatura requintada e fino acabamento, muitos deles de caráter experimental, sobre paisagens reais ou fictícias. Daí passa, com natural volubilidade, para o devaneio imaginativo, cenários de sonho, ambientes fantásticos, figurações ideais, desentranhadas muita vez da superfície de uma encosta ou das manchas de um muro. Exercícios que o tornam habilitado, a mão sempre mais ágil, para ilustrar, com delicadeza e fantasia, contos de fadas, estórias fantásticas, narrativas sobrenaturais, sem perder nunca a ponta de humorismo e malícia necessários para garantir um pé fincado na terra. Capacidade de abstração e imaginativa ardente permitem-lhe conceber ainda alegorias e personificações simbólicas que podem abarcar o patético e o grotesco com idêntico poder de convicção.

O clima febricitante do terror ou a atmosfera de transporte erótico ele os consegue recriar com a mesma facilidade com que desliza para o campo da paródia ou da caricatura. Alguns retratos sarcásticos, que executa a nanquim e realça com aquarela, podem absorver o riso crispado de cruas representações libertinas. Estas últimas ele as fazia assinar pelo seu alter ego Henri Lemort, timbrando sobre o monograma HL o perfil ora de uma caveira, ora de certo petulante sapato feminino de salto alto. Com o mesmo à-vontade chega aos apontamentos ágeis do dia a dia, com aquarela, nanquim ou carvão, indiferentemente; flagrantes delicados, de um intimismo poderoso, onde os pequenos gestos como que recuperam o sossego da plenitude. Em torno de algumas dessas personagens o pintor reconstrói a paisagem que as envolvia, no campo ou na cidade — paisagem convulsionada pelos combates, nas primeiras telas de Alvim Corrêa. Já o tema da conflagração, que tanto o havia interessado, ele há de transfigurá-lo, numa outra e mais temível guerra, nas assombradas ilustrações para o romance de Wells, *The War of the Worlds*. A unidade desses desenhos, de poderoso contraste tonal — um crítico contemporâneo chegou a falar no "colorido" dessas composições em branco e preto —, e que se encadeiam independentemente da sequência narrativa do romance, constituem, realmente, uma das mais completas realizações do artista, que as concebeu, na sua forma decisiva, de 1902 a 1904. Por meio desta primeira tentativa de abordagem do mundo que Alvim Corrêa esboçou, em condições frequentemente penosas, quando não de todo adversas, verificamos que o interesse de uma obra como a sua ultrapassa uma primeira impressão de disponibilidade brilhante, permitindo que no pessimismo desencantado do artista seja detectada e abordada criticamente toda uma gama de significações ainda secretas.

A guerra foi o tema que primeiro abordou o jovem Henrique, naturalmente levado a ela pelo fascínio meio irresponsável que experimenta qualquer adolescente pelo confronto armado em si, no qual investe a própria agressividade. Não é improvável que derive, ainda, da impressão esmagadora que teria causado, ao colegial de Nova Friburgo, em férias na Corte, a pompa triunfalista das batalhas de Pedro Américo, patrioticamente expostas na pinacoteca da Academia Imperial de Belas-Artes. Mas dentro desse envoltório de fascínio gratuito talvez tenha pesado também, em Paris, no ambiente demagógico de *revanchismo* gaulês anos 1890, a vontade do moço estrangeiro de se afrancesar mais depressa, a fim de superar o sentimento sufocante, mais desagradável do que nunca na "idade de cera", de ser considerado estranho, "alienígena", no ambiente em que vivia. Seguindo sempre nessa mesma ótica: o tema da

Henrique Alvim Corrêa, "O cilindro aberto", ilustração para o capítulo 4, livro primeiro, de *A Guerra dos mundos*, de H. G. Wells.

guerra, além de apelar para a generosidade disponível e o espírito de aventura dos anos formativos, corresponde à resposta bom-escoteiro ao desafio existencial, maneira Jules Verne, onde a coragem se identifica com o sublime. Enfim: a guerra vista como "férias grandes", cheia de imprevistos e extraordinárias aventuras, nas quais o eu-protagonista invariavelmente sai incólume e triunfador.

Mas o tema da conflagração armada trazia no bojo, para a sensibilidade atenta de Alvim Corrêa, em toda a irracionalidade dela, a questão do destino pessoal, da existência concreta na sua circunstância, colocando em foco, sem disfarce, o desamparo do homem diante de todos os imponderáveis. Elementos de decisiva importância para a pré-história da sua obra, os quadros de temática bélica do jovem artista que até nós chegaram, ou dos quais possuímos documentação fotográfica, muito cedo não vão refletir mais o heroísmo sedutor e reluzente da batalha — especialidade do seu mestre Detaille, cuja sobriedade elegantíssima adula o observador. Muito pelo contrário, possuem eles um geral aspecto sombrio, misto de desalento e desamparo, exibindo pormenores cruéis que deviam deixar algo perplexos os amigos dos Oliveira Castro. E se, por diversas vezes, a ambientação de que vai utilizar-se o moço brasileiro nesta fase, aproveita sugestões cenográficas menos do próprio Detaille que de certo Alphonse de Neuville (ângulos de rua em cidades semiderruídas pela metralha; cemitérios onde a ação militar prossegue, profanando túmulos que a neve cobriu; soldados que aguardam o amanhecer acantonados no frio, atrás de um muro — situações, todas estas, caras ao pintor de *La Défense de la Porte de Longboyau* e *Le Cimetière de Saint-Privat*), tom narrativo e tonalidade pictórica mantêm-se quase sempre soturnos. Torna-se antes de mais nada visível o caráter brutal da violência. Mortos ocupam o primeiro plano. Encolhidos sobre si mesmos, os combatentes encontram-se na defensiva. Dissimulam-se mais do que se destacam em meio ao casario esborcinado, como peças de um jogo sem razão de ser. No qual assistimos a inúmeros figurantes serem eliminados em cena aberta. O peso da melancolia nessas paisagens imersas na escuridão, que a neve suja de lama e sangue esbate, num palor mortiço, não deixa dúvida quanto à crise vivida pelo autor. Nessa ocasião, prosseguindo no mesmo estilo de ilusionismo perspéctico, de estrita obediência acadêmica, pinta esquinas anônimas de uma cidade vazia, um cemitério — este entregue aos legítimos donos — sob a neve. Temas noturnos que regressarão mais tarde, num contexto diferente seja do ponto

Henrique Alvim Corrêa: *Guerra & Paz*

de vista formal seja do conteúdo, naquelas composições em que, ao cair da noite ou madrugada alta, uma janela acesa instala na obscuridade um marco de alento, de aconchego.

Passar-se-ão alguns anos até que o *Esboço de panorama do assédio de Paris* trate, de maneira bastante diversa, o mesmo assunto; agora com absoluto à-vontade, que se reflete na soberana perspectiva aérea do conjunto, distribuído com amplo fôlego por sete painéis. Aí, quer pela alacridade das cores empregadas, quer pela vivacidade ambiguamente maliciosa com que foram dispostos os grupos humanos (que não exclui pormenores de agressividade mórbida), a paisagem, na amplidão dos seus acidentes topográficos, esparsa a se perder de vista, mesmo insultada pelos obuses e pela metralha, que enchem o horizonte de flocos brancos — parece soberanamente indiferente a esses implacáveis fantoches que se eliminam uns aos outros com um rancor odiento. E o artista, como por acaso, não nos priva dos pormenores dessa fúria a frio. O mais chocante deles será o do soldado caído de joelhos, sustentando-se mal e mal com os dois braços, de cuja cabeça, atingida por um disparo, o sangue goteja monstruosamente, empoçando-se por terra. Minúcia que, entre outras, pretende desmanchar a ilusão... de ótica que nos fez julgar apenas um brinquedo inocente esse projeto meio ocioso de *panopticon*.

Neste, como em outros exercícios pictóricos, Alvim Corrêa buscou reconstruir o modelo que esboçava, realizando-o na tela de maneira rápida, em sucessivas pinceladas livres, através de experimentações que, por certo, foram encaradas pelo nosso criador enquanto experimentos marginais, testes de *bravura* e de domínio do *medium*. Pequenos esboços a óleo realizados sobre tela nua estão datados dos últimos anos do decênio de 1890; penso num franco-atirador mal enfardado em roupas desencontradas, fuzil à bandoleira; num suboficial prussiano a meio corpo, cachimbo de louça à boca, atrás do qual uma heráldica águia negra foi reduzida, em agressiva simplificação, a um frango faminto. No *Panorama do assédio* a figura humana, miúda na paisagem, vem tratada de modo conciso, numa concepção dinâmica quase à maneira da gravura japonesa dos imitadores de Hokusai — um Hokusai que houvesse estudado Gavarni e Daumier. Mobilidade angulosa em que um comentador bruxelense, de 1905, reconheceu certa ironia. Característica que deve provir da mescla de aceitação-piedade-indiferença que o inventor da cena devia sentir pelo patético e inútil agitar-se daquelas figurinhas, que provocam sorriso e pesar ao mesmo tempo.

Conforme já sugerimos acima, seja nos óleos seja nos desenhos, Alvim Corrêa preferiu sempre à técnica de Detaille a pincelada mais livre, de tradição ainda tardo-romântica, de Alphonse de Neuville (1836-1885 — a quem, portanto, não chegou a conhecer). Neuville e Detaille, "os dois primeiros pintores militares do tempo" — conforme regista E. Bricon na finissecular *Grande Encyclopédie*, coordenada por Poincaré —, apesar das diferenças do fazer pictórico, haviam colaborado, em 1881, num vasto painel circular que então causou entusiástico furor, o *Panorama de la bataille de Champigny*. Uma tela na qual, segundo o mesmo Bricon, *"la fougue et la verve de Neuville s'unissaient à la correction et à la précision de M. Detaille"*. Embora concebido num espírito muito diferente, no qual não falta certo sentimento sardônico, o *Panorama do assédio* teve de ser motivado pela famigerada obra a duas mãos — não importa se até com certo espírito contestatário. O posicionamento de Alvim Corrêa relativamente à temática guerreira a partir de certo momento é problemático; ela atrai-o e por ela ao mesmo tempo sente repulsa. Parecendo superá-la, desde os primeiros anos do século, a favor de um enriquecimento temático que se encaminha para horizontes diversos, não deixará de voltar a ela, que assim permanece um dos motivos condutores da sua obra. Ainda de 1908, datados ao pé da página, existem belos desenhos aquarelados de militares como que surpreendidos na intimidade do quartel. Aliás, o pintor diversas vezes aborda aspectos da simplicidade, do estoicismo, da fraterna camaradagem castrense, anverso de moeda cujo reverso são os aspectos ridículos ou diversamente risíveis da prepotência, vaidade e vazio das falanges gloriosas. Aspectos que não podiam escapar ao olho alerta de um caricaturista malicioso.

Para esses exercícios gráficos tardios continuou a servir-se (seguindo o exemplo de Detaille) de um manequim maleável, com cabeça e mãos esculpidas, que mantinha no estúdio. As molas engenhosas do bonifrate permitiam dispô-lo nas mais diversas posições, atitudes e contrações corporais. O pintor fotografou-o fardado de zuavo, fumando, um dos braços a se apoiar nas cadeiras e, também, agachado em posição contorcida, as mãos firmadas nos joelhos, como a olhar por um desvão — demonstrações práticas daquilo que lhe podiam oferecer os engonços do boneco. Conservava também grande variedade de armas autênticas com o mesmo fim — outro vezo que herdou do mestre. Aparece este representado numa tela de Lemeunier (reproduzida no volume *En campagne: tableaux & dessins de Edouard Detaille*, texto de Frédéric Masson — um álbum de reproduções que Alvim Corrêa possuía) pintando no seu estúdio entre uma série de capacetes, quépis, dólmãs, couraças, talabartes, sabres, cimitarras, armaduras dos séculos XVI e XVII, que dariam para fazer a felicidade de muitos fetichistas de todos os sexos. No belo desenho em que Alvim Corrêa representou o ateliê de Boitsfort — hoje integrando a coleção do Museu Nacional de Belas-Artes — é fácil divisar, no varandim rústico que corre pela empena do lado esquerdo do estúdio, a fila de mosquetes, espingardas e fuzis, alguns calados com baioneta, que ali se encontravam não como elementos de decoração ambiental mas enquanto elementos justificativos de sempre possíveis composições guerreiras. Durante a exposição que organizou dos seus trabalhos, em 1905, numa galeria bruxelesa, não hesitou em colocar no centro da sala — a nosso ver com evidente intenção polêmica — um "troféu" em que se confrontavam um capacete prussiano e um quépi francês. A provocação causou o efeito desejado. Escandalizou um dos críticos locais. O qual, com apressada e superior ironia, desaprovou o provinciano *vieux jeu* tanto mais porque provinha de um membro da nova geração — quiproquó que muito divertiu o nosso herói. Algo mais do que curiosidade pitoresca ou fortuito desorientamento, a dividida fidelidade de Alvim Corrêa à sua formação como pintor merece ser estudada com atenção.

As ilustrações para *A Guerra dos mundos* retomam a temática da refrega, absolutizando-a e paradigmatizando-a como catástrofe total. O artista identifica-se de maneira fervorosa com o tema wellsiano. Produzirá, com imediato poder de convicção, em formas concisas, ao mesmo tempo irônicas e extravagantes, a representação plástica da tecnologia marciana, emblema eloquente da arbitrária vontade de domínio de uma cultura superior. Concebidos no patético claro-escuro de Alvim Corrêa, tais espectros da fantasia tecnológica — pesadelo veemente na infância da era da máquina, cujo alcance compreendemos hoje sem dificuldade — assumiam para o leitor presença empolgante, impetuosa. Embora *The War of the Worlds* (1898) não possua nem a beleza vertiginosa nem a densidade de conto filosófico inseparáveis na obra-prima de Herbert George Wells — *Time Machine* (1895), ficção cuja ácida parábola política é tão clara como convincente —, não é impossível ver uma metáfora da opressão tecnocrática nessa fantasia aterradora, que se conclui, *all's well that ends well*, com o colapso desses seres apenas cérebro, portanto apenas-gerência, apenas-hegemonia, apenas-últimas-decisões-indiscutíveis. Medusas-do-mar transplanetárias, os invasores, com plataformas-

Henrique Alvim Corrêa, "Depois do desastre", ilustração para o capítulo 9, livro segundo, de *A Guerra dos mundos*, de H. G. Wells.

-palafitas ambulantes, tentáculos de manipulação, cilindros-automóveis que trouxeram do planeta deles, numa primeira transferência de tecnologia, tudo violam, destroem, dominam, numa sede de aniquilamento inédita. Fornecem, destarte, ao ilustrador gráfico, visões em que claro-escuro, reflexos, lucilações, contrastes de superfícies e materiais — chapas metálicas, vegetação, cantaria, madeira, água — são utilizados com grande beleza e funcionalidade. A cerebrina concepção alucinatória da aparência física dos invasores e a simétrica humanização da máquina deles (o teto em funil raso das palafitas ambulantes lembrando o chapéu dos *chins*; as claraboias de bordo tratadas como olhos vigilantes; as longas pernas articuladas das plataformas) acrescentam uma aura de terror totêmico e regressivo deveras apavorante. Mais do que nunca sente-se o homem inerme diante da força esmagadora que invade e oprime o seu cotidiano. Tremendos semideuses de uma outra Era Mesozoica subitamente enxertada na História, será necessário submeter-se a eles ou descobrir alguma maneira, ainda desconhecida, de os espatifar.

A veemência visual do artista adere assim a um pretexto narrativo que lhe iria propiciar determinada explosão de criatividade febril. Além das larvas do inconsciente, nesses desenhos arrebatados retornam não apenas elementos da tradição gráfica Hugo-Daumier-Doré, claramente presentes em pormenores da feitura, mas, sobretudo, sugestões intimamente ligadas à experiência cultural com que Alvim Corrêa se identificava, do ponto de vista ideológico. Em primeiro lugar o Rops metafísico — e de modo muito preciso, aqui, o *Satã semeando cizânia*, do mestre flamengo, que creio, ter tido, neste caso específico, função icônica geratriz, mesmo se tal liame não foi conscientizado no brasileiro. Em seguida Redon, com o eloquente silêncio das séries de álbuns dele — *Em pleno sonho, Para Edgar Poe, As Origens, Homenagem a Goya, A Tentação de Santo Antão —*, sementeira inesgotável do Decadismo 1870-1910, de quem foram os livros-de-hora leigos. Diversos dos emblemas que Redon cifrou nas obras acima são aqui desenvolvidos e reintegrados com originalidade por Alvim Corrêa no fragor e furor de uma ação frenética, contínua, virulenta, que vale em si mesma pelos humores que movimenta e liberta. Simbolizando ruína e tirania, a opressão do invasor convulsiona cidade e campo, desenfreia um horror coletivo. O inventor dessas visões de flagelo, ao representá-las, não desprezou imagens tradicionais ligadas ao macabro, ao grotesco, ao calafrio — revoada de morcegos, esqueletos fumegantes, aves carniceiras sobre corpos putrefactos. O ar-

Henrique Alvim Corrêa, "Durante toda a noite, os marcianos...", ilustração para o capítulo 8, livro primeiro, de *A Guerra dos mundos*, de H. G. Wells.

tista aproveita todas as oposições, todos os contrastes de textura, de densidade matérica, superfícies foscas ou espelhantes, negror de treva e luz ofuscadora. Joga até com a rutilância e o dispersar centrífugo do impacto explosivo que, para o observador, precede de um segundo a detonação. Uma das mais belas imagens da série vem a ser aquela em que, na fímbria de bosque espesso, cortado por um riacho, a palafita marciana emite luminosidade fulgurante que, à direita, dimana livre pelo campo aberto mas, à esquerda, refrata-se, em estrias e manchas, nos troncos das árvores esgalgas e na água corrente. Não fosse a revoada de corvos minúsculos baixando, ao fundo, sobre imperceptíveis marcianos, e duas palafitas agora reduzidas a sucata metafísica (talvez a primeira representação de um "cemitério de automóveis" nas artes visuais do século XX), outra dessas ilustrações seria um perfeito estudo abstrato de superfícies e profundidades. Estudo estupendo de tramas, curvaduras, rebitas, alombamentos, concavidades, socalcos, arcabouços metálicos e lígneos, realizado com inteiro domínio técnico; das raias unidas do azurado à sombra difusa do carvão, todas as técnicas do desenho estão aí presentes, transfigurando esse vale escarpado de iconografia romântica tradicional, de que os marcianos de Alvim Corrêa se agradaram. E tudo converge para o espaço central onde vasto poço, cheio de mistério, ordena com a sua polida circularidade platônica de granito ou aço (minha vista não dá para distinguir) o desalinho ambiente. Sobre o mar uma forma esférica flutua, todas as fibrilas pendentes, como uma anêmona das profundas aureolada por um anel de saturno. Poderia haver mais explícita homenagem de Alvim Corrêa a Odilon Redon? Uma espécie de sortilégio tudo enfeitiça nessas ilustrações. Mesmo as coisas inertes, num delírio alucinatório, metamorfoseiam-se: a cúpula maciça da catedral se transmuda numa caveira gargalhante e as janelas acesas da rua devastada são olhos em pânico, que o terror arrancou das órbitas ("... *partout des prunelles flamboient...*").[2]

O regresso à ordem primordial tem lugar por um reequilíbrio do metabolismo interplanetário, que reinstala a velha respiração compassada dos mundos, que a *hubris* dos invasores pretendeu transgredir; acompanhando o escritor, o desenhista concede restaurar, nas últimas ilustrações, o velho ritmo do nosso sistema solar. E junto da palavra FIM (que em francês vale também para "fino") inscrita na capa posterior de um vasto caderno, Alvim Corrêa retratou a Wells e a si mesmo. O romancista, em mangas de camisa, está pisando os restos mortais de um dos tecno-

Henrique Alvim Corrêa, ilustração à bico de pena para *A Guerra dos mundos*, retratando o próprio artista (à esquerda) e o escritor H. G. Wells.

cratas marcianos, enorme pena-de-pato (proporcional ao caderno antes referido) debaixo do braço. Sentado no chão, de pernas cruzadas, o pintor é uma concentração só — testa franzida, maxilar tenso — apontando, num bloco de desenho, as feições do intelectual que tanto admira. Creio que se possa chamar esta cena, com todas as letras, *happy end*.

A repugnância, inseparável do fascínio, que ao artista inspira o sentimento de onipotência desses seres, que contra tudo investiam com descaso olímpico, informa com eloquência, ainda que de maneira transposta, sobre a preocupação com a insuperável sensação de vulnerabilidade do homem no mundo, decisiva nos significados da obra de Alvim Corrêa. Através de todas as áreas temáticas pelas quais se estende a obra multifária do nosso artista — cenas de combate convencional da guerra oitocentista (1870, Port-Arthur), paisagens do Brabante e da Flandres, cenas eróticas, esboços intimistas, aspectos da rua, visualizações convulsionadas de maquinismos monstruosos, alegorias contestatárias, simbólicas personificações — parece prevalecer sempre a esmagadora certeza de se sentir joguete de forças que dele podem dispor com absoluta impunidade, forças às quais ele se encontra submetido e com quem não pode lutar.

Henrique Alvim Corrêa, menino bem nascido "numa província ultramarina", provinha de ambiente convencional e conformista. O meio exílio voluntário que a família resolvera assumir após a queda do Império veio a lhe propiciar formação artística europeia nada rotineira; o jovem pintor jamais deixaria de ficar afetivamente dividido entre o estímulo que recebeu nesse meio e as novas experiências por que passou, após abandonar o berço esplêndido onde havia nascido. As dificuldades de integração num outro mundo, obrigatoriamente conflituosas, neste caso farão dele um temperamento de tendência anarcoide, cheio de inquietação e revolta, simpatizante platônico de lutas sociais e campanhas progressistas. Ao mudar radicalmente a direção e o espírito da obra artística que vinha empreendendo, procura voltar-se, com idêntico interesse, para as mais diversas áreas da cultura, num dramático afã de melhor se conhecer, até se encontrar de todo.

O cotidiano, por exemplo, é um território que só então passa a lhe dizer respeito. Aceita, com vigorosa disponibilidade, esse primeiro desafio. Anota a vida circunstante com agilidade e senso de humor. Observa-a, às vezes com mal disfarçado sarcasmo, outras com interesse de miniaturista, sempre com viva emoção. Volta-se para os meios populares e operários, dos quais executa, dentro desse espírito intimista, impetuosos esboços e perfis; parece haver reaproveitado alguns deles no contexto de composições, encomendas ou ensaios de ilustração para revistas de grande tiragem. Salvo erro, não teve oportunidade (ou curiosidade) de se voltar para a comunidade camponesa. Muito diversificada num país de velhas raízes culturais como a Bélgica, esta deveria chamar a atenção — fosse pelo simples pitoresco de experiência nova, fosse por constituir um tema ilustre da pintura — a um brasileiro, mesmo desenraizado. Do campo apenas a paisagem parece ter-lhe interessado; procurou seguidamente captar o seu espírito num amplo ciclo de óleos de interesse desigual.

Esse memorial do dia a dia, apontamentos em que começa, em alta dose, a simplificar e a estilizar os modelos, caminha naturalmente para outros domínios. Adota a caricatura, para a qual tem muita garra, como uma espécie de taquigrafia; explora-a, seja a propósito de situações concretas seja em fantasias morais na linhagem nau-dos-tolos, elogio-da-loucura. Muito de época, também, o anticlericalismo do autor; desejando-se cáustico, é francamente convencional, não importa a finura humorística dos seus apontamentos, ora imaginários, ora tirados de modelos. No desenho erótico o autor — ou melhor H. Lemort — praticou dois níveis de realização, um mais faceto, voltado para certa literalidade as mais das vezes crua, e um segundo patamar, onde perplexidade e melancolia se mesclavam, e cujo núcleo era o diálogo Eros-Thanatos. A gratuidade e mesmo o mecanismo do frêmito erótico são encarados como parte integrante, inalienável, da condição humana. Ao abordar aspectos do grotesco fronteiriços ao monstruoso, obsessões e fantasias desgarradas, mesmo quando utiliza um grafismo levemente arrebitado, de sabor ligeiro e jornalístico, trata de fazê-lo com um tato e um sentimento de respeito que tornam deveras singular a sua experiência no gênero. Autor convincente de alegorias, que na sua pena possuem autoridade que impressiona, realizou também algumas, nesta área, que constituem altos momentos. Inesquecível, na verdade, a representação paradoxal da fragilidade e da intensidade do prazer, em certo desenho de H. Lemort, talvez a obra-prima do heterônimo maldito. Investida por um cupido, que mergulha sobre ela, uma dona em transe, cabeleira solta sobre um lençol que espadana ao vento, firma os pés crispados sobre uma caveira enorme, meteoro velocíssimo que atravessa e a leva espaço afora.

Das fantasias ligadas às pulsões íntimas passaria ele para a área (de certo modo limítrofe à anterior) das personificações simbólicas que a Alvim Corrêa só interessariam referindo-se diretamente a mazelas e problemas sociais candentes. Estreito que ele transpõe com felicidade, reutilizando sem servilismo, mas enquanto discípulo confesso, outro setor da tipologia visual de um Félicien Rops. O relacionamento que estabelece com o tema alegórico, contudo, é sombrio e possui o próprio timbre. *No pelourinho, Vae victis!, Amazona triunfante, Vá, já é hora!*, transposições icônicas de problemas explosivos — a Mulher vítima, a Mulher súcubo, a prostituição, exploração social — possuem autêntica força encantatória e mesmo certa aura hipnótica. Através dela adivinhamos o interesse de Alvim Corrêa pelo imaginário em estado puro — estórias da carochinha, fantasmagorias — que também ilustrou em diversas ocasiões, talvez por encomenda de terceiros, talvez por iniciativa própria. *Aprendiz de necromante* aproveita a vertente irônica do seu temperamento; *A hora dos grilos, Casa redonda*, fantasias risonhas inseparáveis do aspecto anterior. É ainda o caso de *A abelha obediente*, narrativa infantil: uma fadinha alada ordena, dedo em riste, que a sua abelha de estimação se chegue mais para perto ("Aqui! aqui!", parece dizer) no tom de comando de quem se dirige ao cachorro de casa, totó ou buldogue. Construída com traços guilhoqueados em nanquim, apesar do caráter ameno que apresenta, neles aparecem vetustas raízes intumescidas, misteriosas, que em certos desenhos do autor estão presentes a fim de criar certo clima encantatório, certo lusco-fusco da consciência.

Inequívoca conotação ctônica apresentam alguns estudos livres da natureza feitos a lápis. Linhas de força de troncos de árvore, em que o efeito das hachuras desencontradas, definindo raízes, galhos e, ainda, bossas, cavidades e ocos de um velho tronco, possuem objetividade mágica eminentemente táctil. Da representação de florestas anosas e compactas, de um pormenor prestigioso de potentes raízes centenárias, expostas à flor do solo, evola-se intensa sugestão de sortilégio, que muito se deve à execução enérgica do desenho. Mais instigantes ainda serão talvez as silenciosas insinuações de descida ao subconsciente que se contêm num outro desenho, este de poder quase sibilino: *A grande escada* — talvez primitivamente ilustração original para conto fantástico ou de um elaborado poema simbolista. Raízes enodoadas começam a romper parapeitos e lajes de monumental escadaria em pedra, que se perde, infinita entre bastas árvores, na montanha íngreme: uma dessas raízes já

Henrique Alvim Corrêa, *Nu — Tema alegórico*,
lápis de cor s/ papel, 31,9 x 26 cm.

atravessou o anteparo da mureta e se espoja ao sol por sobre os degraus inferiores, enquanto mais outras, próximas, preparam-se por sua vez para o ataque. Imagem pungente da construção intelectual e sobranceira, inevitavelmente corroída e por fim destroçada pelas forças do instinto, é bem expressiva da filosofia do ilustrador de *A Guerra dos mundos*.

Alvim Corrêa cultivou ainda alguns desenhos a cor — de sabor naturalista e temário patético —, visando talvez motivar suplementos de jornais com uma grande tiragem. Neles a violência é surpreendida em diversas gradações sadomasoquistas; também foram registados momentos de perplexidade cheios de sutileza. Sempre no campo gráfico, cenas de multidão, cenas de rua, vastos grupos em interiores públicos são recriados com humor rascante; o traço anguloso é rápido e o realce colorido amigo de estridências. Possuem caráter parodístico, bastante próximo, em certos casos, de algumas das representações da área erótica.

A paisagem (outras vezes a figura dentro da paisagem) é tratada como estado d'alma. Diversos estudos de vegetação rala e engrouvinhada desenvolvem-se em elaboradas recriações quase abstratas; ramaria e galhos secos unem-se num emaranhamento irisado que merece do artista atenção e capricho caligráficos. Tais estudos aproximam-no da pintura oriental; mas se esse japonismo chega ao pintor pela via realista do apontamento da natureza, logo é retomado *à la manière de*, seguindo a moda elegante do tempo. Outras telas, pela violência do gesto e utilização de tons baixos, de um dramatismo denso — renque de árvores esgarçadas, bosques formando ilhas na campina, manchas remotas da vegetação de porte —, aparentam afinidades exteriores com o Expressionismo; na verdade o seu *pathos* é, em tudo, simbolista. Em mais outras, a perspectiva se alonga através da planície movimentada, campos de plantação que se acabou de mondar, onde se levantam cabanas camponesas ou construções suburbanas que, de súbito, ganham proporção monumental graças à sua mole cúbica. Algumas dessas paisagens são autênticos estudos de matéria, espalhada em largas superfícies pela espátula enérgica, que acomoda céus, terras, águas numa só respiração compacta; possuem elas afinidades com o tratamento do mural, apesar do apelo que o pintor faz frequentemente a tons sombrios. Já em outras composições, a escuridão é predominante; apenas uma janela, às vezes uma porta aberta, de onde provém claridade; na superfície restante, certa indefinição de espaço. Telas há que talvez não tenham recebido a última demão do autor. Nestas o perfil marcado da massa dominante (silo, curral, quartel) é definido por uma linha envoltória densa, à maneira dos mestres de Pont-Aven. Construções camponesas e terreiros de plantio da campanha *brabançona* ou antuérpica aparecem indicados em riscas paralelas, num traço agora quase vangoghiano. Em cores frias, distantes, mas extremamente requintadas, as paisagens de Boitsfort, residência do artista, são realizadas com notável finura e delicadeza quase amaneirada.

A posição de Alvim Corrêa diante da vida transparece com nitidez na obra que nos legou. Nesta é evidente a derivação baudelairiano-decadista, e, nesse sentido, o artista foi bem um homem do seu tempo. Pessimismo e negativismo foram experiências que ele viveu e as experimentou dramaticamente, representando-as, ora cifradas, ora com toda a transparência, em quadros, desenhos, gravuras que honram o seu autor e a arte brasileira. Esta soube festejar o filho pródigo, dando-lhe, à mesa, o lugar que era seu de direito.

Ao deixar Paris e escolher Bruxelas, em 1898, teria o jovem Alvim Corrêa noção de estar-se abrigando numa das encruzilhadas mais dinâmicas da modernidade "1900"? Até que ponto saberia estar-se dirigindo a um ambiente privilegiado que, nesse preciso momento histórico, vivia certa experiência criadora de algum modo decisiva na evolução da arte europeia? A meio caminho entre as culturas francesa, inglesa, alemã e escandinava, com velhos e profundos contatos culturais com a Itália e a Espanha, idealmente equidistante de todas elas, a "jovem Bélgica" encontrava-se em meio a uma decisiva reavaliação crítica do próprio passado, ambicionando recuperar no campo das artes o prestígio e a projeção da velha Flandres.

Já em 1884 criava-se o Círculo dos XX que, até 1893 (quando se dissolve), em torno do patriarca Wille Vogel (1836-1896) reúne as figuras de Théo van Rysselberghe (1862-1926), James Ensor (1860-1949) e Georges Lemmen (1865-1916); com o apoio da revista *L'Art Moderne*, de Octave Maus, Edmond Picard e Emile Verhaeren, depois de promover dez salões de arte contemporânea, *Les XX* transfundem-se numa associação ainda mais abrangente que há de se intitular "La Libre Esthétique". Esta, de 1894 a 1914, reunirá, em 21 magnas exposições, tudo o que de mais vivo e experimentador existe no país, ao lado das novas tendências que se vão afirmando na arte europeia. Mas ao lado dessas agremiações decisivas pululam na Bélgica inúmeros pequenos sodalícios artísticos, alguns de caráter nitidamente político, contestatário da ordem burguesa triunfante, cuja função vai se demonstrar decisiva na formação de vários artistas de origem popular. Entre os decênios de 1880 e 1910, na capital e em Antuérpia, principalmente, ganham vida própria e influem no ambiente grupúsculos artísticos que são apenas, quase sempre, oficinas de trabalho ou academias livres. Nestes centros, contudo, hão de perfazer as primeiras armas diversos pintores que se afirmam mais tarde nomes de primeira plana na arte nacional: o Voorwarts, o Pour l'Art, a Association pour l'Art antuerpiana, o grupo L'Estampe, a Academie Libre, o Cercle l'Effort, o Cercle Le Labeur, são alguns, entre outros que seria ocioso enumerar. Em torno de Emile Claus (1849-1924), que se retira para o campo, reúne-se, em Astene, o grupo tardo-impressionista Vie et Lumière. Em breve, a partir de 1900, uma outra comunidade de artistas juntar-se-á, não longe de Ganda, na paisagem ainda mais idílica de Laethem-Saint-Martin, povoação debruçada sobre o curso remanso-so do Lys. Desta vez à volta de outra figura patriarcal e assumidamente "antiga" — Albin van den Abeele (1835-1919), "*ce douanier Rousseau flamand*", na frase de Paul Fierens —, motivado pelo revisionismo espiritualista e tradicional de George Minne e do poeta Karel van de Woestijne (mais velho e um pouco mentor do irmão Gustave), congrega-se Valerius De Saedeleer. Algum tempo depois vêm-se ainda estabelecer em Laethem três outros jovens pintores, destinados porém a uma evolução muito diversa do erudito, rigoroso, despojado neogoticismo do grupo de Minne: Frits van den Berghe, Gustave De Smet e Constant Permeke, antes de 1914 — data que interrompe a evolução natural da arte belga, e não só belga — bem mais próximos do luminismo de Emile Claus do que do sintetismo simbolista de Minne.

Contemporâneos imediatos de Alvim Corrêa, nascidos entre 1866 e 1886, encontramos, assim, ativos nesse ambiente, os seguintes nomes que viriam a contar na crônica da pintura belga: além de Eugène Laermans (1864-1940) e George Lemmen (1865-1916) temos George Minne (1866-1941), Valerius De Saedeleer (1867-1941), Auguste Oleffe (1867-1931), Jules de Bruycker (1870-1945), Henri Evenepoel (1872-1899), Hippolyte Daeye (1873-1952), Louis Thevenet (1874-1930), Gustave De Smet (1877-1943), Isidore Opsomer (1878-1952), Willem Paerels (1879-1958), Leon De Smet (1881-1952), Gustave van de Woestijne (1881-1947), Rik Wouters (1882-1916), Frits van den Berghe (1883-1939), Constant Permeke (1886-1951). Ensor, que nasceu em 1860, Van Rysselberghe, em 1862 e Van de Velde, em 1863, precedem de pouco estes limites geracionais, que não podem ser indicados senão como meramente sintomáticos.

Sejam lembradas ainda outras personalidades contemporâneas ligadas às artes decorativas e à arquitetura do *Modern Style*, como o já citado Van de Velde (1863-1957), Victor Horta (1861-1947), Paul Hankar (1859-1901), Georges Morren, Anna Boch (1848-1933), Alfred William Finch (1854-1930), nosso já conhecido Georges Lemmen, e o grupo que joga na área decadente-simbolista, impregnado de uma compreensão literária da pintura — Xavier Mellery (1845-1921), Fernand Khnopff (1858-1921), Charles Doudelet (1861-1938), Emile Fabry (1865-1966), Jean Delville (1867-1953), Degouve de Nuncques (1867-1935), Henry de Groux (1867-1930) até Léon Spilliaert (1881-1946). — Uns e outros completam a complexa topografia artística da Bélgica, 1880-1910.

É neste ambiente estuante de animação, mas decerto desorientador para a experiência pregressa do jovem pintor brasileiro, que Alvim Corrêa vai ter de definir a si mesmo, revendo criticamente o seu aprendizado parisiense. Para uma primeira reconstituição do itinerário intelectual belga do moço brasileiro ser-nos-á extremamente útil o caderno de endereços onde anotou, na ordem em que foi conhecendo ou necessitando registar, as direções de pessoas e instituições que interessavam seja à organização da casa seja à vida intelectual do artista. Essa caderneta parece ter sido iniciada quando da instalação familiar, em Boitsfort, arrabalde de Bruxelas, ou logo depois — portanto em 1901, aproximadamente, e alcança até 1910; mais tarde foi retomada pelos familiares, em 1920, quando se inseriu manualmente, nas páginas centrais, ainda não utilizadas, uma precária ordenação alfabética digital. Na primeira parte, aquela que nos interessa, indicações de *Charbonnier, Menuisier, Peintre Bâtiment, American Petroleum Company, Tapisseur, Fabrique de Cordes et Etampes* revezam-se, quase sempre da mão do artista, com endereços de artistas, homens de imprensa, relações sociais, frequentadores de exposições, ocasionais companheiros de viagem, encontrados no país ou no estrangeiro, nomes as mais das vezes explicitados com sucinta indicação suplementar, a fim de refrescar a memória. Se o Evenepoel que aparece na primeira página poderia ser o pintor de *Le café d'Harcourt* e *La fête negre a Blidah*, mas também notável ilustrador de Poe —, um artista com quem Alvim Corrêa apresenta sintonia na maneira de certo fazer pictórico e na abordagem irônica da temática do dia a dia — a morte de Evenepoel em 1899, na França, afasta a hipótese, tentadora, de um contato pessoal entre os dois coetâneos, desde que nos parece de todo improvável um encontro anterior em Paris (onde ambos estudavam na mesma época) entre o aluno de Detaille e o aluno de Moreau. Mas o Khnopff que surge logo na página seguinte, em letra graúda e destacada, e tem o endereço retranscrito mais duas vezes adiante, indicando a importância afetiva que representava para o dono do caderno (apenas os Fritz Müller de Beaupré ali compartilham da mesma honra), trata-se sem dúvida do autor de *L'Encensoire* e *I Look My Door Upon Myself*, títulos involuntariamente irônicos nesta circunstância. Outros pintores de menor prestígio, mas com algum nome no tempo, revalorizados em nossos dias pelo desenvolvimento dos estudos sobre o Simbolismo nas artes visuais, também aparecem registados mais adiante, mas sem especial demonstração de interesse: "De Groux, *peintre*" (Henry de Groux, filho do célebre realista Charles de Groux) e Degouve de Nunques, autores de obras cuja atmosfera se situava muito distante da criação perseguida por Alvim Corrêa. Com estes revezam-se, além de diversos fotógrafos e heliogravadores, alguns assinalados com lápis vermelho *raccomandé*, outras personagens expressivas: "Victor Rousseau, sculpteur", "Vallette, éditeur du *Mercure de France*", "Henry d'Avray" (depois corrigido para Davray — o tradutor francês de *A Guerra dos mundos*), "H. G. Wells (Spade House, Sandgate)", "William Heinemann, éditeur de Londres", "Malveaux, typograveur", "Tallon & Cie, Imprimeur Photograveur", "Vandamme, Imprimeur Photograveur", "Mlle. Art, artiste peintre"; "Systermans, directeur du *XXᵉ siècle*", "Léon Dommartin, directeur de *Chronique*", "Charles Didier, directeur du *Cottage*", "Mademoiselles Gessey (as duas velhas da Exposição Boute)", "M. Eyerman, acheteur du *Jour de Pluie*", "Georges Lemmers, artiste peintre q. se trouvait chez Mlle. Art", "Pierre Petitjean (peintre rencontré dans le wagon au St. Gottard)", "Gustave de Graef (journaliste rencontré chez Lemmers)", "L. Moreels, dessinateur (de l'ancienne Reforme)", "Gaudy, dessinateur"; "Henri Strentz, poète rencontré sur bateau au lac Majeur", "Léon Lucas, architecte", "Géo Bernier, peintre", "Lemoine, critique d'art", "Thiriar, artiste peintre", "Ministre du Brésil O. L.", "Van der Hasselt, sculpteur", "J. R. Valentinelli, peintre", "J. P. de Jaager, sculpteur", "James Thiriar". Endereços e indicações que fornecem uma segura panorâmica do relacionamento progressivo do jovem pintor, no ambiente belga, e nos seus deslocamentos provocados pela doença, durante os anos decisivos da residência dele em Bruxelas, e permitem esboçar mesmo o roteiro das suas atividades: 1902-1903 — progressão do projeto de ilustrar *A Guerra dos mundos*, contatos com a *Mercure de France*, a fim de poder utilizar a versão Davray, subsequente correspondência com Wells, precedendo a viagem a Londres em 1903; pesquisa das impressoras que trabalhavam com heliogravura e fotogravura; 1904-1905 — preparação da mostra da *Salle Boute*, contatos preliminares com a imprensa, registo dos elementos do público que demonstraram interesse pelo artista; registo do primeiro colecionador estranho que adquiriu obra do artista durante a exposição — Monsieur Eyerman — e registo do óleo (ou mais provavelmente desenho) por ele adquirido, *Jour de pluie*, de certo flagrante urbano com o sainete próprio do artista; 1907-10 — contatos com outros artistas, como Georges Lemmers (que não deve ser confundido com o seu quase homônimo Georges Lemmen, o Eugène Grasset belga), conhecido em casa de Mademoiselle Art — "*Art comme art*" —, esta, por sua vez, malgrado o sobrenome arquetipiano de musa que arvorava, apenas outra artista do pincel. Provavelmente por intermédio de Lemmers, Alvim Corrêa terá entrado em contato, além de Gustave de Graef, jornalista que encontrou em casa do confrade, com os desenhistas Moreels e Gaudy, com o crítico visual Lemoine e com os irmãos Willy e James Thiriar — pois tanto os dois Thiriar como Lemmers participarão da primeira coletiva do Sketch-Club, em abril de 1910. Muito doente embora, o nosso artista integrou o grupo dos expositores, na véspera mesmo da crise que o prostraria, de modo definitivo, em fins de maio.

Em março de 1905, ainda de todo desconhecido no ambiente bruxelês, Henrique Alvim Corrêa havia corajosamente montado uma exposição individual que desejava apresentar, num retrospecto franco, seja a sua formação convencional, seja as novas e variadas preocupações que agora o instigavam. A paternalística resenha que o crítico do *Journal de Bruxelles*, E. J., dedicou à mostra, na edição de 12 de março, fornece flagrante expressivo da situação cultural do jovem Henrique perante aquele meio:

> "*La Salle Boute semble particulièrement affectionée par les artistes étrangers; y voici M. Elvim Corréa [sic] faisant de la peinture militaire. Nous entendons par ces mots non seulement une certaine catégorie de sujets, mais encore toute une facture traditionnelle, tout un genre. Pour que nul n'en ignore, au milieu de la salle trône un faisceau portant un casque prussien voisinant avec un képi français: c'est rappeler Detaille, de Neuville, les Dernières Cartouches... Il y a là un courage qui déjà*

*mérite attention. Montrons-nous donc sympathiques à ces scè-
nes militaires, parmi lesquelles plusieurs sont inspirées par les
guerres d'Extrême-Orient. Quelques paysages curieux, quelques
figures étranges se rapprochent plus de l'art proprement dit.
Une série de dessins pour illustrer une des ouvres de Wells, ce
Jules Verne des 'grandes personnes' témoignent d'une heureuse
richesse d'imagination joint aux habilités techniques coutu-
mières."* [3]

Embora as demais notas da imprensa não tenham adotado esse tom
— tanto *Le Soir*, *La Gazette*, *L'Independance Belge* e em especial *La
Chronique* demonstraram interesse pelo expositor e penetração crítica
diante da obra (a matéria da última folha, a mais longa, entremeia habil-
mente uma quase entrevista com agudo esboço de interpretação da personalidade criadora de Alvim Corrêa, valioso ainda hoje) —, não nos será
difícil reconstituir a ansiedade do artista em relação a essas primeiras
manifestações da crítica sobre a sua identidade visual, sobre a qual ele
mesmo devia manter certa perplexidade. Já em 1910 devia ele ler quase
com indiferença a nota sobre a coletiva de que participava, escrita pelo
crítico de *Le Soir*: "*En marge des grandes expositions dont on nous an-
nonce l'ouverture prochaine, le Sketch-Club vient d'ouvrir la sienne en
la salle du Studio, modeste mais combien intéressante, cependant. Les
membres de ce Club, des artistes connus pour la plupart...*".[4] E eis o co-
mentarista a referir-se, com efeito, aos companheiros mais próximos com
quem o nosso pintor conseguiu se acamaradar nos últimos anos, convívio
de trabalho que um pouco explica a criação desse Sketch-Club: "*les
petits pages guerrières, très animées, de M. James Thiriar*", "*paysages de
M. Willy Thiriar*", "*jolis dessins colorés de M. G. Lemmers*"[5] (por inevitável assimilação com o outro G. Lemmen, famoso, saiu impresso Lem-
mens), até concluir a rápida resenha: "*Mais nous nous arrêtons plus
longtemps encore devant les sanguines où, d'un crayon très sur, M. Watelet a rendu quelque élégantes vision féminines, et devant les dessins si
originaux ou M. Alvin Corréa [sic] nous rappelle l'art d'un Rops*".[6] Assim, numa honrosa mediania, ao lado de conhecidos mais ou menos recentes, o artista brasileiro encerrava sua "carreira" artística na Bélgica
de "La Libre Esthétique".

Curioso o fato de que Alvim Corrêa tenha projetado, na adolescência, ser autor de telas monumentais e, aos trinta anos, à véspera da mor-

Henrique Alvim Corrêa, "O telescópio mostrou uma nuvem de gás inflamado", ilustração para o capítulo 1, livro primeiro, de *A Guerra dos mundos*.

te prematura, tenha aceitado inteiramente o fato de se haver realizado numa obra fragmentária. Pois foi no fragmento, literalmente, — e muito antes que se admitisse e se teorizasse sobre a Estética do Fragmento, como se tornou corrente e até monótono, neste declínio do século XX — que o mais belga dos artistas brasileiros trabalhou com sutileza, ciência e criatividade, e numa obra fragmentária muito bela que ele se realizou.

Esse miniaturismo não foi uma solução buscada; o artista chegou a ele motivado por diversas circunstâncias, inclusive imperativos de saúde. O nível que ele conseguiu impor a cada um dos seus trabalhos, o artista só o alcançou depois de longo e sofrido esforço. Desvanecidas as grandes esperanças dos dezessete anos, a veleidade de painelista épico ir-se-ia retrair numa revisão de um trabalho criativo que inflete em sentido intimista, servida por uma disciplina e um rigor intelectual sempre exigentes. À frustração do pintor "em grande" correspondeu a afirmação definitiva do desenhista com uma centelha de gênio; ao desmantelamento da superfície extensa, a profundidade da invenção e do sentido.

Desenvolvendo a sua virtualidade visionária — e o visionarismo permeia tudo o que fez — ele anima o menor dos seus desenhos com intransferível marca pessoal. O comentador bruxelês de *La Chronique* que, a 10 de abril de 1910, afirmava ser o nosso artista "um pesquisador e decantador de quintessências" sabia o que afirmava. Segundo ele Alvim Corrêa "abomina a banalidade e põe alma no mais despretensioso dos seus esboços. Artista raro, sobre o qual plana a psicologia um tanto pessimista e às vezes macabra de Baudelaire, antes de mais nada buscava ele expressão nas suas máscaras, colocando nessas frontes um pensamento, nesses lábios um desejo. Alvim Corrêa é uma personalidade!".

Setenta anos depois dessas linhas, que conservam forte sabor de época, o interesse que nos provoca esse mesmo grafismo envolvente, algumas vezes arrebatado, quase sempre intenso e impetuoso, garante para o nosso autor a posição não apenas de um dos maiores desenhistas do nosso princípio do século brasileiro, mas a de figura maior no gênero. Se a obra pictórica de Alvim Corrêa, apesar da qualidade que apresenta, e do coeficiente de pesquisa que assume, constitui sempre uma tentativa (extremamente expressiva, aliás), o artista gráfico, pioneiro da gravura brasileira, conforme José Roberto Teixeira Leite revelava ao Brasil, em 1965, o desenhista privilegiado pôde fixar, no espaço breve de tempo que lhe foi concedido viver, um amplo registo temático e estilístico onde a poderosa inventividade dele demonstrou de uma vez por todas que seu nome permanecerá entre nós mais perene que a marca dos canhões que ele pintou quando mocinho e sobre o bronze dos quais desenhou o próprio busto numa caricatura.

São Paulo, agosto-setembro de 1981

À memória de Eduardo,
que preservou com carinho
e restaurou com talento a
obra paterna,
esperando para breve a apreciação
que o Brasil deve à pintura desse
mestre secreto

Para Roberto,
poeta debaixo do signo perene de Hebe
sob o qual seu pai cerrou os olhos

Para Sergio,
com sentimento
fraterno

O autor agradece de modo especial a Roberto e Georgina Alvim Corrêa, e a Sérgio Nepomuceno Alvim Corrêa, que permitiram examinar documentos inéditos e fotografias do arquivo de Alvim Corrêa. Agradece ainda a Pietro Maria Bardi e Anna Carboncini, do Museu de Arte de São Paulo, e a Leila Florence, bibliotecária do MASP; Maria de Lourdes Gentil, da Biblioteca de Arte do IDART paulistano; Maria Cristina Nery, da biblioteca do Jockey Club de São Paulo, sem os quais este trabalho não teria tido o apoio bibliográfico indispensável.

## Apêndice

Em 1965, José Roberto Teixeira Leite redescobria para o Brasil e fazia a primeira recuperação da importância de Alvim Corrêa:

"Construiu ele uma obra rigorosamente dentro do espírito do seu tempo. Seria inútil buscar no panorama da pintura brasileira de fins do século XIX e inícios do seguinte alguém que pudesse enfrentar sob esse aspecto o paralelo com ele. Alvim Corrêa, ainda se o considerarmos artista europeu, é inegavelmente o mais completo e moderno pintor brasileiro do período. E se sua obra, pelo espírito, inclina-se antes para o século XIX que para o XX, é impossível não reconhecer, nesse brasileiro emigrado, artista de nível internacional e um pioneiro, em sua terra, da arte do século XIX."

Henrique Alvim Corrêa: *Guerra & Paz*

Consequência do seu brado de alarme foi a exposição de 1972, a primeira jamais realizada no Brasil, organizada por Pietro Maria Bardi, no MASP, fruto do interesse que o diretor do grande museu paulistano sentiu desde logo ao primeiro contato que teve com o *corpus* da obra do ilustrador de *A Guerra dos mundos*. Comentando essa mostra que revelava ao Brasil um pintor brasileiro, escreveria Arnaldo Pedroso d'Horta as seguintes linhas sobre o pintor que renascia de entre os mortos, sessenta anos após o seu passamento, e com a dupla autoridade de intérprete e desenhista — oficial do mesmo ofício, portanto, desde que foi um dos grandes desenhadores de todos os tempos nas artes visuais brasileiras:

"É um desenho [o de Alvim Corrêa] de inteira segurança, numa ambiência caracteristicamente francesa [*sic*], particularmente feliz nas cenas de rua, quer estas mostrem movimentos de multidão, ou apenas tipos populares, quer sejam simbólicas ou documentais; e também podem ser anedóticas [...] Alvim Corrêa sabia variar a técnica do desenho conforme os efeitos desejados, fechando ou abrindo a trama do mesmo, tracejando-o ou apenas indicando o contorno. É abundante a quantidade de estudos de nu, e também marcado o prazer com que se entregava à representação de cenas licenciosas ou burlescas, com mulheres exibindo seus melhores predicados; ao lado dos trabalhos deliberadamente fesceninos, outros, bem simbólicos, como o da mulher crucificada nua, ou a cavalo; normalmente essas damas são orgulhosas do que têm a mostrar, e o fazem mesmo com altivez. Há algumas representações da vegetação, lindas, e extraordinários estudos a lápis, da matéria do tronco e das raízes das grandes árvores. Seu desenho entusiasma menos nas paisagens em que entram casas; aqui torna-se convencional quer na representação arquitetônica, quer no colorido. Sua força está mesmo na fixação dos tipos humanos e há também toda uma série documental de vestimentas femininas bem curiosa."

Selecionados entre os inúmeros artigos e notas aparecidos em nossa imprensa desde 1965, esses dois momentos dos contatos da crítica viva brasileira com a obra do "filho pródigo" do nosso "1900", aqui transcritos, visam a documentar o itinerário do pintor do *Panorama do assédio de Paris* e *A Musa dos Telhados* e fazer um paralelo com as resenhas que o artista mereceu dos jornais de Bruxelas, em 1905 e 1910.

Nota: O *Dictionnaire critique et documentaire des Peintres, Sculpteurs, Dessinateurs et Graveurs de tous les temps et tous les pays*, de Emmanuel Bénézit (1854-1920) — originalmente editado, de 1911 a 1921, em três volumes — inclui o nome de Alvim Corrêa. Comparece ele aí num verbete sucinto mas significativo: "ALVIN-CORRÊA (Henri), *peintre, né a Rio-de-Janeiro en 1876. (Ec. [ole] Fr. [ançaise])*. Elève de Detaille et Jean Brunet. Ses oeuvres principales sont *Les derniers coups de feu, — Reconnaissance cernée, — Les retardataires (13 octobre 1870)*".

CRONOLOGIA

1876 Nasce no Rio de Janeiro, a 30 de janeiro, Henrique Alvim Corrêa. Filho de Constança Rodrigues Torres e Alvim (1853-1942) e do advogado Henrique Corrêa Moreira (*c.* 1835-1883).

1877 É batizado na Capela da Senhora da Piedade, à rua do Marquês de Abrantes, bairro do Flamengo.

1883 Morre seu pai.

1884 Interno do Colégio Anchieta, em Nova Friburgo, província do Rio de Janeiro. Na correspondência com a mãe aparecem registados os primeiros sintomas da doença que, mais tarde, há de miná-lo de modo irreversível.

1887 Acompanha Constança Alvim Corrêa numa viagem a Paris.

1888 Regresso ao Rio de Janeiro, onde, em outubro, sua mãe desposa em segundas núpcias José Mendes de Oliveira Castro (1842-1896), capitalista e banqueiro de amplo prestígio, viúvo também com filhos; dessa união nascerão quatro outros.

1889 Seu padrasto é criado barão de Oliveira Castro, a 13 de novembro, antevéspera da Proclamação da República.

1892 Instala-se em Lisboa, acompanhando os barões de Oliveira Castro; estes, monarquistas não adesistas, preferem deixar a Capital Federal nos agitados primeiros tempos do novo regime. Henrique é matriculado num dos melhores colégios da cidade.

1893 A família transfere-se definitivamente para a França. O ambiente dos Oliveira Castro em Paris, marcado pela curiosidade e pelo interesse artístico da baronesa, caracteriza-se pelos contatos com compositores, escritores e artistas visuais, conforme o hábito que a família cultivava no Brasil. Tudo parece indicar que o entusiasmo intelectual de Constança Alvim terá sido decisivo para encaminhar a vocação artística do seu primogênito.

1894 Começa a frequentar o ateliê de Edouard Detaille, pintor oficial especialista em temas militares.

1895 Frequenta o estúdio de Jean Brunet, pintor de História e gênero.

1896 Sempre sob a égide de Detaille, expõe no *Salon* o seu primeiro quadro. O barão de Oliveira Castro falece em Paris.

1897 Envia ao *Salon* trabalho de tema bélico, concebido em grandes dimensões (4 x 2,50 m), que atrai, seja pelo assunto seja pela monumentalidade, a atenção do público e da crítica.

1898 Casa-se, no início do ano, enfrentando oposição de família, com Blanche Fernande Barbant, filha de dezessete anos do gravador Charles Barbant. Transfere-se para a Bélgica, onde nasce, a 30 de outubro, em Bruxelas, o primeiro filho, Roberto. Enfrentando inevitáveis dificuldades econômicas, procura adaptar-se às novas condições, aceitando trabalhos de decoração e pintura mural, encomendas de desenhos publicitários, e, mais tarde, de ilustrações e caricaturas para a imprensa.

1900 Nasce em Boitsfort, arrabalde de Bruxelas, onde o jovem casal se instala confortavelmente, o seu segundo filho, Eduardo. De temperamento meditativo, o artista já então escreve com assiduidade apontamentos e reflexões que versam ora sobre o ofício de pintor (notas de estética geral, observações técnicas, conselhos práticos), ora sobre temas de caráter mais pessoal — pensamentos, impressões, advertências dirigidas a si mesmo ou à família, escritos esses que foram conservados. Lê muito e, entre composições de caráter literário, esboça (sempre em francês) algumas peças de teatro.

1903 Vai até Londres. Aí procura H. G. Wells, a quem apresenta projetos seus de ilustração para *A Guerra dos mundos*, esboçados nos últimos três anos. (O romance de Wells, originalmente publicado em 1898, havia aparecido na tradução francesa de Henry-D. Davray pela *Mercure de France*.) Surpreende o escritor inglês o veemente caráter alucinatório desses desenhos.

1905 Viaja novamente a Londres, a fim de fazer ver a Wells a versão final das ilustrações que perfez para *A Guerra dos mundos*. Em março expõe em Bruxelas, na *Salle Boute* (134, rue Royale), alcançando certa repercussão. As folhas da capital belga (*Journal de Bruxelles, Le Soir, La Chronique, La Gazette, L'Independance Belge*) comentam com simpatia a mostra em notas sucintas, algumas estropiando-lhe o nome ("Edwin Corréa", "Elvin Corréa") e lhe atribuindo origem russa. A saúde sempre instável do artista parece periclitante; declara-se afinal, em estado avançado uma tuberculose pulmonar e intestinal. É obrigado a submeter-se, na Suíça, a delicada intervenção cirúrgica. Passa alguns meses em Lausanne, Gessenex e Lugano.

1906 É lançada em Bruxelas, pelo editor L. Vandamme, numa edição de grande formato de apenas quinhentos exemplares, numerados e assinados pelo ilustrador, *A Guerra dos mundos*, com o texto francês da tradução Davray. Obrigado a reduzir os seus esforços físicos, Alvim Corrêa concentra-se no desenho e se volta para a gravura. Cada vez mais interessado pela imagem gravada, constrói uma prensa com seus próprios meios, no amplo ateliê de Boitsfort, e se experimenta em diversas técnicas — águas-fortes, águas-tintas, vernizes-brandos.

1907 Vai a Wiesbaden e Carlsbad com o tio materno, o engenheiro Artur Alvim. Embora atento aos problemas da sua saúde não abandona a atividade artística e retorna à Bélgica com muitos desenhos.

1909 Aproxima-se de Oliveira Lima, então ministro do Brasil em Bruxelas. O autor de *Dom João VI no Brasil* interessa-se e aprecia o trabalho do jovem conterrâneo.

1910 Expõe em Bruxelas, na primeira coletiva organizada pelo Sketch-Club (na sala *Studio* da rue des Petits-Carmes), que se realiza durante o mês de abril. Em maio o artista sofre violenta hemoptise; não conseguirá sobreviver muito a essa crise, vindo a falecer a 7 de junho seguinte; o jornal *La Chronique* registará, alguns dias depois, o desaparecimento do pintor, lamentando a perda de artista tão promissor. (Os restos mortais de Alvim Corrêa foram trasladados posteriormente para o Rio de Janeiro e se encontram inumados no cemitério do Caju carioca.)

1914 Com a invasão da Bélgica pelas forças dos Impérios Centrais, o ateliê do artista em Boitsfort é vasculhado pelas tropas de ocupação; desaparecem algumas das suas obras — em especial aquelas de tema militar — que a viúva não havia conseguido enterrar em caixas e malas blindadas com outras telas e desenhos, que recupera após o Armistício.

1939  Os dois filhos do artista, Roberto (até então editor de nomeada em Paris, onde havia fundado a *Maison Corrêa* ao findar do decênio de 1920) e Eduardo (pintor de forte veia mística) instalam-se definitivamente no Brasil, para onde começam a transferir a obra do pai.

1942  Com o torpedeamento de um navio brasileiro pelos submarinos nazistas em ação no Atlântico Sul, perde-se, com outros pertences da família, a totalidade dos originais da obra gráfica do autor.

1945  Com a viúva do artista, transferem-se para o Brasil as peças remanescentes do acervo de Henrique Alvim Corrêa em poder da família (Blanche Barbant Alvim Corrêa, 1881-1963, falecerá alguns anos mais tarde no Rio de Janeiro).

1965  A nova geração de críticos e historiadores da arte brasileira começa a se interessar pela obra de Alvim Corrêa. Esboça-se um primeiro movimento de avaliação e recuperação críticas da atividade criadora do pintor.

1972  Em outubro, o Museu de Arte de São Paulo promove a primeira exposição pública da obra de Alvim Corrêa realizada no Brasil.

1973  Em abril, o Museu de Arte Moderna do Rio de Janeiro inaugura uma grande mostra do artista, expondo a totalidade do seu corpus gráfico e pictórico (excetuaram-se apenas telas e desenhos até então ainda não recuperados pela restauração): seis gravuras, duzentos desenhos e 88 pinturas. No mês de novembro, em Bruxelas, a galeria *Studio 44* expõe, por ocasião da *Brasil-Expo 73* realizada na capital belga, 145 trabalhos de Alvim Corrêa (três gravuras, 41 pinturas, 101 desenhos) selecionados pelo MASP.

1976  Em setembro, a fim de assinalar o ano do centenário de nascimento de Alvim Corrêa, a Galeria de Arte Global, de São Paulo, realiza uma exposição de 26 óleos e 36 desenhos do artista.

1977  O Museu Nacional de Belas-Artes, no Rio de Janeiro, expõe os desenhos originais do artista para *A Guerra dos mundos*.

1978  Falece, no Rio de Janeiro, Eduardo Alvim Corrêa. Desde 1950, aproximadamente, veio ele restaurando os trabalhos do pai prejudicados pelas
diversas mudanças e acondicionamentos compulsórios a que foram sub-
metidos, além de, pouco a pouco, ordenar e compilar — em companhia
do irmão Roberto — os escritos paternos.

1981  Em outubro, por ocasião do lançamento da edição numerada, em volume,
das ilustrações do artista para o romance de Wells, que Raul de Sá Barbosa traduz especialmente para a editora Nova Fronteira (Confraria dos
Amigos do Livro), a Fundação Casa de Rui Barbosa organiza a exposição
*Henrique Alvim Corrêa:* Guerra & Paz *(Cotidiano e Imaginário na obra
de um pintor brasileiro no 1900 europeu).*

## Notas

[1] "438. É preciso utilizar todos os meios para dar ou agregar a impressão de vida.
— 439. Uma fatura livre, alerta, ágil e selvagem, enérgica, agrada mais e emociona portanto mais do que uma passagem construída logicamente mas executada com calma./
Mentiras, inexatidões, ou mesmo impossibilidades, mas executadas com brio e ousadia.
— 440. Uma fatura intrépida, ousada, alerta, inteligente vale mais do que uma fatura
ponderada, sábia, clássica. — 441. É do modo mais divertido que se deve fazer. — 442.
A fatura deve se harmonizar com o tema. Se o emprego de certas matérias contribui para
a maior intensidade do quadro (ex. os carvões para as choupanas miseráveis) a fatura
contribui nesse mesmo sentido./ Uma fatura pesada, uma fatura leve, delicada, vívida,
tantos elementos que corroboram e se agregam no mesmo sentido da obra./ Assim, não
tenhamos uma única maneira de fazer mas, pelo contrário, mudemos seguindo a natureza do que queremos fazer. — (Alvim Corrêa, *Art*, Ch. X ('Facture'), § 438-42, *in fine*)."
(N. do O.)

[2] Gustave Flaubert, *La Tentation de Saint Antoine*, 1874.

[3] "A Sala Boute parece ser particularmente querida pelos artistas estrangeiros; aí
está M. Elvim Corréa [*sic*] fazendo pintura militar. Entendemos por essas palavras não
apenas uma certa categoria de temas, mas ainda toda uma fatura tradicional, todo um
gênero. Para que ninguém o ignore, no meio da sala reina uma pirâmide de fuzis enci-
mada por um capacete prussiano vizinho a um quepe francês: é lembrar Detaille, de
Neuville, *Les Dernières Cartouches*... Há aí uma coragem que desde já merece atenção.
Mostremo-nos, portanto, simpáticos a estas cenas militares, dentre as quais várias foram inspiradas pelas guerras do Extremo Oriente. Algumas paisagens curiosas, algumas figuras estranhas se aproximam mais da arte propriamente dita. Uma série de desenhos para ilustrar uma das obras de Wells, esse Júlio Verne 'dos adultos', dá testemunho de uma feliz riqueza de imaginação associada às habilidades técnicas de costume."
(N. do O.)

[4] "À margem das grandes exposições cuja abertura próxima nos anunciam, o Sketch-Club acaba de abrir a sua na sala do Studio, modesta mas bastante interessante, no entanto. Os membros desse Club, artistas conhecidos em sua maioria..." (N. do O.)

[5] "as pequenas páginas de guerra, muito animadas, de M. James Thiriar", "paisagens de M. Willy Thiriar", "belos desenhos coloridos de M. G. Lemmers." (N. do O.)

[6] "Mas nós nos detivemos ainda por mais tempo diante das sanguíneas em que, com um lápis muito seguro, M. Watelet traçou algumas elegantes visões femininas, e diante dos desenhos tão originais em que M. Alvin Corréa [sic] nos recorda a arte de um Rops." (N. do O.)

# 9.

## Os dois mundos de Cornelio Penna

*Para Marco Paulo Alvim*

"Deform'd I see these lineaments of ungratified desire."[1]
William Blake, *Vala, or the Four Zoas*, "Night the Fourth"

"Há oiro marchetado em mim a pedras raras. Oiro sinistro."
Mário de Sá-Carneiro, *Indícios d'Oiro*, "Taciturno"

"The thought of death alone the fear destroys."[2]
Edward Young, *Night Thoughts*

"Qual a dominante dessa arte? — *O vigor trágico*. Pessimismo que se diria o deslumbramento da dor."
Murillo Araujo, "O gênio macabro de Cornelio Penna"

Em Cornelio Penna, pintura e literatura constituíram as formas artísticas que, nessa ordem, o criador relutante aceitou assumir a fim de dar expressão a um mundo pessoal torturado e sombrio. Embora duvidasse muito da eficácia da própria atitude, sempre a oscilar entre a inutilidade de qualquer gesto e o arrebatamento interior, o artista acaba por aceitar o caminho da invenção. Debruçado sobre o próprio tumultuoso silêncio, vence aos poucos o constrangimento de aparecer em público e ser visto, aceitando exprimir-se com os sinais de uma veemência criadora inusitada, surpreendente.

As primeiras tentativas que empreende em letra de forma — breves prosas poemáticas de corte simbolista: lendas, apólogos, alegorias — datam da época em que cursa a Faculdade de Direito. Esboçadas ao mesmo tempo que desenhos e aquarelas de espírito semelhante, documentam idêntica perplexidade diante do discursivo e do visual; para ele, esses dois mundos permanecem equivalentes e da mesma forma significativos. Integrando-se na imprensa pouco depois de formado, Cornelio decide favorecer no entanto a linguagem gráfica; na decisão influi o entusiasmo dos companheiros de jornal pela habilidade do traço dele. Executa então caricaturas políticas, apontamentos esquemáticos, desenhos vários em que o lado grotesco do dia a dia vence a anotação por vezes lírica apanhada ao vivo: cenas de rua, comentários de porta de bar, ridículos e mesquinhezas da pequena burguesia. Embora revelando espírito de observação e talento humorístico, semelhante testemunho de versatilidade permanece alheio ao interesse íntimo do criador.

Ao lado dessa tarefa ocasional, que demonstra algum constrangimento, deve ser lembrado o início da contribuição dele à imprensa como ilustrador de textos de ficção e poesia. Semelhantes desenhos aparecem nos suplementos dominicais e nas revistas em voga, nestas últimas impressos com uma cor suplementar, verde ou encarnado. Representam cenas de costumes contemporâneos do *smart set* que se americaniza após a guerra, interiores sofisticados com móveis funcionais, cavalheiros vestidos a rigor, damas fumando *abdullahs* de ponta dourada. Por insistência de conhecidos, chegou mesmo a projetar nessa época anúncios e letreiros-insígnias para lojas elegantes. Nuns e noutros, como não podia deixar de ser, a linguagem adotada é a do gosto "moderno" dominante, geometrizado conforme a tendência dos modelos que chegam de fora e ferem fundo os religiosos da moda. Mesmo ao aceder a essas encomendas, que realiza com crescente à-vontade, o artista não abdica da própria maneira, sendo possível reconhecer-lhe a ironia debaixo da aparente inocência da execução.

De 1920 — isto é, do ano seguinte ao seu bacharelado em Direito, quando se transfere de São Paulo para o Rio de Janeiro, começando vida de jornalista — datam os primeiros estudos plásticos mais ambiciosos que chegaram até nós. São *grisailles* de caráter despojado, resolvidas em dois planos, onde se percebe a intenção simbólica procurando narrar a si mesma com um mínimo de elementos descritivos: "O desalento do guerreiro", "Cavaleiro noturno", "Homem idoso e fera".[3] Se o segundo é reminiscência provável de Gustave Moreau, o primeiro e o terceiro parecem canhestramente adotar, isolados numa aura "metafísica", módulos de certa pintura vitoriana "de época" (Alma-Tadema, Frederick Leighton, Albert Moore, E. J. Poynter) — um tipo de arte literária de que era discípula entusiasta a baronesa de Paraná, tia de Cornelio, ela mesma autora de inverossímeis telas de tema antigo e afrescos em estilo pompeano. No entanto as afirmações universalistas do novel pintor vão se suceder e revezar com têmperas e aquarelas de tema nativo reproduzindo situações e tipos rurais familiares à experiência infantil do artista

Cornelio Penna, "Cavaleiro noturno", 1920, guache s/ papel, 35 x 25 cm.

no interior de Minas e de São Paulo. Procuram valorizar o heroísmo sem ênfase da vida patriarcal provinciana e acabam por constituir um pequeno ciclo — a série *Caboclos* —, que Penna realiza e faz ver publicamente em 1923.

Semelhante busca do quadro de costumes, embora convencional, não é contudo gratuita no panorama brasileiro da época; além de certa autenticidade psicológica na captação de tipos, os estudos sertanejos do jovem pintor procuravam evitar o pitoresco, enfrentando corajosamente certa monotonia temática e compositiva do conjunto. Ainda que nos cumpra realizar certo esforço historicista para reconhecer isto, já se verifica positiva busca de simplificação em aquarelas desta série, como *Deus manda que a mulher siga o seu homem* e *À sombra das árvores de boneca*. No último, a tecedura do paletó do sitiante, em forma de colcha de retalhos, procura tardiamente absorver certo construtivismo pontilhista através do ritmo contrastante de largas pinceladas em cores lindeiras; os rostos do casal também se definem em zonas planas de cor e luz pouco convencionais para a época. A insistência no tema indigenista, nos vastos sombreiros dos homens, nos bandós, coques e xales das mulheres, assim como o modo pouco ortodoxo de dispor a matéria na tela, provocou curiosidade no 1º Salão da Primavera inaugurado no Rio naquele ano. Os trabalhos foram aí acolhidos com benévola curiosidade pelo júri, que pensou tratar-se da produção de pintor mexicano não se sabia se de passagem ou se estabelecido havia pouco no Brasil.

Parece datar desse mesmo 1923 a adoção por parte de Cornelio Penna de certa linha nervosa e trepidante, cujo grafismo erudito, personalíssimo, redimensionava integralmente os trabalhos dele, a partir da definição do novo perfil compacto da assinatura do artista. A exasperada expressividade simbolista dessa linha tremida, que avança num zigue--zague irregular, de agora em diante vai comunicar poderosa sugestão dramática a tudo que ela esboça. Uma articulada cartilagem que se inscreve com vigor e sutileza na folha branca e sabiamente recorta ou limita superfícies compactas de nanquim. Se a imperícia anterior no domínio do colorido e do modelado anulava o efeito intelectualista que vinha sendo buscado, agora esse traço, que parece provir da vibração constante de uma agulha de sismógrafo, permite a Penna expressar-se com absoluta economia e insuperável rigor. As conquistas dessa maneira ele as transpõe também para aquarelas, guaches e têmperas então executadas em cores baixas — cinzas, ocres, roxos, rosa-pálido, cereja, castanhos, laranjas, amarelos e, mais raros, verdes-pálidos e púrpura —, obras que a linha traveja e estrutura. O negro está presente também, além do traço definidor, ocupando às vezes pequenas áreas, outras correndo de alto a baixo densa cortina que, opressivamente, delimita a cena representada. Esta explosão criadora, Penna, a partir de então, vai persegui-la com absoluto domínio do meio expressivo, sem qualquer tipo de concessão ao gosto alheio.

De 1923 é *Volúpia* (antiga Coleção Baronesa de Paraná). Sobre fundo negro compacto, onde se frange em vitral enorme amêndoa formada pela chama de um círio, uma adolescente efébica dança, seminua, sobre o esquife aberto. Transida de dor ao pé do caixão vazio, grave figura espectral, quase peça de estatuária, levanta a cabeça para não ver. Ao fundo, em segundo plano, dois anjos malignos, cujas duras asas sobem até o teto como alabardas ameaçadoras, tapam os ouvidos e baixam as cabeças mitradas num ricto de horror. Por sobre o catafalco, cobrindo em parte a essa que a bailarina pisa, a forma ampla e alva de um planeja-

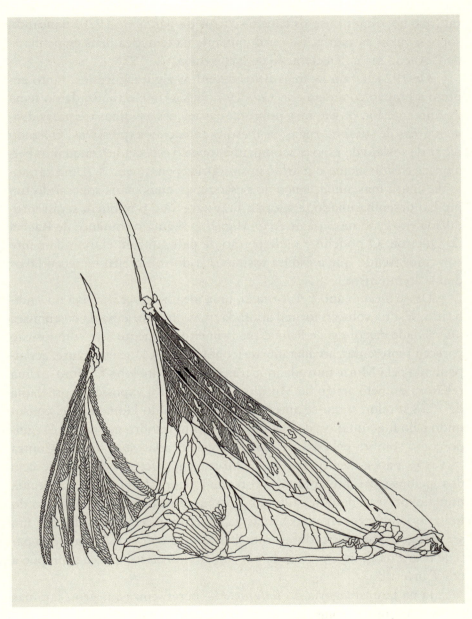

Cornelio Penna, "Figura alada caída", s.d., nanquim s/ papel, 71,8 x 54,1 cm, obra inacabada.

mento, contra o qual se recorta o tocheiro lavrado. A sensação acabrunhante que se desprende da composição, alusiva a uma *Salomé* intemporal (que no entanto usa os cabelos curtos da *garçonne* 1920) dançando sobre o vazio da morte, vai ser dominante na temática mais empenhada de Cornelio até a "Declaração de insolvência" de 1928.

De 1924 datam os mais belos desenhos ziguezagueados, tanto em preto e branco como em cor. *Caboclos*, versão intelectualizada do tema do ano anterior, possui rara nobreza; nas feições as linhas tremidas definem áreas de sombra, rugas, as mesmas intenções expressivas. O agudo olhar de soslaio da esposa acompanha longe o espectador, enquanto permanece ensimesmado o marido nos próprios pensamentos. (Uma variante da figura masculina, lenço ao pescoço, as duas mãos sopesando um punhal desembainhado, e agora a fitar agressivo o público, será reproduzida em 1932 na capa de *João Miguel*, o segundo romance de Rachel de Queiroz. O poncho e o chapeirão de palha foram elaboradamente coloridos, sendo que a esteira assimétrica do sombreiro mereceu lavor digno do mosaísta.)

Desse mesmo ano é *A Jornada*, uma alegoria precária seja no significado, seja na solução formal adotada, mas que participa da costumeira intensidade das obras de Penna. No primeiro momento esta composição pareceu representar, ao diletante de iconologia, "A Dor, em transe, acompanhada pela Morte mitrada, que traz pela corrente lobo faminto". Uma releitura do belo artigo de Murillo Araujo sobre a exposição corneliana de 1928 revelou tratar-se antes de um emblema do Homem que, consumido pelo fogo interior, defendendo o próprio tesouro nas mãos, é seguido como sombra pela Morte, que leva encadeadas duas hienas. Contra os vastos panejamentos negros da Morte, cujas franjas de seda descem dos joelhos e o vento enfuna, recorta-se a figura do Homem, enrijecida numa expressão de dor, cada um dos músculos desenhado debaixo do longo brial que enverga. As hienas da Morte parecem habitadas por um ser maligno que ameaçadoramente lhes arrepia o dorso. Ao fundo, a parede negra da noite é perfurada por um círculo claro, que se sobrepõe a um *T* invertido.

Já na fantasmagoria do *Banquete* — ocres, cinzas, negros, laranjas — o comprimento longitudinal da mesa enorme é compensado pela absurda coroa em mandorla de "Herodes", imensa filigrana rendilhada que lhe é perpendicular. O tetrarca, abancado ao centro da mesa, tem ao lado a mulher. Quatro círios de chama esgalgada escandem o espaço; entre

Capa do segundo romance de Rachel de Queiroz, *João Miguel* (Rio de Janeiro, Schmidt, 1932), com ilustração de Cornelio Penna.

eles, as mesmas sentinelas malignas de *Volúpia*, de asas-alabardas, pousando as mãos ósseas sobre a toalha — massa compacta galonada e debruada na borda. Em cima do linho pousam, inúteis, copas e taças para inexistentes convivas, cujos escabelos vazios são recobertos por mantos. Maciços cortinados desenham inexistente montanha-dossel sobre o espectral banquete.

Do ano seguinte, *Horas melancólicas* — ocres, amarelos, cerejas--acinzentados, castanhos — difere pela composição em diagonal do trabalho anterior, ainda que comungando do mesmo espírito. Diante do arminho luminoso da noite, no ossuário devastado, o príncipe beija um crânio; a espada guarnecida de gemas pende-lhe à cinta, dos ombros basto manto. Uma liteira recoberta de peles de leopardo espera próximo; dois escravos núbios entregam-se, lado a lado, à desolação ambiente.

Vem agora um dos mais emocionantes nanquins que realizou Cornelio. Aquele em cuja despojada composição vige ligeira assimetria, compensada pelas sombras que as figuras projetam sobre o fundo de linhas ziguezagueantes unidas, que indicam penumbra (uma caverna?). Dois homens, um negro e um branco, debruçam-se sobre a caveira que um deles mantém na mão voltada para cima, a fim de usá-la como recipiente; na beberagem que aí está contida ambos parecem escrutar com espanto a própria imagem que se reflete no líquido. A harmonia do ritmo depurado, a simplificação dos elementos, a nitidez das formas, o patético da situação compõem um uníssono raro. Valorizado ainda pelos pormenores de grande beleza: a sucinta indicação da diversa estamparia de saios e mantos, a carapinha enxequetada de um e os cabelos listados de outro, o desencontro sutil da forma das sombras. O vigor do conjunto tornava-o digno de ser transposto para dimensão mural a fim de decorar o espaço rarefeito de um hipogeu ou o ingresso monumental de determinado campo santo.

*Piedade*, também, com a presença macabra da caveira gargalhante e o jogo de superposições de estamparia, lavrados, encastoamentos e cinzeladuras, com as formas encadeadas da lâmpada em forma de naveta presa à guarda da espada, deitando meia-ogiva de luz, as falanges enjoiadas da Morte, correndo ao longo da cabeça do pierrô tombado sobre o manto em tabuleiro, o contraste de espessor entre as linhas quebradas, que significam a meia-luz do quarto, e os campos de nanquim unido — do ponto de vista técnico e expressivo constituem uma das grandes realizações cornelianas, onde o autor desafoga o próprio imagismo simbólico com grande gana criadora.

Depois desse período, outra data relevante para a inventividade plástica de Penna parece ser 1928. Além da exposição que tem lugar em julho, na Associação dos Empregados do Comércio carioca, multiplica-se a colaboração do artista na imprensa, onde alcança pontos realmente altos. Este é sem dúvida o caso de letreiros, ilustração e friso de encerramento que desenha para a "Anedota do cabriolé" machadiana, reproduzida numa revista. Constitui verdadeiro achado a vertiginosa projeção piramidal do desenho do alto da página em direção ao leitor. A carruagem, irrompendo do título — escrito em letras de contorno gretado, que parecem em relevo e feitas de pedra gasta —, pende para o lado, pois, nesse momento mesmo, a protagonista do conto está subindo ao bojo da viatura com a ampla crinolina listada, sustida com firmeza pela mão do condutor, enfatiotado e de cartola. Essa hábil assimetria acrescenta a impressão de movimento em ato, atribuindo à composição triangular (cujo vértice é constituído pelo cavalo) volume, relevo e vida. O efeito

Cornelio Penna, "Dois homens contemplando um crânio", 1924, nanquim s/ papel, 24 x 25 cm.

Cornelio Penna, *Piedade*, 1924, nanquim s/ papel, ilustração reproduzida na revista *Terra de Sol*, nº 4.

obtém impetuosa ressurreição visual, como se, proveniente de outra era, o cabriolé da estória transpassasse a barreira do tempo através da página plana, invadindo a realidade do leitor com a palpitante presença dele. Por seu lado, o friso que Cornelio imaginou para o fecho dessa página ampla de revista mantém as duas dimensões tradicionais que convêm à superfície exígua dos frisos. Nele o desenhista representou, em enumeração caricatural, os figurantes do conto, cabisbaixos, cara compungida, mantilhas e gaforinhas, segurando velas de chama mortiça — pretendendo, com o mesmo espírito da abertura, apagar de manso, pouco a pouco, após a frase final do texto, a impressão de vida que havia saltado como chama livre no alto da página e deve ainda permanecer um instante, esvaída lembrança, na cabeça do leitor que já está voltando a folha. Neste magistral exemplo corneliano de engenharia do imaginário a função *ilustrativa* exalta-se semanticamente até uma latência máxima, porquanto está ligada de modo estrutural ao texto que se vai ler (que se acabou de ler); apenas em função dele, numa relação de contiguidade, emite a sua inteira conotação. Referindo-se, como se refere, ao texto efetivo da "Anedota do cabriolé", não apenas o *ilumina* na abertura e na conclusão, mas, antes de mais nada, o emblematiza. Fora do referido contexto regride ao significado ocasional de um desenho apenas engenhoso, secundário, algo incongruente até nos elementos isolados que o compõem.

Muito intrincada, mas agora em sentido diverso, é a ilustração de Cornelio para o conto mouro *Las dos sombras*, do espanhol Pedro de Réspide, publicado também em revista. Um desenho que provoca sentimento de vórtice pela superposição divergente de listas, enxadrezados, ranhuras, franzidos, num amálgama visual que se organiza maciçamente em forma de ogiva. O emaranhado contraponto linear, construindo volume de vibrante angulosidade, semelha a uma rocha de eixos cristalinos divergentes, que só aos poucos se deixa decifrar. Percebe-se então o amontoado "cubista" dos três dromedários, coroado pela pirâmide arrebicada do palanquim, o tapete losangulado onde se acocorou o velho mercador de panos, a favorita velada que ensaia um gesto de maravilha diante do tecido que este desdobra, o *black moor* de fez listado que alegra com uma nota gaiata a cena, e, por fim, escondido como num quebra-cabeça, o cameleiro núbio cujo turbante alvo e cara cor da noite aparecem entre corcova e pescoço de uma das três montarias.

Esse orientalismo de convenção, mais próximo dos figurinos de Bakst para *Cleópatra* (1909) e *Xerazade* (1916) — portanto da alta-cos-

CONTO
DE
*Machado de Assis*
(Illustrações de Cornelio Penna)

CABRIOLET está ahi, sim, senhor, dizia o preto que viera á matriz de S. José chamar o vigario para sacramentar dois moribundos.

A geração de hoje não viu a entrada e a sahida do *cabriolet* no Rio de Janeiro. Tambem não saberá do tempo em que o *cab* e o *tilbury* vieram para o rol dos nossos vehiculos de praça ou particulares. O *cab* durou pouco. O *tilbury*, anterior aos dois, promette ir á destruição da cidade. Quando esta acabar e entrarem os cavadores de ruinas, achar-se-á um parado, com o cavallo e o cocheiro em ossos, esperando o freguez do costume. A paciencia será a mesma de hoje, por mais que chova, a melancolia maior, como quer que brilhe o sol, porque juntará a propria actual á do espectro dos tempos. O archeologo dirá cousas raras sobre os tres esqueletos. O *cabriolet* não teve historia; deixou apenas a anedota que vou dizer:

— Dois! exclamou o sachristão.

— Sim, senhor, dois; nhã Annunciada e nhô Pedrinho. Coitado de nhô Pedrinho! E nhã Annunciada, coitada! continuou o preto a gemer, andando de um lado para outro, afflicto, fóra de si.

Alguem que leia isto com a alma turva de duvidas, é natural que pergunte se o preto sentia deveras, ou se queria picar a curiosidade do coadjuctor e do sachristão. Eu estou que tudo se póde combinar neste mundo, como no outro. Creio que elle sentia deveras; não descreio que ansiasse por dizer alguma historia terrivel. Em todo caso, nem o coadjuctor nem o sachristão lhe perguntavam nada.

Não é que o sachristão não fosse curioso. Em verdade, pouco mais era que isso. Trazia a parochia de cór; sabia os nomes ás devotas, a vida dellas, a dos maridos e a dos paes, as prendas e os recursos de cada uma, e o que comiam, e o que bebiam, e o que diziam, os vestidos e as virtudes, os dotes das solteiras, o comportamento das casadas, as saudades das viuvas. Pesquisava tudo, nos intervallos ajudava á missa e o resto. Chamava-se João das Mercês, homem quarentão, pouca barba e grisalho, magro e meão.

— Que Pedrinho e que Annuncinda serão esses? dizia comsigo, acompanhando o coadjuctor.

Embora ardesse por sabê-los, a presença do coadjuctor impediria qualquer pergunta. Este em tão calado e pio, caminhando para a porta da igreja, que era força mostrar o mesmo silencio e piedade que elle. Assim foram andando. O *cabriolet* esperava-os; o cocheiro desbarretou-se, os vizinhos e alguns passantes ajoelharam-se, emquanto o padre e o sachristão entravam e o vehiculo enfiava pela rua da Misericordia. O preto desandou o caminho a passo largo.

Que andem burros e pessoas na rua, e as nuvens no céu, se as ha, e os pensamentos nas cabeças, se os têm. A do sachristão tinha-os varios e confusos. Não era ácerca de *Nosso Pae*, embora soubesse adorá-lo, nem da agua benta e do hyssope que levava; tambem não era ácerca da hora, — oito e quarto da noite, — aliás, o céu estava claro e a lua ia apparecendo. O proprio *cabriolet*, que era novo mesmo vehiculo não occupava o cerebro todo de João das Mercês, a não ser na parte que pegava com nhô Pedrinho e nhã Annunciada.

—He de ser gente nova, iá pensando o sachristão, mas hóspede em alguma casa, de certo, porque não ha casa vasia na praia, e o numero é da do commendador Brito. Parentes, serão? Que parentes, se nunca ouvi...? Amigos, não sei; conhecidos, talvez, simples conhecidos. Mas então mandariam *cabriolet*? Este mesmo preto é novo na casa; ha de ser escravo de um dos moribundos, ou de ambos.

Era assim que João das Mercês ia cogitando, e não foi por muito tempo. O *cabriolet* parou á porta de um sobrado, justamente a casa do commendador Brito, José Martins de Brito. Já havia algumas pessoas em baixo com velas, o padre e o sachristão apearam-se e subiram a escada, acompanhados do commendador. A esposa deste, no patamar, beijou o annel ao padre. Gente grande, crianças, escravos, um borborinho surdo, meia claridade, e os dois moribundos á espera, cada um no seu quarto, ao fundo.

o resto, — talvez naquella mesma noite. Tudo foi rapido, porque o padre descia a escada, era força ir com elle.

Foi tão curta á moda do *cabriolet* que este provavelmente não levou outro padre a moribundos. Ficou-lhe a anedota, que vou acabar já, tão escassa foi ella, uma anedota de nada. Não importa. Qualquer que fosse o tamanho ou a importancia, era sempre uma fatia de vida para o sachristão, que ajudou o padre a guardar o pão sagrado, a despir a sobrepeliz, e a fazer tudo mais, antes de se despedir e sair. Saiu, emfim, a pé, rua acima, praia fóra, até parar á porta do commendador.

Em caminho foi evocando toda a vida daquelle homem, antes e depois da commenda. Compoz o negocio, que era fornecimento de navios, creio eu, a familia, as festas dadas, os cargos parochiaes, commerciaes e eleitoraes, e daqui aos bonitos e anecdotas não houve mais que um passo ou dois. A grande memoria de João das Mercês guardava todas as cousas, maximas e minimas, com tal nitidez que pareciam da vespera, e tão completas que nem o proprio objecto delles era capaz de as repetir iguaes. Sabia-os como o Padre-Nosso, isto é, sem pensar nas palavras; elle rezava tal qual comia, mastigando a oração, que lhe saía dos queixos sem sentir. Se a regra mandasse rezar tres duzias de Padre-Nossos seguidamente, João das Mercês os diria sem contar. Tal era com as vidas alheias; amava sabê-las, pesquisava-as, decorava-as, e nunca mais lhe saíam da memoria.

Na parochia todos lhe queriam bem, porque elle não enredava nem maldizia. Tinha o amor da arte pela arte. Muita vez nem era preciso perguntar nadh. José dizia-lhe a vida de Antonio e Antonio a de José. O que elle fazia era ratificar ou rectificar um com outro, e os dois com Sancho, Sancho com Martinho, e vice-versa, todos com todos. Assim é que enchia as horas vagas, que eram muitas. Alguma vez, á propria missa, recordava uma anecdota da vespera, e, a principio, pedia perdão a Deus; deixou de lho pedir quando reflectiu que não falhava uma só palavra ou gesto do santo sacrificio, tão consubstanciados os trazia em si. A

Tudo se passou como é de uso e regra, em taes occasiões. Nhô Pedrinho foi absolvido e ungido, nhá Annunciada tambem, e o coadjuctor despediu-se da casa para tornar á matriz com o sachristão. Este não se despediu do commendador sem lhe perguntar ao ouvido se os dois eram parentes seus. Não, não eram parentes, respondeu Brito; eram amigos de um sobrinho que vivia em Campinas; uma historia terrivel... Os olhos de João das Mercês escutaram arregaladamente estas duas palavras e disseram, sem falar que viriam ouvir tura de Poiret e dos rebrilhosos figurinos de Erté — do que dos quadros de Moreau, estará sempre ligado, em Cornelio, à imagem de amargura, de dúvida, de perplexidade. É o que ocorre no retrato involuntário como "príncipe persa", paludado com enormes panejamentos de diversa estamparia que se lhe despenham em roda dos ombros. Uma das mãos pousa, com desconsolo, sobre a testa que pende, dedos afuselados quase de esqueleto; a outra está descaída sobre a munheca, enquanto descem, amontoados pelo pulso e antebraço, manilhas, correntes e braceletes vários. Apesar do ludismo gráfico perseguido entre a coifa ogival, que ultrapassa a moldura superior do desenho, e o escudo que repete, na perpendicular, a forma invertida do chapéu — significando, nessa heráldica arbitrária, a estrela baixa de um destino sem norte —, pode-se apontar como modelo provável do trabalho uma das gravuras de Rivière para o álbum *Images d'après Mallarmé*, publicado em 1896. Aí uma Herodíades de olhar alto, em posição simétrica ao "príncipe persa" de Penna, segura o seio com força. É irrelevante saber se houve deveras sugestão formal ou apenas coincidência vocabular dentro de uma mesma linguagem, desde que a personagem corneliana é sempre o mesmo príncipe soturno que, numa outra composição, atravessava o deserto para ir visitar, em horas melancólicas, os restos queridos jacentes naquele cemitério abandonado.

Mais do que nunca nesses anos a linha angulada do artista representa o sinal palpável de uma dilaceração sem remédio. O caráter causticante dos argumentos que o artista versa, o irremediável desconsolo de semelhante *memento mori*, obsessivo, pungente, consternador, transfere-se de quadro para quadro com implacável amargura. Atingindo paroxismo insuportável para o mesmo artista, sem no entanto provocar no espectador a ânsia de absoluto que nele gostaria de incutir, Cornelio Penna julga frustrada a própria obra, que passa a considerar um equívoco. A crise tem lugar sempre em 1928, quando, após relativa euforia, o artista realiza o lancinante "Confronto de anjos". Neste trabalho, em face do triunfo luminoso do arcanjo que levanta sobre a cabeça a cruz radiante, a atenção do autor volta-se para aquele que, desfalecido, desaba e afunda nas trevas exteriores que muram a composição, desesperado pela santidade que se realiza fora dele e perante ele.

Procurando libertar-se "com tristeza", mas de modo definitivo, de um sofrimento que parece não levar a coisa alguma, Penna assume para si mesmo que o abandono da pintura é a única solução para o dilema. A pintura deixará portanto de ser (afirma) o principal meio de expressão do mundo interior dele. Em seu lugar adota a literatura — arte do tempo, não do espaço, arte que afinal constituía o seu outro mundo —, que a partir daí se torna o sangradouro dessa represa que ameaça aluir por excesso de tensão dinâmica.

Após formal "Declaração de insolvência", que publica na imprensa, o desenho passará a ser considerado por Cornelio uma habilidade subsidiária, apropriada para a descrição de exterioridades ou ocasionais alusões sibilinas. Mesmo assim executa composições avulsas a lápis e nanquim, *ex-libris* e capas para livros de amigos e admiradores. Entre estas — após a dramaticidade daquela que gizou em 1925 para *Gritos bárbaros*, de Moacyr de Almeida (onde as penas arrepiadas de condor possuem presença quase táctil) — destaca-se, pela graça elegíaca, a que realiza em 1931 para *Espelho d'água: jogos da noite*, de Onestaldo de Pennafort, talvez a mais bela das incursões do artista nesse campo. A partir das letras do título, tamisando a claridade da lua imensa que se reflete n'água, um rendilhado de reflexos veste o gesto hierático da figura que domina a composição numa prodigiosa miríade de refrações.

Os desenhos de 1933 e 1934 com os quais o autor pontuou *Fronteira*, o primeiro livro, já não ostentam mais a linha angulosa de antes. Na sua intensidade claro-escura, parecem obra menos de desenhista do que de gravador; o artista procura aí definir, em vez da maciez ondulante de panos e tecidos que lhe era cara, a textura compacta da pedra, da telha, do ferro, do barro socado, da madeira (na capa, as letras encarnadas do título e do nome do autor são achas de lenha estalada). Cornelio procede também a uma dura orientalização emblemática das figuras e da paisagem. Adota mesmo um certo simplificar de ricto e ademane que lembra as gravuras setecentistas de Sharaku, retratista do crispado teatro de sentimentos vividos pelos atores de Kabuki, e seus continuadores do século seguinte Shigenobu, Kunisada, Kunichika.[4] Esse contorcionismo facial está presente nas figuras de Maria Santa, de Tia Emiliana, das imagens dos santos, assim como na chinesice expressionista que Penna escolheu a fim de representar a paisagem urbana de Itabira e os pormenores da arquitetura. Singular despedida de um artista cuja secreta complexidade cultural só se equiparava à própria versatilidade criadora, e que, avançando agora lentamente no caminho da ficção, nela se vai afirmar como um dos grandes inventores brasileiros do século XX.

É preciso lembrar que, malgrado toda a singularidade dele, Cornelio Penna participa de modo irreversível do ambiente cultural em que evo-

Ilustrações de Cornelio Penna para a capa dos livros *Espelho d'água: jogos da noite* (Rio de Janeiro, Terra de Sol, 1931), de Onestaldo de Pennafort, e *Fronteira* (Rio de Janeiro, Ariel, 1935), do próprio Penna.

luiu. Sem prejuízo da forte individuação, ele existe próximo a outros desenhistas que se voltam para a gráfica e a ilustração nos anos 1920 e 1930. Olhado com algum distanciamento, verifica-se quanto ele compartilha das mesmas perplexidades que infletem os demais nesse meio, ainda que se mantenha afastado e à margem deles. O ambiente artístico nacional da época, nessa área, é bem mais complexo e variado do que se poderia supor num primeiro momento. Apesar de atuarem em diversos níveis de profissionalização e qualidade não poderíamos esquecer, mesmo num balanço superficial do período, a produção de J. Carlos e J. Wasth Rodrigues, Di Cavalcanti e Rego Monteiro, Yan e Paim, Zina Aita e Nicola De Garo, Correia Dias e Sotero Cosme, Ismael Nery e Cardoso Ayres, Alberto Cavalcanti e Álvarus, Quirino Campofiorito e Gilberto Trompowsky, Ferrignac e Henrique Cavalleiro, Jefferson Ávila e Álvaro Cotrim, Menotti Del Picchia e Cecília Meireles, Belmonte e Manuel Bandeira pintor, Oswaldo Teixeira e Roberto Rodrigues, Carlos Cavalcanti e Alberto Delpino, Gilberto Fabregat e Tomás Santa Rosa — para citar, quase ao acaso, personalidades artísticas de cultura divergente que, nas poucas publicações de prestígio do país, dirigem-se a faixas de público conflitantes. Em todos eles elementos *art nouveau* e *art déco* estão intimamente imbricados, irresolvidos em estilização ornamental e decorativismo geometrizado, num contexto que continuava a ser (como até hoje) determinado pelo gosto metropolitano europeu, que aqui aportava (hoje, aterriza) com decênios de atraso (meses, semanas).

Nesse contexto Cornelio Penna distingue-se e se isola pela tendência... goticizante do traço gretado, anguloso, que assume, com agressividade quase de parodista, certo arcaísmo programático, latente na tradição protossimbolista. Nele essa maneira origina-se no modo excêntrico pelo qual absorveu certo academicismo historicizante pseudorrealista inglês, a que já nos referimos; um academicismo que, não sendo indiferente à doutrinação ruskiniana, prefere edulcorar-se numa idealidade mercável e digerível. A essa iconografia *Tesouro da juventude* acrescentou Cornelio o estudo de decorativismo intelectual, de cariz maciçamente literário, que de Rossetti alcança Burne Jones e, acrescida de japonismo, penetra a gráfica de Aubrey Beardsley, que na obra de Penna vai sofrer inesperada metamorfose. Novos contágios e fecundações ajudam a reformular em sentido sempre mais pessoal a evidente extração beardsleyana do desenho do brasileiro, o qual, através da disciplina ascética e da tendência religiosa, ascende alguma vez, com íntima e poderosa coerência, até a matriz original de Blake. "Confronto de anjos" disto oferece inequívoca comprovação.

Ligado pelo umbigo histórico às contradições do meio brasileiro, culturalmente periférico e distanciado em decênios dos países emissores de padrões estéticos, Cornelio Penna procura suprir as deficiências do ambiente num insulamento estudioso que desaguaria de modo inevitável no egotismo. A singularidade existencial alia-se à cultural, fazendo com que, a partir daí, o espírito da sua obra se afaste sempre mais, e agora de modo sistemático, dos grandes modelos "internacionais" prestigiados e imitados no tempo. A obra de Penna vai antes se identificar com a de alguns poucos artistas menores do Simbolismo europeu, quase todos de uma geração anterior à dele, nomes em geral marginais, mas com quem apresenta sintonia de interesses e afinidade formal: o holandês Jan Toorop (1858-1918), os belgas Charles Doudelet (1861-1938) e Georges Minne (1866-1941), o austríaco Koloman Moser (1869-1918) e, nos seus desenhos, o escultor italiano Adolfo Wildt (1868-1931). A eles, excetuados talvez Toorop e Moser, Cornelio não chegaria a conhecer senão imperfeitamente, ao acaso de reproduções eventuais em revistas de arte ou algum livro avulso. Poder-se-ia citar ainda alguns outros nomes isolados ao lado destes (Edmond van Offel, Frantichek Bílek...).

Constitui contribuição bem mais efetiva, entretanto, insistir na decisiva importância que para Cornelio Penna representou a gráfica do grupo que se reúne em Viena ao redor de Klimt e publica a revista *Ver Sacrum* — a *Wiener Secession*. Conforme é sabido, esses artistas retomam em direção nova, Koloman Moser à frente, o uso da ornamentação e do protótipo, aos quais atribuem um caráter monumental que muito agradou a Cornelio. A proposta estava implícita em Beardsley e nos seus imitadores e continuadores — Will Bradley, Charles Ricketts (que Brecheret cita na capa de *A Estrela de absinto*, de Oswald de Andrade), Alastair, E. B. Bird... até William Horton. Penna retraduz em sentido intimista conforme as próprias idiossincrasias várias dessas conquistas. Possivelmente sintonizando esse espírito — no artista brasileiro radicalmente tragicizado em sentido ascético — Hubert Knipping, então plenipotenciário da República de Weimar no Rio de Janeiro, entusiasmou-se pelo artista, tornando-se o principal patrocinador da exposição corneliana de 1928. Mas no interior de toda essa fermentação criativa não podem ficar esquecidos dois nomes mais remotos mas nem por isso menos ligados à obra do brasileiro: William Blake e Gustave Moreau.

O encontro de Penna com Blake, anteriormente aludido, tem lugar ao nível da motivação contemplativa, primeiro motor de ambos, e do profundo conteudismo ético e religioso que lhes é comum. Embora temperamentalmente opostos, a marca de determinada hieraticidade dramática neles se organiza em amplo decorativismo, rodopiante em Blake, estático em Penna, mas que em ambos se traduz em arabesco e caligrafia de nitidez percuciente — cursivo fluente e elegante no inglês, pictograma e hieróglifo no brasileiro. Mesmo preferindo despojar-se do titanismo miguelangeliano de Blake em favor de uma carnadura prevalentemente ascética, enxuta até a secura taquigráfica, permanecem em Cornelio aqueles estímulos de super-humanidade simbólica. Emergem eles no "Atlas sustentando o globo" (onde se discerne o cone invertido da América do Sul) no cartaz que executou para o diário carioca *O Mundo* — poderosa representação simplificada em que os músculos saltam com recorte imperioso muito além de um "realismo aula de nu". Renascem, explícitos,

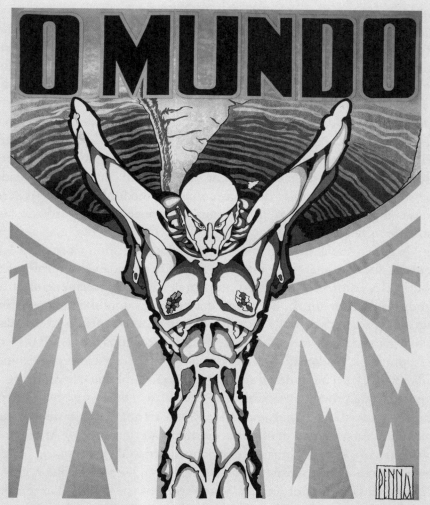

Cornelio Penna, cartaz para o jornal O *Mundo*, s.d.

ainda (japonizados no alongamento das feições e das figuras) no "Confronto de anjos" — a que Penna apôs o expressivo título *Anjos combatentes*. Embora o tema de *Warring angels* seja frequente no autor de *Bodas do céu com o inferno* (uma das ilustrações para *Night Thoughts* responde por esse nome, e o argumento retorna em inúmeras ilustrações para os dois *Paraísos* de Milton), analogia compositiva explícita com a pintura corneliana existe antes no avassalador *The great red dragon and the woman clothed with the sun* — se bem que, para a sensibilidade "discoteca" de 1980 a áspera secura do quadro de Penna pareça ainda mais aterrorizadora. De espírito blakiano é ainda o inacabado desenho a lápis "Figura alada caída de costas". As asas membranosas que o poeta-pintor atribui a Lúcifer e a sua coorte, aqui se esclerosaram em ossos lanceolados que se empinam na curva das asas como um medonho esqueleto aéreo — asas dignas de ostentarem as penas de bronze dos pássaros do lago Estínfale mítico.

Já em Gustave Moreau antes de mais nada fascinou Cornelio a "necessária riqueza" e a "bela inércia", que o brasileiro vai interpretar ao modo dele, conforme critério ornamental 1900. Conforme lembra um estudioso de Moreau, L. Budigna, "na hierática imobilidade das personagens, na solenidade fantástica das arquiteturas, na profusão helenística das gemas, joias, esmaltes, cinzeladuras, brocados, sedas, damascos, véus, drapejos, diademas, cinturões, pulseiras, que constringem e exaltam a nudez" o efeito buscado de silêncio e solidão sublinha o sentimento de inquietude, de procura insatisfeita, de frustração e desassossego que constitui o legado da condição humana. Penna retoma a lição de Moreau, aplicando-a ao avanço cuidadoso e difícil da criação dele. Aí, além de valorizar com grande finura o pormenor gráfico da estamparia, com a iteração regular dos motivos que lhe é própria — para o que a gráfica *Wiener Secession* lhe forneceu sugestões preciosas —, adapta ao próprio traço anguloso o gosto bizantino pelos ornatos, incrustações, recamos, embrechados, jaspeios, adereços, passamanes. Respondendo em 1955 para o *Jornal de Letras* carioca ao "questionário de Proust", o escritor não hesitava em afirmar que o pintor de *A Aparição* era aquele da sua preferência. Devia conhecer e se identificar com o radicalismo solipsista do mestre, que em certa ocasião declarara sem titubear: "Não creio nem naquilo em que toco nem naquilo que enxergo; creio unicamente no que não vejo e no que sinto. Apenas o sentimento interior a mim parece eterno e incontestavelmente certo".

De Moreau (*A Parca e o Anjo da morte* — quadro de extração daumieriana cujas virtudes colorísticas Rouault vai desenvolver), Cornelio retira a montaria do seu inaugural "Cavaleiro noturno". Na série de *Salomé dançando* (livremente glosada em *Volúpia*, já vimos) recupera não só a temática herodíada, tão cara ao Decadismo, mas também a precisa figura do guarda/carrasco, tuaregue de rosto rebuçado que, na sala do trono-altar vigia a dança da infanta perversa. Penna simplifica a figura opressiva do sentinela barbaresco. Geometriza-o e multiplica-o nos espectros alados e mitrados que, chorando, as mãos premidas sobre as ouças, velam pressagamente por estas personagens sem esperança.

Cornelio Penna "descobriu-se" pintor aos dez anos (1906). Conforme o próprio testemunho, decidira então ilustrar um "romance" que escrevia à maneira da *Genoveva de Brabante*, do Cônego Schmid, envolvendo venturas e desventuras de Margarida, pobre princesa rica da Casa de Hohenstaufen. A frase inicial da estória nunca lhe esqueceu: "Num dos mais altos píncaros de uma altíssima montanha...". A sugestão do cenário tinha muito para inspirar o minificcionista desdobrado em ilustrador das próprias estórias: castelos, cavalgatas pela montanha, rebrilhar de elmos e armas, pajens de roupas coloridas, o chapéu em forma de cartucho da protagonista, a floresta sombria, uma silhueta de bruxa, sorrisos intimidados de pastorinhas.

No interior paulista, após os anos da primeira infância, transcorridos na mítica Itabira do Mato Dentro, ganha intimidade com as revistas nacionais e estrangeiras que um menino do seu nível folheia. Dentro da tradição cosmopolita-conservadora, os livros, que lhe chegam às mãos em Campinas, onde cursa o ginásio — Camilo, Dumas Pai, Alencar, Walter Scott, Ohnet, Pérez Escrich — formam o gosto e definem-lhe a tendência íntima. Quando mais tarde aderir ao fremente grafismo que logo se torna a própria marca criadora, aquele material já foi todo elaborado e recriado diversas vezes. Varia sobre ele, então, com liberdade, utilizando a linha quebrada que descobriu — à qual se aplica o verso de Emílio Moura: "Impossível disfarçar e dizer que isto não é angústia". Angústia e dilaceração metafísica, que hesitam entre a intensa impregnação do imaginado e certo obscuro sentimento de culpa, no qual se embatem sonho e símbolo.

O desencontro com o quotidiano, provindo da sensação de inutilidade, deseja, contudo, se expressar. O artista *in fieri* acaba por descobrir certa maneira cifrada de dizer que, através da alusão, do metaforismo,

Os dois mundos de Cornelio Penna 239

do ocultamento, da alegoria, procura traduzir as presenças noturnas que o assombram. Silêncio opaco e sofrimento moral, sentimento do tempo e confessa malignidade vão aos poucos organizando a liturgia de certa hieraticidade já agora bem definida. Aqui dominam estilização e rebuscamento, que se interessam cada vez mais pelo vocabulário da decoração, procurando estabelecer e explorar o próprio código. Inseguro ainda com os temas que julga seus, temas que vai dificultosamente adivinhando por conta própria, Cornelio Penna põe-se a percorrer as variantes da tradição decadista, que julga mais afim e conforme aos próprios interesses. Desse repertório passa para a adoção de assuntos nativos, tanto de procedência naturalista (sertanejos, cenas mineiras e paulistas) como de origem arqueológico-romântica (índios, conquista da terra, escravidão, ouro, decadência), estes últimos, tratados segundo um excessivo decorativismo, que os reduzia a meras abstrações. Instigado pelo aspecto lúdico levantado pelo decorativo em si, o ilustrador que se interessara apenas pelas visões íntimas, aos poucos aceita iluminar textos alheios. Liberado, nestes desenhos, do obsedante conteudismo, vai se abandonar a surpreendentes jogos formais, de cuja versatilidade terá sido o primeiro a se admirar. A crise que se segue à primeira mostra do pintor interrompe a exclusiva dedicação às artes plásticas. Abre-lhe contudo o caminho da ficção onde, de agora em diante, ele há de perseguir o desenho psicológico dos seres e das almas por meio de uma escrita dúctil e rutilante, na qual cunhou uma das obras mais originais da arte literária brasileira.

Vi pela primeira vez um desenho de Cornelio Penna na adolescência. Estava afixado na parede do quarto-escritório de meu primo em Belo Horizonte. A casa era no bairro dos Funcionários, João-Pinheiro esquina com Bernardo-Guimarães, esquerda de quem sobe. Uma das construções originais que, na burocrática cidade de Minas 1900, teria sido destinada a chefe de seção das Secretarias estaduais. Engenheiro letrado e escritor que não se decidiu assumir enquanto tal — por excesso de timidez, ou de orgulho (graves pecados de família) — Sylvio Felicio dos Santos havia mandado encaixilhar uma reprodução de *Piedade*, decerto aparecida em alguma revista literária dos anos 1930. Colocou-a entre a foto de Henry James e uma reprodução a cores de Tarsila que ele dizia chamar-se *Largo do Arouche* (*A feira*, 1924). Nessa parede lembro-me ainda, branca e vermelha, de uma litografia original de Picabia para a edição de *Janela do caos*, de Murilo Mendes (cavalo disparado arrastando figura humana através de campo de cruzes) e daquele pastor de Géricault, fotogravura de Goupil Frères, que havia sido do pai dele.

A impressão causada pelo nanquim de Cornelio Penna nessa atmosfera foi surpreendente. O tema soturno provocava estupor. Mas a configuração estranha do desenho, o embate de brancos e pretos também desconcertava. E o riso despregado da caveira, então, saindo de uma mancha negra, enquanto, alheia à proporção naturalista, dois braços escuros tomavam posse do corpo sofrido do pierrô (pois devia ser um pierrô a personagem com aquela folgada roupa branca de borlas negras) adernado sobre a colcha em tabuleiro... Impressionou-me na época o fato de meu primo haver escolhido tema tão fúnebre para ver todos os dias ao levantar e ao deitar.

Quando, mais tarde, chegou a hora de ler *Fronteira*, o novo encontro com essa gráfica inquietante reavivou a forte impressão anterior. A curiosidade de conhecer novas obras do artista aumentava, mas, apenas quando apareceu a edição Aguilar dos romances reunidos, tive notícia (não sem alguma decepção, dada a má qualidade das cópias) de diferentes trabalhos do ficcionista.

Só agora consegui satisfazer o velho desejo que a estampa encaixilhada de Belo Horizonte provocou. Mesmo incompleto como continua a ser o conhecimento de que disponho hoje sobre o assunto, visão fragmentária de uma obra que desejou expressamente assumir tal condição, estou mais do que certo de que a espera valeu a pena.

Isolado na história da arte brasileira, o "gênio macabro" do autor de *Dois romances de Nico Horta*, a que se referia Murillo Araujo em 1928, constitui um alto e raro momento da nossa criatividade. A pungência dessa meditação sobre a morte, sobre o fluir do tempo, sobre a santidade imperfeita, na aspereza ascética que assumiu, merece toda a atenção. Os dois mundos de Cornelio Penna completam-se naturalmente; das simpatias e diferenças entre literatura e pintura do inventor de *Piedade* e *A menina morta* partiremos para o conhecimento abrangente dessa personalidade criadora que se alinha entre as maiores que produziu o Brasil no presente século XX.

São Paulo, agosto de 1979
Rio de Janeiro, setembro de 1979

## Apêndice

As referências bibliográficas que se seguem, acompanhando o desenvolvimento do texto, desejam remeter o leitor a livros e catálogos ilustrados onde vêm reproduzidas obras de artistas diversos nacionais e estrangeiros citadas pelo ensaísta em relação à obra de Cornelio Penna. Com o fito de justificar (ou não) as afirmações dele, possuem apenas caráter informativo.

Sobre Laurens Alma-Tadema e pintores similares, ver:

BELL, Quentin. *Victorian Artists*. Londres: Academy, 1975 [1ª ed. 1967].

EUGEN, Rodney K. *Victorian Engravings*. Londres/Nova York: Academy/St. Martin, 1975.

GAUNT, William. *Victorian Olympus*. Londres: Cardinal, 1975 [1ª ed. 1952].

Em relação ao "orientalismo" corneliano:

*Bakst* [Figurinos para os *Ballets Russes I*]. Londres: Academy, 1977 (Introdução não assinada).

DELEVOY, Robert L. *Jornal du Symbolisme*. Genéve: Skira, 1977 (Ilustração 189).*

*Erté*. Milão: Franco Maria Ricci, 1974. (Texto de Roland Barthes).

*Hérodiade*, uma das *Images d'aprés Mallarmé* (1896) de Rivière, está reproduzida em:

*Poiret, le magnifique*. Paris: Musée Jacquemart-André, 1974. (Prefácio de Jules Cain. Textos de René Binotte).

A figura de Iskander, desenhada por Liev Bakst para o bailado *La Péri* (1911) no volume *Bakst*, acima citado (estampa nº 24) assemelha-se seja no traço seja na atitude ao "príncipe persa" corneliano.

A grande lua de capa de *Espelhos d'água: Jogos da noite*, poemas de Onestaldo de Pennafort, parece ecoar a pungência temática e gráfica de "The Way of the Soul" (1910), de William Horton, reproduzido em:

WALTERS, Thomas. *Art Nouveau Graphics*. Londres/Nova York: Academy/St. Martin, 1974 [1ª ed. 1971].*

Sobre o gravador japonês Sharaku, ativo no final do século XVIII, que retratou o teatro Kabuki (a tradição afirma ter sido ele ator de Nô, cuja sutileza simbólica se opõe à gesticulação e à dramaticidade do Kabuki, que por isso mesmo o fascinava), ver:

GRILLI, Elise. *Sharaku*. Nova York: Crown Publishers, 1962.

Para um primeiro contato panorâmico com a gráfica brasileira do período em pauta, muito úteis são os catálogos, generosamente ilustrados:

*A Semana de 22. Antecedentes e consequências. Exposição do Cinquentenário*. São Paulo: MASP, 1972.

e a sua versão reduzida, mas com iconografia divergente:

*Semana de 22. Antecedentes e consequências.* São Paulo: MASP, 1974.

além da obra, muito bem ilustrada como sempre, de:

BARDI, Pietro Maria. *O Modernismo.* São Paulo: Sudameris, 1978.

sem esquecer a contribuição, principalmente iconográfica, de:

AMARAL, Aracy A. *Artes plásticas na Semana de 22.* São Paulo: Perspectiva, 1970.

e a pesquisa pioneira, que deve ser prosseguida para outros ilustradores brasileiros do período, em boa hora empreendida por:

TAVARES, Neila. *Desenhos de Roberto Rodrigues.* Rio de Janeiro: Cordelurbano, 1974.

Para os antecedentes do período permanece indispensável sempre:

MOTTA, Flávio. *Contribuição ao estudo do Art Nouveau no Brasil.* São Paulo, 1957.

Sobre Rossetti e o seu grupo, ver:

BARILLI, Renato. *I Preraffaelitti.* Milão: Fratelli Fabbri, 1967.

HARDING, James. *The Pre-Raphaelites.* Londres: Academy, 1977.

HILTON, Timothy. *The Pre-Raphaelites.* Londres: Thames Hudson, 1974 [1ª ed. 1970].

WATERS, Williams. *Burne-Jones.* Londres: Shire Publications, 1973.

Para o ilustrador de *Salomé* e *The Rape of the Lock*, utilizei:

ROSS, Robert. *Aubrey Beardsley.* Nova York: Jack Brussell, 1967 [1ª ed. 1898].

*The Early Work of Aubrey Beardsley.* Nova York: Dover, 1967 [1ª ed. Londres: The Bodley Head, 1899; 2ª ed. aum. 1920].

*The Later Work of Aubrey Beardsley.* Nova York: Dover, 1967 [1ª ed. idem, idem; 2ª ed. aum., idem, idem]. (Nota introdutória de H. C. Marillier.)

Acabaram de sair dois preciosos repertórios sobre ilustradores contemporâneos de Beardsley devidos a:

ARWAS, Victor. *Alastair. Illustrator of Decadence.* Londres: Thames & Hudson, 1979.*

CALLOWAY, Stephen. *Charles Ricketts. Subtle and fantastic decorator.* Londres: Thames & Hudson, 1979.*

Para uma iconografia abrangente e atualizada do periodo fim-deséculo onde Toorop, Minne, Doudelet, Bílek e van Offel encontram-se documentados com maior ou menor proveito, consultamos, além do volume de R. L. Delevoy (*Journal du Symbolisme*), citado:

SCHMUTZLER, Robert. *Art Nouveau/ Jungendstil.* Stuttgart: Gerd Hatje, 1962. Existe tradução em inglês, e, mesmo, uma *abridged edition* (Londres: Thames & Hudson, 1978), que elimina, no entanto, os capítulos iniciais dedicados aos momentos estilísticos precursores do movimento e parte do precioso repertório de vinhetas das revistas simbolistas germânicas. Nesta obra vem reproduzida em grandes dimensões *The Great Red Dragon and the Woman Clothes with the Sun* blakeano que nos interessa.*

Os dois mundos de Cornelio Penna

JULLIAN, Philippe. *Les Symbolistes*. Neuchâtel/Paris: Ides et Calendes/La Bibliothéque des Arts, 1973.*

WIYYLICH, Petr. *Art Nouveau drawings*. Praga: Artia, 1975 (alinhando Alfons Mucha, Aubrey Beardsley, Odilon Redon, Edvard Munch, Jan Preisler, Frantisek Bilek, Alfred Kubin, Frantisek Kupta, Auguste Rodin, Gustav Klimt e Egon Schiele).*

O catálogo *Drawings related to Art Nouveau*. Cambridge, Mass.: Fogg Art Museum, 1966.

Os capítulos de DUBRÉ, Dario, "Le correnti spiritualistiche"; BARILLI, Renato, "Redon e il Simbolismo", "Aspetti dell'Arte Europea alla fine del Secolo" e "Internazionalità del Simbolismo"; CRISPOLTI, Enrico, "Vicende dell'immagine fra Secessionismo e Simbolismo", respectivamente, nos volumes I (*Realtà e forma nel Postimpressionismo*), II (*Soggetività e Oggetività del linguaggio simbolista*) e VIII (*La Continuità dell'immagine: realtà naturale, realtà lírica e realtà sociale*) da coleção *L'Arte Moderna*. Milão: Fratelli Fabbri, 1967, 14 v.

Os panoramas gerais representados por:

CHAMPIGNEULLE, B. *L'Art Nouveau*. Paris: Somogy, 1972.

LUCIE-SMITH, Edward. *Symbolist Art*. Londres: Thames & Hudson, 1972.

MADSEN, S. Tschundi. *Fortuna dell'Art Nouveau*. Florença: II Saggiatore, 1967.

SELZ, Peter & CONSTANTINE, Mildred. *Art Nouveau. Art and Design at the turn of the century*. Nova York: Museum of Modern Art, 1975 (ed. revista) [1ª ed. 1959].

Sobre Kolo Moser e o Grupo de Viena, ver:

HOFFMAN, Werner. *Gustav Klimt*. Londres: Studio Vista, 1972.*

KOSCHATZKY, Walter & KOSSATZ, Horst-Herbert. *Ornamental posters of the Vienna Secession*. Londres/Nova York: Academy/St. Martin, 1970.*

WEISSENBERGER, Robert. *Vienna Secession*. Londres: Academy, 1977 (ed. alemã: 1971).*

Para os desenhos de Adolfo Wildt, ver não apenas:

VLAZZI, Glauco & SCHEWILLER, Vanni. *Poeti Simbolisti e Liberty* [Disegni e illustrazioni di Alberto Martini, Romolo Romani, Antonio Rubino e Adolfo Wildt]. Milão: All'Insegna del Pesce d'Oro, 1967.

Mas em especial:

VLAZZI, Glauco & SCHEWILLER, Vanni. *Poeti Simbolisti e Liberty* [Disegni di Adolfo Wildt]. Milão: All'Insegna del Pesce d'Oro, 1971.

Para Gustave Moreau utilizei textos constantes de:

*Omaggio a Gustave Moreau*. Trieste: Azienda Autonoma di Soggiorno Turismo, 1966. (Luciano Budigna: "Moreau, oggi").

Para Blake:

KEYNES, Goeffrey. *Drawings of William Blake: 92 pencil studies*. Nova York: Dover, 1970.

RAINE, Katleen. *William Blake*. Londres: Thames & Hudson, 1970.

TODD, Ruthwen. *William Blake. The artist*. Londres: Studio Vista/Dutton, 1971.

Os volumes assinalados com asterisco foram consultados na excelente coleção da Secção de Artes da Biblioteca Municipal Mário de Andrade paulistana, cuja colaboração, eficiente e interessada, facilitou sobremaneira a realização do presente trabalho.

## NOTAS

[1] "Deformados vejo estes traços do desejo insatisfeito." (N. do O.)

[2] "Somente a ideia da morte destrói o medo." (N. do O.)

[3] Os títulos dos trabalhos iconográficos de Cornelio Penna, quando em grifo, correspondem à denominação original que lhes deu o autor; quando aspeados, representam interpretação arbitrária do ensaísta, que neles procurou resumir o tema das obras.

[4] Shigenobu (1784-1832) foi discípulo e genro de Hokusai; Kunichika (1835-1900) aprendeu a arte com Kunisada (1786-1864). (Sendo considerado o derradeiro artista de temática inteiramente tradicional na segunda metade do século XIX, Kunisada ignorou voluntariamente os aspectos da vida contemporânea num Japão que se ocidentalizava a passos largos, concentrando-se, enquanto gravador, na recriação dos motivos do teatro Kabuki.) *Japanese Prints*, de Cecilia Whitford (Londres, Thames & Hudson, 1977), reproduziu quatro estampas de Kunisada, uma de Shigenobu e uma de Kunichika.

# 10.

# A obra e os andaimes

Nos trinta anos da morte de Jorge de Lima

"Caminho no tempo de costas."

Jorge de Lima,
no romance *Salomão e as mulheres*

O perfil poderoso de Jorge de Lima, trinta anos após o desaparecimento do poeta de *Mira-Celi*, aparece-nos sempre mais instigante e sugestivo, neste fim de século voltado para a demolição e o aproveitamen-
to (pós-moderno?) das sobras adquiridas, quase sempre a preço módico,
por quem foi passando por perto dessas demolições. Os caminhos vários
que o escritor alagoano inscreveu, tateando, na movimentada orografia
definida pelos textos dele, desdobram complexa experiência cultural, de
certa forma única em nosso ambiente. A significação desse esforço criador supera aliás a qualidade desigual e a diversa fortuna das obras iso-
ladas que produziu. Itinerário que se abre ainda antes dos sonetos de li-
ceano aplicado no colégio que os Irmãos Maristas haviam recém-aberto
em Maceió, 1905, até alcançar os escritos quase meio século depois, no
texto maior em que desejou configurar, de corpo inteiro, as perplexidades
que viveu.

Existe uma tela de Giorgio de Chirico, pintada em 1916, que poderia servir de emblema virtual para a obra desse inventor que, na maturidade, tanto se voltaria para os emblemas e que admirou com fervor a
chamada "pintura metafísica" — onde foi beber várias vezes a nitidez, o
distanciamento, o silêncio que tornam inconfundíveis certas atmosferas
limianas. Trata-se de *A melancolia da partida*, que hoje integra, em Londres, a coleção Roland Penrose. Num interior que se abre, em diversos
tons soturnos de verde, para um lá fora pouco definido — aí se espevita,
entre massas de edifícios mal definidos, uma flâmula metálica ocre-encar-
nada —, equilibram-se réguas, esquadros, acutas, sextantes dos mais variados recortes, dimensões e cortes. Ao sopé dessa espécie de troféu da
Geometria que se equilibra miraculosamente apoia-se um grande mapa

Giorgio de Chirico, *A melancolia da partida*, 1916, óleo s/ tela, 518 x 359 cm, Tate Gallery, Londres.

triangular. Nele vêm reproduzidos o recorte nervoso e as altas montanhas de duas penínsulas fronteiras. Uma linha pontilhada indica, em vermelho, os itinerários marítimos que percorrem as reentrâncias dessa geografia que se retalha num contorno de mar azul.

Em toda a obra de Jorge de Lima como que se justapõem também quase sempre os utensílios que serviram à construção do texto e a carta do navegar deste. Uns e outra conservam a sensação de obra ainda nos andaimes, esforço livre cujo curso ainda não se completou; o que permite atribuir aos malogros mesmos do autor um interesse de vida paralelo ao que comandava a vontade inventiva do poeta em ato. Esta obra que não perdeu a palpitação original mesmo após ter-se fixado no tempo, obra que usou a experiência da centrifugação, constela-se contudo numa coerência maior que permite recuperar e reintegrar no seu sistema expressivo os mesmos descaminhos e experiências frustradas que ensaiou. Extremamente instigante num contexto cultural que tende para a rotina, a obra de Jorge de Lima continua a ser decisiva enquanto provocadora de constante inquietação, desde que a insistência no interrogar e o diálogo abrangente muito seus estão longe de constituir a regra em nosso meio.

Essa gana de janelas abertas sobre horizontes sempre novos correspondera efetivamente no poeta de *A Túnica inconsútil* ao enriquecimento progressivo da personalidade criadora dele e teve lugar pouco a pouco. Obedece antes a certa coerência subterrânea, que se define de modo quase imperceptível, exigindo esforço atento de análise. Na primeira adolescência, a precoce perda da fé pelo quase menino prodígio provinciano corresponderia à fascinada descoberta de uma doutrina nova — esse Monismo panteísta que encaminha o entusiasmo do fazedor de sonetos bem hábil de dezesseis anos para a missão humanitária da Medicina; isto sem prejuízo da crença do jovem bardo no destino fundador da Poesia, cujo indagar ele compara, nos sabidos alexandrinos do livro inaugural (1914) — que lhe assinala a maioridade civil e a conclusão do curso médico — ao desvendamento da realidade fenomênica que a Ciência persegue no seu campo próprio.

A inquietação intelectual desse autor, que o *establishment* estaduano imediatamente consagra, logo se volta também para a prosa de ensaio e de ficção. Surge em Maceió, depois dos experimentos iniciais na Bahia e no Rio de Janeiro, um escritor "purista", interessado por um mosaico estilístico rigoroso e exato. Nessa interpretação sufocante da escrita floreal o jovem dr. Jorge procura conciliar os nossos quinhentistas e seiscen-

tistas, os gendarmes da disciplina gramatical *belle époque*, certo esteti-
cismo finissecular, experimentos de reforma ortográfica e fidelidade ao
mais atualizado cientificismo. Resiste por algum tempo esse imaginário
ideal de decoro. O peso absurdo de tal disciplina acusa-se nas frestas de
uma curiosidade inquieta e instável que desafia as firmíssimas certezas do
consagrado intelectual e lhe revela a fragilidade daquela caricatura.

Inesperada reconversão ao Catolicismo, que tem lugar em 1926,
culmina essa agonia. A crise dissimulada mal e mal já estava transpare-
cendo nos textos compósitos que divulga e projeta no decênio de 1920.
O caso de *A Comédia dos erros*, obra em parte ensaística, em parte ficcional, impressa em 1923 mas recolhendo escritos de anos antes, conforme as alusões ao "recente" centenário de Wagner indicam. O caso ainda
da temática do romance, que começa a compor em 1922, *Cipó de imbé*,
que trata da fluida identidade do intelectual brasileiro, instável e sem
norte — obra que, com modificações de monta, o autor editaria em 1927,
agora com o título *Salomão e as mulheres*[1] — até mais uma vez estabili-
zar o texto, agora em clave lírico-psicologizante-metafísica, na terceira
versão que urde desse texto, que agora, 1939, aparece com o título tema-
tizado como *A Mulher obscura*.

A volta à fé católica, nesse momento de renovação da Igreja ao sopro
do neotomismo, corresponderá ao abandono dos módulos da literatura
que até então havia praticado. O alívio do escritor transparece evidente
no lirismo efusivo dos versos liberados que compõe a partir de "O mundo do menino impossível". Poema que imprime avulso numa pequena
tiragem que ele mesmo ilustra. Trata-se portanto também da libertação
do seu grafismo, que aí finge recuperar a espontaneidade primeira dos
garranchos de criança; seu irmão Hildebrando, ainda menino de grupo,
vai colorir com lápis de cor todos os exemplares, um por um, nesse junho
de 1927. Em fins desse mesmo ano, apareceria, sempre em edição produ-
zida pelo autor, o volume *Poemas*, que ao texto que merecera edição em
separado reúne outros escritos dessa mesma maneira. Como os restantes,
evocam a infância livre ou perfazem inventários deslumbrados do mundo
circunstante, cujos violentos contrastes aí já começam a se denunciar. O
sopro criativo não esmorece; no Carnaval de 1928 mais duas composições
poéticas de certo fôlego serão impressas num caderno: "Essa negra Fulô"
e "Banguê".[2] O primeiro deles, que logo alcançaria rápida celebridade
seja pela sua estrutura de balada tradicional seja pelo apelo cru de caso
de senzala, tema ainda censurado, reaparece comandando no ano seguin-

te a coletânea dos *Novos poemas*. Ao seu lado aparecem recolhidas algumas das mais finas elaborações poéticas resultantes dessa poesia regional, que não é de todo alheia, no mesmo Jorge de Lima, de certa concessão ao pitoresco.

1929 assinala o regresso de Jorge de Lima ao ensaio, agora proposto conforme um ideal prosear modernista, que acolhe, encantado, todos os maneirismos de uma "fala brasileira" em vias de definição. Concorrendo a uma cátedra no liceu oficial do Estado, o escritor redige dois estudos independentes. Aquele de sua escolha versará os desencontros da literatura brasileira do passado com a imagem real do país; função nuclear do movimento modernista em curso será segundo ele corrigir esse desvio. Nenhum melhor exemplo deste esforço do que a criatura que, dentro do espírito de síntese do Modernismo, fora sinteticamente criada por Mário de Andrade em *Macunaíma*, autêntico herói da nossa gente sem nenhum caráter coletivo, embora riquíssima de caracteres particulares. Já o tema sorteado pela banca examinadora abordaria o romance de Marcel Proust,[3] cuja saga cíclica sobre o Tempo tivera os seus tomos finais publicados em Paris em 1927. Jorge de Lima, no mesmo estilo do ensaio anterior, busca analisar a psicologia do narrador proustiano do ponto de vista da psicologia profunda, tratada rapidamente segundo um critério freudiano a que não se importa mesclar, conforme ironiza, considerações sobre o inconsciente junguiano. Analisando o *petit Marcel* enquanto médico, artista e psicólogo, o escritor alagoano esboça, sem maior compromisso do que a verossimilhança do discurso consparso de brilhantes considerações avulsas, uma visão atraente e arbitrária — voluntariamente arbitrária — da obra e da vida psicológica de Proust. Pela simpatia um tanto paternalista do intérprete perpassam ainda algumas ideias feitas bem de época sobre a condição judaica, de que o autor só parece ter se desfeito no decênio seguinte, quando se torna o tradutor do volume coletivo de Maritain *Os Judeus*, que celebra a fraternidade cristã com o "povo eleito".

Data do ano seguinte outro ensaio de Jorge de Lima, este de teor histórico, publicado apenas em 1935 em forma de livro — a biografia apologética de Anchieta. Inicialmente projetada como capítulo de amplo panorama sobre *A Psicologia religiosa do brasileiro*, que lhe fora encomendada por Alceu Amoroso Lima (bem dentro do espírito de definição das características nacionais que ambicionou propor o Modernismo), seria a única parte dessa obra que o autor julgou merecer divulgação, tendo aparecido parceladamente em jornal durante o ano de 1933. O brilho da narrativa ligado ao entusiasmo que no autor provocam o tema desse Brasil que nasce e a figura do taumaturgo, valorizam sobremaneira esse texto interessado, que de algum modo se prolonga no fino elogio histórico de *Dom Vital* (1937), que considera a ultramontana limpidez doutrinária do jovem bispo de Olinda em meio ao clero e aos fiéis maçonizados do Brasil imperial — trabalho histórico que levantava alto a bandeira do aguerrido centro de estudos católicos fundado por Jackson de Figueiredo, de que Jorge de Lima era então ativo participante.

Pois a transferência de Jorge de Lima para o Rio de Janeiro, em 1931, iria abrir inúmeras perspectivas novas para a obra do artista e propiciar decisivas experiências culturais ao escritor, que por essa época chegava aos quarenta anos. Já no ano seguinte, os *Poemas escolhidos*, confirmando a presença federal do poeta, acrescenta à expressiva seleção dos dois livros que o haviam consagrado uma dúzia de novos textos que não só dão ênfase à temática da cidade moderna e às questões sociais como ainda fazem vibrar a corda de uma solidariedade com outros países e civilizações que assinala uma abertura temática definitiva. Data desses anos a aproximação de Jorge de Lima das artes visuais. Vive ele num contexto que se interessa, de modo particular, pela pesquisa empreendida por certas vanguardas. Junto a um punhado de escritores atentos à experimentação atribui peso específico ao Suprarrealismo bretoniano e ao realismo mágico que lhe é contíguo. Ainda como diletante, Jorge de Lima realiza então as suas primeiras tentativas de desenhista, pintor e escultor, experimentando, ao lado de Murilo Mendes (de quem se torna amigo fraternal), colagens e fotomontagens que terão decisiva importância para a evolução da sua obra literária subsequente.

A novela *O Anjo* (1934) é o primeiro resultado dessa experimentação atenta. Definida em recortes bruscos, a atmosfera rarefeita da narrativa manipula cinematograficamente, com poderoso humorismo, o desenrolar vertiginoso do enredo, que acelera ou detém o ritmo dos episódios exemplares. A descontração estilística, narrativa e da mesma concepção ficcional faz de *O Anjo* um admirável documento de época dentro de seu pseudoalegorismo esquemático. A fábula da solidão do homem perdido no vasto aglomerado urbano, nostálgico das origens, mas incapaz de já agora as recuperar senão sentimentalmente, que se encontra e desencontra com o pacato e submisso anjo da guarda dele mesmo, conseguiria aliás perfeita transposição visual nas excelentes ilustrações que

Tomás Santa Rosa desenhou em negativo para a edição original, inspirado em certo grafismo germânico anos 1920 (os primeiros Ernst e os primeiros Grosz).

A composição de *O Anjo* deve ter tido lugar simultaneamente com a escrita de *Calunga* (1935), conforme parece indicar o episódio da viagem de Herói à ilha natal do Nordeste, tão próximo das preocupações que conduzem a segunda narrativa. Romance que participa da reportagem de denúncia social, o vigoroso desenho desta tragédia sociogeográfica divide-se, contudo, na consciência perplexa do autor, com a consideração inerme de certa atemporalidade mítica daquele mundo semissubmerso num infindável, impaludado, último dia do Gênesis. Lula, o problemático protagonista da narração, acreditou com ingenuidade poder mudar algo naquele estado de coisas imemorial; acabará aniquilado pelo meio hostil, consciência individuada enfrentando a inconsciência coletiva. A estrutura musical do romance tece um canto monocórdio e hipnotizante cuja difusa coralidade, toada lúgubre em baixo contínuo, parece perder-se no tempo pregresso. As pinceladas cheias de cor que abrem o texto logo empalidecem e se tornam soturnas, integrando-se na desolação ambiente que torna essa ficção documento social e artístico de grande expressividade, malgrado as contradições irresolvidas que permanecem no texto.

Além da reformulação de *A Mulher obscura* (1939), a que já se fez referência, Jorge de Lima escreveria um derradeiro romance, *Guerra dentro do beco*, que só viria a ser publicado em 1950 mas data aproximadamente do fim do decênio de 1930, princípios do de 1940. Narrativa de ação antes insinuada que propriamente descrita, apesar do movimentado atuar de protagonistas e figurantes. Ficção que versa sobre os desencontros profundos entre os seres e se desenrola na cidade grande em ambientes da alta classe média, trata antes de mais nada da esterilidade moral e do desespero demoníaco, constitui a última tentativa do autor nesse campo. Mereceria, aliás, uma análise atenta e compreensiva de Sérgio Buarque de Holanda, que no romance via densidade raramente atingida em nossa novelística.

Das experiências criadoras desenvolvidas em companhia de Murilo Mendes que se desenrolam paralelamente a uma fase de doutrinação litúrgica que ambos poetas, católicos fervorosos, acompanham junto ao Mosteiro de São Bento carioca (então núcleo de intensa renovação católica que iria atrair às ordens diversos jovens intelectuais do momento), surgirá a colaboração em *Tempo e eternidade*, coletânea de poemas de

A obra e os andaimes

253

ambos autores que trazia o lema, a seu modo provocador, de "Restauremos a poesia em Cristo" (1935). Em conjunto Jorge e Murilo levam avante ainda as pesquisas visuais de uma suprarrealidade heterodoxa, a qual deseja encaminhar, de modo sibilino, o inconsciente para as grandes verdades transcendentais. Ação que prossegue nas colagens que ambos montam de parceria, uma das quais, "A Poesia em pânico", será utilizada na capa e no título da obra que Murilo publica em 1937. Com uma nota liminar de Murilo, as "fotomontagens" que Jorge de Lima continuará organizando, já agora sozinho, serão recolhidas apenas em 1943 com o título paralelo de *A Pintura em pânico* — o qual repercute talvez o belo texto de Aragon *La Peinture au défi* com que o autor de *Front rouge*, na Paris de 1930, apresentara as fotomontagens de Rodchenko e outros artistas plásticos soviéticos que, com elas, haviam ilustrado poemas do primeiro momento revolucionário.

A soturna sensação de iminente catástrofe era palpável na atmosfera mundial que presidira à elaboração de *Tempo e eternidade* ("A noite desabou sobre o cais/ a noite desabou sobre o caos"). Jorge de Lima prolonga-a nos ansiosos poemas bíblicos de *A Túnica inconsútil* (1938). Os longos ritmos e as imagens elaboradas segundo certos módulos logo previsíveis certamente teriam ganho em vigor sem muitas das repetições e redobres que o autor multiplica neste fornido volume de versos, assim diluindo a pungência que buscava. O que não impede constem do conjunto alguns dos seus mais expressivos poemas.

Por esse tempo, pouco mais pouco menos, o escritor inicia a elaboração do *Mira-Celi*, poema de escrita cifrada que trata da constatação e da contemplação do Absoluto, através de procedimentos, técnicas, alusões e imagens de referencial suprarrealista — ocultamento, automatismo, enigmas e cifras do inconsciente mas também referências e emblemas litúrgicos implícitos ou explícitos. Texto candente, que se escreve sozinho numa temperatura próxima à fusão do significado, nele Jorge de Lima desenha o itinerário desse estranho ser que é o homem. Levado pela mão de Mira-Celi, a medianeira, esses "anunciação e encontro" enigmáticos permitirão que ele alcance o território da morte e contemple o Absoluto. Cifra do Eterno Feminino que se desintegra e reintegra em inúmeras figuras — Roselis, Isadora, Leonora, Violante, Abigail, "pessoas da constelação de Mira-Celi" — essa entidade condutora do poeta dele se despedirá no limiar da morte após a qual o canto se integra, diante da Trindade Divina, na oração. E o fecho do poema é uma vetusta sequência litúr-

Jorge de Lima, *Mulher com roupa de gala, paisagem e signos da morte*, 1939, fotomontagem, 15,3 x 11,3 cm, Arquivo Mário de Andrade/IEB-USP, São Paulo.

gica, O Credo de Santo Atanásio, cujo latim místico precede o silêncio da plenitude.

Texto de sonambulismo inspirado, que se calca em emblemas proféticos de difícil conotação, mais do que em qualquer outro do nosso poeta se cruzam desnorteadores movimentos centrípetos e centrífugos, cuja espessa nebulosidade não deixa por isso de enriquecer a poesia brasileira, pelo mesmo desafio de investir em semelhante área criadora. Esse magma poético ainda em estado vulcânico, que borbulha e crepita em alta temperatura, possui diversos momentos de repouso e contém em si, da forma cifrada que é bem a sua, e não só de modo temático, as duas obras definitivas que encerram a lírica limiana: *Livro de sonetos* e *Invenção de Orfeu*. Duas obras em que a lava transfiguradora de *Mira-Celi* afinal se solidifica no "cristal e rosa" com que Carlos Drummond de Andrade desejou exprimir a sensação inefável causada pelo grande desfiladeiro lírico, ao mesmo tempo vítreo e todo delicadas articulações, desses sonetos seriais que são ao mesmo tempo sucessão de emblemas silenciosos, música depurada e gestos de dança. Que dizer então do vasto poema talássico sempre recomeçado onde gaivogam ao léu vários níveis de significado? Seria fútil querer fixar o sentido último dessa obra ondulante cuja coragem de se constituir na forma presente fez C. A. Bowra, ao receber o volume, congratular-se em carta ao autor, saudando-o, com afável ironia, pelo fato de acreditar, ao contrário de Edgard Poe, na respiração dos poemas vastos. Desejando participar do ciclo ocidental dos painéis em verso de larga envergadura, acenando no seu texto para Camões, Dante, Virgílio e Homero, através de alusões, citações e transcrições inúmeras, e a eles associando a sua própria gesta numa dialogia indivíduo-coletividade que aspirava reassumir toda aquela concreta experiência pregressa, Jorge de Lima tornava *Invenção de Orfeu*, mesmo nos momentos em que o poema é mais maquinoso e frustro, obra para nós decisiva pelo muito que nos ensina sobre nós mesmos em nossa sofrida navegação cultural.

Trinta anos após a sua conclusão, a obra de Jorge de Lima se destaca na paisagem literária brasileira como um maciço de primeira grandeza, de onde sopra um vento forte pesado de pólen.

(Pensando em minha madrinha Sinhá Guerra,
devota do médico Jorge de Lima)

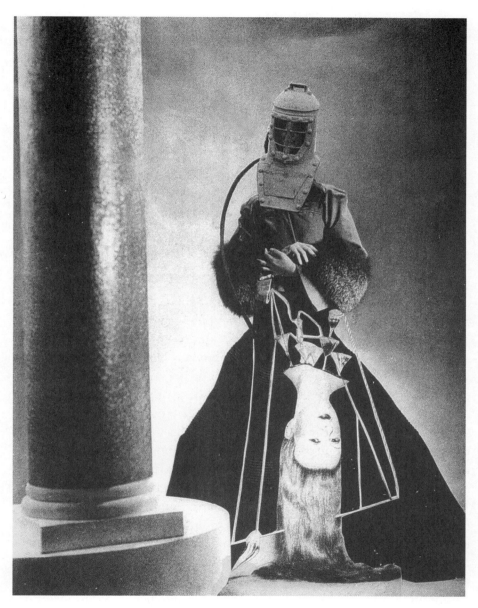

Jorge de Lima, *Mulher com cabeça de escafandro*, 1939, fotomontagem, 15,3 x 11,4 cm, Arquivo Mário de Andrade/IEB-USP, São Paulo.

APÊNDICE:
SEGUNDA NATUREZA

> "Como vos disse, e se não disse faço-o agora, que estas são minhas memórias literárias, grudadas como fotomontagens à vida de cada dia. Para um *Jornal de Letras*. As outras que alimentam o supersolo e o subsolo desta ilha de Deus são a terra da minha vida e constituem um diário íntimo de uma comprideza de muitos anos."
>
> Jorge de Lima, *Minhas memórias*, cap. 1

Não se tem dado maior atenção à importância pode-se dizer decisiva que, dentro da obra poética de Jorge de Lima, assumem algumas das suas experiências que transcendem a literatura. Apontadas as mais das vezes como tentativas meramente marginais de um criador demasiado exuberante, merecem, quando muito, ligeira referência, *passim*, do estudioso que se debruça sobre a emaranhada floração das suas obras. Para este, a pesquisa mais minuciosa dessa tralha secundária aparece quase tão gratuita e ociosa quanto aqueles mesmos exercícios.

Esta não é contudo a nossa opinião. A técnica da colagem, por exemplo — ou a técnica da fotomontagem, como chamou o autor, não sem alguma impropriedade, aos trabalhos reunidos em *A Pintura em pânico* — parece haver sugerido a Jorge de Lima novas e importantes perspectivas para a renovação da sua expressividade poética, num momento em que esta, sempre com maior urgência, se voltava para uma síntese que afinal conseguisse anular, superando-os, tempo e espaço, sujeito e objeto, ser e não ser. Num autor que havia desgastado de modo sensível, pelo uso contínuo em seus primeiros livros, diversas possibilidades de enumeração, essa nova experiência de arte combinatória dava margem para uma autêntica recolocação do seu arsenal imaginário. Para um visual como Jorge de Lima, cuja pintura ia se tornar mais do que hábito uma segunda natureza, a tendência, para o *esquema aditivo* (ao qual se refere Spitzer em estudo famoso), próprio do espírito de arbitrária reunião de diferentes elementos em determinada circunstância, ganhava relevo todo especial dentro das relações próprias da colagem, cujo espaço, anulando-se como num desses efeitos de deslocamento psicológico de visão, delimita o destempero e a enxundiosa possibilidade da enumeração, que tem como únicos extremos fastio e cansaço. Experiência espacial fechada em si enquanto intacta *machine à émouvoir* (da definição de Le Corbusier, universal para toda arte, ainda que, de outro lado, quando já coisa-como-vente, funcionando em todos os sentidos na cabeça do contemplador), o fato de ser coisa em si, portanto rigorosa, a colagem ao mesmo tempo aglutina e funde, decompõe e disjunge, com idêntica veemência e *ao mesmo tempo*, os seus elementos díspares, e daí o seu clima alucinatório, atraente, cheio de fascínio e exasperante, aterrorizador.

## Notas

[1] Depois de impor ao texto uma reforma mais radical na aparência do que no conteúdo, que consistia afinal numa verdadeira remontagem da sequência narrativa (uma roupagem modernista que resulta apenas lamentavelmente modernosa), Jorge de Lima publica o seu romance no Rio de Janeiro com capa de Roberto Rodrigues, naquele momento um dos ilustradores mais em voga na capital. (Boa parte dos desenhos dele, no melhor corte *art déco* foi reunida por Neila Tavares em 1974 num folheto da série "Cordelurbano", indispensável para o estudioso da época.) Curioso o fato de Jorge de Lima ter buscado, na "modernistação" da novela, módulos pseudo-sternianos, via, naturalmente, *Brás Cubas*. Além de desenxabidas aparições do protagonista machadiano em diálogo com o eu autoral — um eu autoral impertinente, "que não admite réplicas", e intervém no enredo com petulante tom metanarrativo —, ainda acontecem no texto introduções de caprichos gráficos, no gênero do capítulo LV das *Memórias póstumas* ("O velho diálogo de Adão e Eva"), e ainda a inserção de um *ex-libris* sarcástico, desenhado pelo autor da capa. Alusivo talvez à implícita polêmica que opunha aos modernistas do eixo Rio-São Paulo os do Norte, aparece a reprodução de um sarau literário em Madalena, cidadezinha interiorana de Alagoas onde transcorre a maior parte do livro. Aí, entre citações de ases futuristas ("Manuel Bandeira, Cocteau, Max Jacob"), são declamados versos "modernos" de Luiz Aranha e de *Serge* Milliet (este em francês, é claro: "*Rires parfums decolletés*"). Não é necessário dizer que todas essas intervenções extrapolantes desaparecem em *A Mulher obscura*, terceira versão do romance.

[2] Apenas em 1947 Jorge de Lima recolheria os seus textos "negristas" — para usar a terminologia hispano-americana — num *corpus* unitário. Prefaciada por Gilberto Freyre, a edição numerada de *Poemas negros* teve como ilustrador nada menos do que Lasar Segall e reunia textos que iam desde 1927 ("Xangô", que apareceu em *Poemas*, agora é verdade, numa segunda versão) até cerca 1940 pelo menos (trechos em prosa acrescentados a *A Mulher obscura* em 1939, por exemplo). Embora já em 1937 houvessem aparecido *Quatro poemas negros* num folheto editado pelo *Jornal de Cambuquira* (absoluta raridade bibliográfica), pode-se pensar que a edição promovida pela *Revista Acadêmica* de Murilo Miranda tenha sido inspirada pelo aparecimento em 1946, em Buenos Aires, do *Mapa de la poesía negra americana*, compilado, prefaciado e anotado pelo poeta cubano Emilio Ballagas, autor do *Cuaderno de poesía negra* (1934) e, ao lado de Nicolàs Guillén e Manuel del Cabral, um dos estabilizadores da poesia afro-antilhana. ("Essa negra Fulô" em edição bilíngue é a única peça brasileira da coletânea.)

Note-se, como curiosidade, o fato de não precederem 1927 — segundo historiadores latino-americanos como Mónica Mansour, especialista no tema — os exemplos van-

A obra e os andaimes

guardistas desse temário. Um dos seus inauguradores seria o uruguaio Ildefonso Pereda Valdés (que colaborou em *Verde*). A publicação naquele ano de alguns poemas dessa inspiração assinados por Pereira na *Revista de Avance* cubana causou sensação, segundo Mansour, nos ambientes literários havaneses progressistas. Datam desse ano e do seguinte as produções inaugurais de Ramón Guirao "Bailadora de rumba", de José Zacarías Tallet "La rumba" e Alejo Carpentier "Liturgía" e "Canción". (Carpentier havia escrito seu primeiro romance de tema negro *Écue-yamba-ó* no cárcere de Havana, onde fora preso pela ditadura Machado em agosto de 1927; devem datar de pouco depois os seus quatorze *Poemas de las Antillas*, divulgados porém muito depois no texto francês com que foram musicados.) Entre nós, além de Ascenso Ferreira, cujos versos desse tema foram escritos a partir do início de 1926, segundo o depoimento do próprio, devemos recordar o nome de Murillo Araujo, apesar da tonalidade paternalista confessa e professa daqueles que versaram sobre os "negros de dentro". Isto desde o início dos anos 1920.

Agradeço a Raúl Antelo a oportunidade que me ofereceu, em Desterro — durante o período em que tratei na Pós-Graduação em Letras na Universidade Federal de Santa Catarina sobre "Tensão do texto na poesia e na prosa de Jorge de Lima (1914-1944)" —, de poder largamente consultar seja *La poesía negrista* de Mónica Mansour (México, Ediciones Era, 1973), seja o "primeiro dos 14" volumes das *Obras completas* de Alejo Carpentier (México, Siglo XXI, 1983), em curso de publicação.

[3] Segundo Tadeu Rocha (*Modernismo e Regionalismo*, Maceió, 1964) teria partido de José Lins do Rego a ideia de introduzir o ponto "O romance de Marcel Proust" entre aqueles a serem sorteados no concurso do Liceu Alagoano. Divertia-o largamente a ideia de, sendo ele sorteado, os apuros que criaria para a banca examinadora, a qual teria de tomar conhecimento às pressas do intricado mundo do evocador de Combray. Igualmente saborosa, caso também autêntica, a versão segundo a qual um primeiro exemplar de *Sodome et Gomorrhe* teria chegado às mãos do poeta alagoano. Certo funcionário da companhia aérea Latecoère havia-se relacionado no Recife com uma antiga amizade francesa do *petit Marcel*; este lhe passou depois de algum tempo os volumes em questão, que o aviador por sua vez ofereceu em Maceió a Jorge de Lima. (Indagado, de outra feita, como conseguia o conhecido de Proust, modesto funcionário de uma firma francesa, manter certa folga econômica, referiu ser mantido pelos envios bancários "*d'une vieille tante*". *Tante* que Tadeu Rocha foi rapidamente traduzindo, nas suas memórias sem malícia, como uma velha parenta generosa e de bolsa farta daquele moço instalado nos trópicos.)

A importância decisiva de José Lins do Rego na vida intelectual de Jorge de Lima não pode ser minimizada. Foi ele sem dúvida (conforme deixaram bem claras as pesquisas decisivas de Mauro Medeiros de Sant'Anna na *História do Modernismo em Alagoas* — Maceió, UFA, 1980) o jovem mentor e conselheiro no momento da mudança de orientação estética do grave autor de *A Comédia dos erros*, tendo-o ainda aproximado intelectualmente do grupo que girava no Recife em torno de Gilberto Freyre. Isto sem prejuízo das relações que desde essa mesma época Jorge estabeleceria com os modernistas do Sul. Muito expressivo também o fato de ter Jorge mandado a Gilberto Freyre, Olivio Monteiro e Manuel Bandeira os textos que comporiam o volume *Poemas* antes do aparecimento do mesmo (a quem, com José Lins do Rego, dedica a edição original de "O mundo do menino impossível"). Tudo indica que essa sugestão partiu de José Lins que insistiria na relevância que um poema como "Evocação do Recife" teve para acordar o novo Jorge de Lima — e não é preciso insistir que a obra-prima bandeiriana foi publicada com o maior destaque no *Livro do Nordeste*, coligido por Freyre em 1925. Evidente ainda, no primeiro momento da lírica de Jorge, de "Bahia de todos os santos e de quase todos os pecados" o poema imagista gilbertiano publicado como encarte volante pela *Revista do Norte* em fins de 1926. José Lins e Jorge já se conheciam desde antes 1922, embora a grande amizade se firme em 1927. Carta de Jorge a Povina Cavalcanti, publicada por este na biografia que escreveu do cunhado e amigo, noticiava que naquela data possuía uma opinião do futuro romancista sobre *A Comédia dos erros*. Em 1927 José Lins escreverá dois substanciosos artigos sobre Salomão e as mulheres e Poemas, mais tarde recolhidos em Gordos e magros, onde o primeiro aparece com a indicação errônea de 1926. O segundo apareceria como apêndice às duas edições de Poemas.

# Sobre os textos

"O século XIX: tradição e ruptura. Síntese de arte e cultura brasileiras (1816-1910)". Publicado em *Tradição e ruptura*, catálogo da Fundação Bienal de São Paulo, 1984, pp. 117-31, com ilustrações. Republicado em *Escritos*, de Alexandre Eulalio, com organização de Berta Waldman e Luiz Dantas, Campinas, Editora da Unicamp, 1992, pp. 139-62.

"Um exercício de libertação". Publicado com o título de "Depois do romance" em *Mattos, Malta ou Matta?*, de Aluizio Azevedo, Rio de Janeiro, Nova Fronteira/Fundação Casa de Rui Barbosa, 1985, pp. 161-88.

"O último bom selvagem: 'Luís da Serra' de Lucio de Mendonça". Publicado na *Revista do Livro*, nº 20, Rio de Janeiro, dezembro de 1960, pp. 33-48, com ilustrações; texto revisto pelo autor.

"A representação do meio artístico e do artista em *Mocidade morta*, de Gonzaga Duque". Publicado com o título de "Posfácio" no caderno "Folhetim" da *Folha de S. Paulo*, 1º de julho de 1988; incluído em *Literatura & Artes Plásticas*, Rio de Janeiro, Fundação Casa de Rui Barbosa, 1989, pp. 57-69. Republicado com o título "Estrutura narrativa de *Mocidade morta*", em *Mocidade morta*, de Luiz Gonzaga Duque, Rio de Janeiro, Fundação Casa de Rui Barbosa, 1995, pp. 277-94.

"*Esaú e Jacó*: narrador e personagens diante do espelho". Redigido e publicado originalmente em italiano como "*Esaú e Jacó* di Machado de Assis: narratore e personaggi davanti allo specchio", em *Annali di Ca' Foscari*, Veneza, 1971, pp. 59-83. Versão integral, inédita em português; tradução de Sérgio Molina, revisão de Carlos Augusto Calil.

"De um capítulo do *Esaú e Jacó* ao painel d*O Último baile*. Literatura e pintura no Brasil: simpatias, diferenças, interações. Um caso-tipo: Aurelio de Figueiredo e Machado de Assis". Publicado na revista *Discurso*, nº 14, 1983, pp. 181-207, com ilustrações. Uma versão abreviada do mesmo texto havia sido apresentada sob a forma de comunicação ao VIII Colóquio Nacional de História da Arte, realizado em São Paulo em setembro de 1982. Republicado em *Escritos*, *op. cit.*, pp. 367-407.

"Ainda reflexos do Baile: visão e memória da Ilha Fiscal em Raul Pompeia e Aurelio de Figueiredo". Publicado na revista *Remate de Males*, n° 3, Campinas, junho de 1984, pp. 173-198.

*Henrique Alvim Corrêa:* Guerra & Paz. *Cotidiano e imaginário na obra de um pintor brasileiro no 1900 europeu.* Publicado no catálogo da exposição do artista realizada na Fundação Casa de Rui Barbosa, Rio de Janeiro, 1981, 64 p. Republicado em *Literatura & Artes Plásticas*, *op. cit.*, pp. 33-55; e, novamente, em *Escritos*, *op. cit.*, pp. 409-41.

"Os dois mundos de Cornelio Penna". Publicado no catálogo da exposição homônima realizada na Fundação Casa de Rui Barbosa, Rio de Janeiro, em 1979. Republicado na revista *Discurso*, n° 12, 1981, pp. 29-48; incluído em *Literatura & Artes Plásticas*, *op. cit.*, pp. 14-32; e em *Escritos*, *op. cit.*, pp. 443-68.

"A obra e os andaimes. Os trinta anos da morte de Jorge de Lima". Publicado no caderno "Folhetim" da *Folha de S. Paulo*, 20 de novembro de 1983, pp. 6-7. Republicado em *Escritos*, *op. cit.*, pp. 469-83. O apêndice "Segunda natureza" é inédito.

# Sobre o autor

Nascido no Rio de Janeiro em 18 de junho de 1932, filho de Elisiário Pimenta da Cunha e Maria Natália Eulalio de Sousa da Cunha, Alexandre Magitot Pimenta da Cunha ao atingir a maioridade "naturalizou-se" cidadão diamantinense e trocou o prenome francês — homenagem do pai dentista ao patrono de sua profissão — pelo familiar Eulalio, lembrança do clã materno e mais condizente com o seu obsessivo culto à ancestralidade mineira.

Apesar das férias escolares regularmente transcorridas na terra de adoção, até 1965 sempre viveu no Rio de Janeiro, onde seguiu todos os estudos até ingressar na Faculdade Nacional de Filosofia, que cursou de 1952 a 55. Nesse ano — segundo sua própria versão, "após uma crise típica (típica na sua demagogia) de jovem filho-família na América Latina" — abandonou a universidade desistindo do diploma acadêmico.

De formação autodidata predominantemente dirigida para a Estética, teve a sorte de ter como mentor intelectual seu primo Sílvio Felício dos Santos (1908-1986), sobrinho bisneto do autor das *Memórias do Distrito Diamantino*, de cuja reedição participaria em 1956. Com essa relação tornou-se impossível evitar o comichão da pesquisa histórica, de modo que, ainda jovem, enveredou pelo estudo do passado brasileiro, tanto no campo material como no da história das ideias.

Em meados dos anos 1960, uma bolsa da Fundação Guggenheim lhe permitiu uma temporada de estudos nos Estados Unidos, que se estendeu de 1967 a 69. As pesquisas então realizadas abriram-lhe perspectivas originais para uma série de estudos instigantes e densos nos diferentes campos da cultura (música, pintura, arquitetura, literatura, cinema etc.) sobre o período de transição do Segundo Reinado à Primeira República. Momento decisivo da formação do país, aliás, uma fase rica da vida cultural brasileira em cuja direção Alexandre conduziu frequentemente seu olhar crítico e revitalizador. Para muitos desses trabalhos, a cidade de Diamantina — a sua Pasárgada — lhe serviu de inspiração e, pouco antes de sua morte, a prefeitura local concedeu-lhe o brasão diamantinense, recebido carinhosamente como a mais prestigiosa honraria do planeta.

Alexandre Eulalio começou a atuar profissionalmente na imprensa carioca, paulista e mineira desde o início dos anos 50, colaborando com diversos jornais, entre eles o *Diário Carioca*, o *Correio da Manhã*, o *Jornal de Letras* e *O Globo* (onde criou a coluna "Matéria & Memória"), entre outros.

Escritor esquivo não obstante a quantidade de ensaios e artigos de reconhecida qualidade dispersos por jornais e revistas, publicaria apenas um livro durante a vida, *A aventura brasileira de Blaise Cendrars* (1978), que obteve o Prêmio Pen Club do Brasil em 1979. Além dos ensaios "Os dois mundos de Cornelio Penna" e "Henrique Alvim Correa: *Guerra & Paz*" — ambos incluídos neste volume, e redigidos no contexto de exposições que ajudou a preparar na Fundação Casa de Rui Barbosa, no Rio de Janeiro, em 1979 e 1981, respectivamente —, Alexandre Eulalio deixou grande número de escritos que testemunham sua incessante atividade multidisciplinar. Parte significativa desses textos foi recolhida nas antologias *Escritos*, organizada por Berta Waldman e Luiz Dantas, em 1992, e *Livro involuntário*, organizado por Carlos Augusto Calil e Maria Eugenia Boaventura, em 1993. Em 1979, passou a lecionar no Departamento de Teoria Literária da Unicamp, no qual ingressou por notório saber. A partir do ano seguinte dividiu seu tempo entre São Paulo e a casa de Campinas, até seu falecimento em 2 de junho de 1988.

# Sobre o organizador

Carlos Augusto Calil nasceu em 1951, na cidade de São Paulo, onde cursou Cinema na Escola de Comunicações e Artes da Universidade de São Paulo. Graduado em 1973, desde 1988 é professor do Departamento de Cinema, Rádio e Televisão na mesma universidade. Exerceu funções de direção em órgãos públicos culturais como a Embrafilme (1979-1986), a Cinemateca Brasileira (1987-1992), o Centro Cultural São Paulo (2001-2004), e, em abril de 2005, assumiu a Secretaria Municipal de Cultura de São Paulo. Autor de documentários premiados, entre eles *Acaba de chegar ao Brasil o bello poeta francez Blaise Cendrars* (1972), *Simiterio do Adão e Eva* (1975) e *O que eu estou vendo* (1979), editou antologias e publicou vários ensaios, que versam sobre cinema, iconografia, teatro, história e literatura, dedicados a autores como Blaise Cendrars, Alexandre Eulalio, Paulo Emílio Sales Gomes, Glauber Rocha, Leon Hirszman, Joaquim Pedro de Andrade, Federico Fellini, Paulo Prado, Vinicius de Moraes. Calil organizou, entre outros, as seguintes obras: *Alexandre Eulalio diletante* (1993, número especial da revista *Remate de Males*); *Livro involuntário* (1993, reunião de ensaios de Alexandre Eulalio); a segunda edição, revista e ampliada de *A aventura brasileira de Blaise Cendrars* (2001), de Alexandre Eulalio; *Telégrafo visual: crítica amável de cinema* (2004, reunião de ensaios do cineasta David Eulalio Neves); *Retrato do Brasil* (1997) e *Paulística etc.* (2004), ambos de Paulo Prado; *O cinema de meus olhos* (1991), de Vinicius de Moraes; *Paulo Emilio, um intelectual na linha de frente* (1986), *Vigo, vulgo Almereyda* (1991) e *Cemitério* (2007), de Paulo Emílio Sales Gomes, entre outros.

# Créditos das imagens

p. 9: fotografia de Lamberto Scipioni;

p. 12: fotografia de Gianantonio Stegagno;

pp. 21a, 25a, 25b, 32a, 32b, 69a, 69b: Instituto Moreira Salles, Rio de Janeiro;

pp. 21b, 41a, 41b, 46a, 46b, 53a, 53b, 87, 97b, 102a, 185, 187a, 187b, 190, 195, 197, 199, 203, 211, 223, 225, 227, 229a, 229b, 231, 234a, 234b, 237: reprodução;

p. 28a: Museu Histórico Nacional, Rio de Janeiro;

p. 28b: Museu de Arte de São Paulo;

p. 35: Fundação Maria Luisa e Oscar Americano, São Paulo;

p. 78a: Scuola Dalmata di San Giorgio e Trifone, Veneza;

p. 78b: Museo di Capodimonte, Nápoles;

p. 97a: National Gallery of Art, Washington D.C.;

p. 102b: Museu Nacional de Belas-Artes, Rio de Janeiro;

p. 111a: Academia Brasileira de Letras, Rio de Janeiro;

p. 111b: Brasiliana USP;

p. 248: Tate Gallery, Londres;

pp. 255, 257: Arquivo Mário de Andrade/IEB-USP;

encarte: Museu Histórico Nacional, Rio de Janeiro, fotografias de Vicente de Mello.

ESTE LIVRO FOI COMPOSTO EM SABON
PELA BRACHER & MALTA, COM CTP E
IMPRESSÃO DA EDIÇÕES LOYOLA EM
PAPEL PÓLEN SOFT 80 G/M² DA CIA.
SUZANO DE PAPEL E CELULOSE PARA A
EDITCRA 34, EM JUNHO DE 2012.